本书获得"2024 年中央高校基本科研业务费后期培育项目（项目编号：ZYGX2024ZSH003)"与"中国博士后科学基金第 69 批面上项目（项目编号：2021M690544)"资助。

福利制度
变迁的路径依赖研究
——以福利国家为例

二十届三中全会指出，在发展中保障和改善民生是中国式现代化重大任务。无论东方抑或西方，如何构建一个既能保障民众基本生活需求，又能促进社会和谐稳定的福利体系，始终是各国政府和社会各界关注的焦点。这本专著聚焦于福利制度的变迁过程，特别是其路径依赖的现象，并以福利国家为案例，深入探讨其福利制度建设中的规律与启示。

匡亚林◎著

人民出版社

序

在文明社会的历史进程中，福利制度始终扮演着不可或缺的推进与保障角色。无论东方抑或西方，如何构建一个既能保障民众基本生活需求，又能促进社会和谐稳定的福利体系，始终是各国政府和社会各界关注的焦点。这本专著聚焦于福利制度的变迁过程，特别是其路径依赖的现象，并以福利国家为案例，深入探讨其福利制度建设中的规律与启示。

路径依赖，起初作为一个经济学的概念，最早由道格拉斯·诺斯罗在探讨技术变迁的过程中提出。它揭示了历史选择对后续发展路径的深远影响，即一旦某种技术或制度被社会所采纳，它就会沿着既定的轨迹发展，即使出现更优的选择，也可能因为转换成本过高而难以改变。

该著具有较强的理论与实践意义。在政治学领域，尤其是福利政治学领域，研究者大都赞同福利制度的基本走向具有路径依赖的特质，在福利制度的变迁中，这种路径依赖的现象同样显著。而专门将此作为研究对象的系统性专著，当前还较为鲜见。匡亚林博士对研究资料的整理、整合及主要观点的论证，耗时多年去完成这一论著，实属不易；同时，作者能够挑战这一具有研究难度的选题也反映出其在学术道路上的努力与成长。

福利国家的兴起，是 20 世纪人类社会发展的重要里程碑。它标志着国家开始承担起更多的社会责任，通过一系列政策和措施，确保公民在遭遇生活风险时能够得到国家的帮助和支持。然而，福利国家并非一蹴而就，其形成和发展过程充满了曲折和争议。在这一过程中，历史的选择、社会的需求、政治的力量等多重因素交织在一起，共同塑造了福利制度的路径依赖。

在《福利制度变迁的路径依赖研究——以福利国家为例》这部专著中，作者深入剖析了福利国家制度的演进历程，聚焦于制度变迁的路径依赖特性，力求揭示福利国家发展背后的复杂动因与演进逻辑。本书不仅是一部学术探讨之作，更是对现实世界政策制定富有启示意义的参考文献。该著以福利国家为例，从多个维度分析了福利制度变迁的路径依赖现象。序章开篇，作者便将读者引入福利国家制度的早期起源，从《济贫法》的出台到20世纪社会保障体系的初步建立，再到70年代的改革与调整，展现了福利国家制度在历史洪流中的起伏与变迁。作者指出，这一过程不仅是法律框架的逐步完善，更是多元福利思想交锋与融合的结果，包括宗教慈善、效率追求、平等理念等多元因素共同塑造了福利国家的轮廓。作者从历史制度主义的视角，深入阐述了路径依赖理论在福利制度变迁中的应用。他指出，制度变迁并非孤立事件，而是受到历史进程与既有结构的深刻影响，形成了难以轻易改变的发展轨迹。诺斯关于路径依赖的理论在此被引用，强调制度一旦形成，其自我强化的特性将决定后续的改革难度与方向，无论是正面的良性循环，还是负面的锁定效应，都深刻影响着福利国家的未来走向。

在福利制度的多样性与差异性方面，作者引用帕克、乔治与韦尔定、安德森等学者的相关研究成果，揭示了福利制度背后深植的意识形态差异以及由此衍生出的不同模式，如无干涉主义、社会主义、自由主义等。这不仅拓宽了我们对福利国家多样性的认识，也让我们意识到制度设计背后深层次的文化与价值取向。

书中还探讨了福利经济的发展脉络，从庇古、霍布斯的早期理论，到新福利经济学的序数效应分析，这些理论的演进不仅丰富了经济学的研究范畴，也为福利政策的制定提供了理论依据。此外，福利社会的构建与服务体系的完善，尤其是针对弱势群体的关怀，展现了福利制度在实现社会公正与和谐方面的重要作用。

对于中国而言，该著的探讨尤为具有借鉴意义。作者指出，我国的社会保障体系建设应汲取西方经验教训，避免路径依赖的负面影响，同时应结合本国国情，探索适合中国特色的福利制度模式。在分析中，作者强调了全国统一的社会保险服务平台、城乡居民医保整合、大病医疗保险制度完善的重要性以及服务体系与政策协同的必要性，指明了我国社会保障体系民生导向的发展方向。

综上所述，《福利制度变迁的路径依赖研究——以福利国家为例》不仅是一项对福利国家制度变迁进行深度解析的学术成果，也是对我国社会保障体系的未来发展进行的一次前瞻性思考。该著可以为理解福利制度变迁的规律提供新的视角和思路。我期待该著能够引发更多关于福利制度、社会保障、公共政策等领域的思考和讨论，为推动人类社会的可持续发展贡献力量。该著提示我们，面对全球化的挑战与机遇，中国必须在制度创新与学习借鉴中找到自己的路径，以实现共同富裕的宏伟目标。

该著的出版无疑为学术界、政策制定者以及所有关注社会福利议题的读者提供了颇具价值的思考与借鉴。

丁 煌

目　录

前　言

从 1601 年英国的《济贫法》开始，欧洲福利国家进入了萌芽期，接下来又经历发展期和建成期，形成了包含宗教慈善、追求效率、秉持平等的多元福利思想。之后经过 20 世纪 40 年代到 70 年代不断发展，其实质是福利国家制度不断法制化的一个过程。20 世纪 70 年代遭遇了资本主义危机，为了控制风险和危机，福利国家进行了空前的变革，进入了一个新的发展阶段。欧洲作为福利国家的诞生地，孕育了较为典型的福利国家制度。

放眼全球，福利制度的变迁轨迹是如何呈现的？在变迁过程中又遵循何种演化规律？其变迁的动力机制是什么？这些问题值得学界进一步研究与关注。

本书从历史制度主义出发，借助资本主义福利模式的研究框架，比较分析不同福利制度下福利国家的制度变迁路径。福利国家制度变迁历程及其变迁的形式值得关注，因为它有利于我们清晰地认知福利制度及其发展规律。

首先，为了清晰地呈现福利国家制度变迁的发展过程，需要从福利制度的历史考察开始，对福利国家制度的萌芽期、扩张期、变革期、转型期和其所遭遇的挑战进行历史分析。通过历史制度主义的考察，可以清晰地看到福利国家制度的变迁历程是遵循着路径依赖的发展规律的。在制度变迁过程中，有一种自我强化、自我固化的趋势，这种趋势被著名的诺贝尔经济学奖获得者诺斯认定为路径依赖。路径依赖是制度变迁理论的研究基础和核心观点，同时也是制度变迁的轴心。诺斯认为制度变迁具有遵循既往路径选择惯性的特质，它既可以解释规模相似或相近的国家为何没有走上相同的福利制度道路，也可以很好地解释某种福利制度一旦型塑就会开启一段不断自我强化的制度变迁之路。福利国家中的福利制度既可能沿着既定的路线顺势进入良性循环的"快车道"，也可能被制度锁定在不利的发展状态中难以摆脱发展困境，一旦进入福利制度的惯性中，想要实现路径转换则需借助强大的外部力量。

其次，带着这一问题，进一步分析和考察了不同福利国家制度的差异性致因，从福利国家主体、福利供给模式的递送、福利思想根源等角度逐一对上述所产生的问题进行解释性研究，试图找出影响福利国家制度变迁路径依赖的结构性影响要素。福利国家制度在形成的初期，就已经预设了福利的模式、福利主体的责任划分形态、福利供给的模式选择以及福利递送所呈现的实践样态，而后的福利制度变迁则或多或少地带有前期变迁的轨迹与惯性。

再次，借助路径依赖理论，进一步去分析福利国家制度变迁路径依赖的演进机制以及制度变迁在路径依赖系统中的演进动力机制。

最后，在实践层面验证了不同福利国家制度变迁路径依赖存在类型化的应对策略，不同福利国家制度在面对共同危机时，呈现出差异化的应对政策。

书稿对不同福利制度模式危机应对的路径依赖特征加以分析，作为现实层面的考察和验证。根据对福利制度经验和教训的总结提出中国的福利制度发展具体的改革措施。

书稿共分为六章，大致可以划分为五个部分。第一部分为绪论和研究基础，为研究做好学术准备和研究铺垫，内容包含研究背景、相关研究述评、研究思路和研究方法、研究主要内容及结构安排、基本概念与理念依据；第二部分为福利国家制度变迁阶段的历史考察，通过考察发现福利国家制度变迁的路径依赖规律；第三部分为西方福利国家制度变迁路径依赖的"结构—功能"分析，从福利主体、福利思想来源、福利供给模式进行系统的类型学分析，并以历史制度主义的观念、制度、行动者等几大对应要素进行解释性分析，再以路径依赖理论去分析其演进机制；第四部分为案例分析；第五部分为福利国家的经验分析。

在研究方法上，本书基于比较分析西方福利国家制度类型的历史发展，同时借助历史制度主义和路径依赖理论考察了福利国家制度变迁中的三个层面：福利制度、福利思想观念和福利行动的参与者；还使用了比较历史分析法、类型学与案例分析等方法。通过对福利国家制度变迁轨迹的历史梳理，得出结论：福利国家制度变迁是路径依赖的。随后，又基于结构功能理论进一步分析了福利国家制度变迁路径依赖在结构上的表现、特征和核心要素以及在功能上的系统演进机制，并在演进机制基础上提出福利国家制度变迁的政策优化方案。研究发现：

第一，福利国家制度变迁过程中存在两种系统力量。在福利国家制度变迁过程之中，存在两种看不见的系统力量，这两种力量逐渐演变成为两种显著的制度变迁的动力机制。这两种力量中，一种具有正反馈功能，对福利制度变迁发挥了有效的推力功能，当制度常规运行时，助力在路径依赖的轨迹上发挥正反馈机制；另一种是具有负反馈功能，它对福利制度变迁发挥了有效的拉力功能。当制度非常规运行遇到阻力时，它可以起到削减阻力的功能，将福利制度重新拉回到制度运行的轨道上。前者也可以称作具有正反馈功能的"制度刚性"，后者称为具有负反馈功能的"制度黏性"。

第二，福利国家制度变迁存在制度类型化的路径依赖。通过历史考察，福利国家制度经历了萌芽期、扩张期、变革期、转型期等历史发展阶段，每一阶段的制度变迁均带有显著的路径依赖特点，且不同福利国家制度的特色也十分鲜明。福利国家制度在历史发展特征上存在着总体上的渐进性和道路上的曲折性、滞后性，影响其制度路径依赖的结构性要素有福利制度本身、福利主导思想以及福利制度中的行动者。

第三，福利国家危机应对存在与福利制度类型相一致的路径依赖历史特征。由于不同福利国家制度类型具有其自身的特质，特别是在道路危机上的应对策略也展现出路径依赖的特征，在此基础上进一步探索有针对性的政策优化方案。所选取的三种福利国家制度类型，在应对共同危机背景下的反应策略，具有遵循各自福利制度和历史路径依赖的特质。对福利国家制度研究主要探讨其在面对挑战与危机时的应对方法及效果。

绪　论

　　福利国家的社会保障制度是在工业化社会背景下建立的，是现代资产阶级为了缓和阶级矛盾并维护其统治地位，通过政府所推行的各种社会福利制度措施。在工业化发展进程中，当经济发展和社会政策发展相互促进时，社会保障有效地调解了劳动关系与生产关系的矛盾，提高了生产效率，保障了工人的福利，促进了社会的稳定与发展，所以福利国家是第二次世界大战战后国家对民众社会需求的一种有效回应。随着历史的变迁与发展，社会经济面貌日新月异，当经济增长落后于福利的增长时，对福利国家的批判则纷纷涌现，批评更多的是经济学家，而社会学家是支持的，这是因为福利国家制度并非经济制度，虽然它有经济学原理和规则的制度化运用，但它更多强调的是承担着对政治制度和社会制度的德治功能。可以说，福利国家制度是20世纪至今社会科学中最具有争议性的话题之一。虽然对于福利国家制度的研究已然出现了像埃斯平－安德森、皮尔逊、奥菲等经典研究与开放式的结论，给学界留下了深刻的想象力和后续研究空间，但福利国家的实践样态是多样的。每一个国家都遵循一定的发展路径，国与国之间的结构性框架总是不完全相同的，而且每一个（类）国家总会拥有一套独特的发展路径，想要找到一个能够有效诠释其发展规律的理论变成了学界一直较为关注的议题。工业论、社会权利论、奥菲悖论等政治学、经济学、社会学的各种理论和观点层出不穷，然而彼此却又难以互相说服，自说自话，缺乏一个极具解释效力的理论来解释福利国家所经历的制度变迁。

制度研究视角可增强对其福利差异的解释效力，制度研究在社会科学研究领域占据重要位置，极具研究发展潜力。从历史制度主义的分析框架来看，我们认为历史制度主义提供了具有强解释力的分析方法。任何一个国家的发展都是历史上的动态延续，既有一定程度的路径依赖，又在一定程度上适切其新发展、新变化。由于某种形式的稳定是制度发挥作用的先决条件，因此，大多数理论和实证分析都集中在制度的持续性上。虽然学者站在制度变迁的角度指出了福利国家制度发展之中存在路径依赖，但具体是如何在历史中形成变迁的？制度路径依赖的结构性框架和所承载的功能如何？学术界则缺乏研究。在涉及福利国家制度政策制定时，作为民众，可能会根据政府提供社会服务和社会保险的能力作出选择；作为政府，需要根据复杂变化的内外环境作出符合当下形势又顺应历史制度发展的决策。所以任何一个国家的发展都是原有国家历史的动态延续，既有一定程度上的路径依赖，又融入新的发展、新的变化。制度理论指出了不同的社会机制，通过依赖路径的自我强化过程来稳定福利制度，而这种路径依赖的连续性以及强化机制是如何在福利国家制度变迁过程中产生的，值得关注，也是本书的研究所在。

第一节　问题的提出及研究意义

（一）问题的提出

在理论方面，路径依赖是制度变迁中最主要的核心议题。对路径依赖的研究起源于新制度经济学，在新制度经济学中讨论技术变迁问题，认为技术变迁中新技术在偶然情况下被接受并运用推广后，产生了意想不到的结果，即一旦新技术被运用后，即使可能有更好的技术也难以被采纳，最经典的案例来自打字机键盘的设计。目前全世界的键盘最上排的字母键从左到右都是以 Q、W、E、R、T、Y 排列。经过打字测试的大数据分析，这种排列方式是不够高效的。是否推广更高效的字母排列顺序则成为讨论的焦点。研究人员发现，如果要更换字母排列顺序，则需要将业已熟识的键盘字母顺序从记忆中删除，并重新学习一个新顺序。在每次敲打键盘的时候人们已经习惯了某种顺序，虽然这些顺序是无规则的，但每一次使用则会自我强化记忆，而重新记忆顺序的启动成本在已经运用的字母顺序面前实在是太高了。那么，只要键盘一直被人类所使用，Q、W、E、R、T、Y 的排序可能就永远被使用下去。这一现象引起了经济学家的注意，他们以新技术运用在经济制度中的作用为切入点，发现了技术变迁在经济制度中的路径依赖，取得了新制度经济学研究的突破性进展。这是来源于真实实践的经济理论在经济学领域的成就。阿瑟认为，路径依赖不仅仅适用于经济制度研究，也适用于社会制度领域。随后社会科学研究者们广泛地将路径依赖理论运用于公共管理学、法学、社会学、政治学等诸多学科，取得了大量的研究进展。

在福利国家制度变迁的实践中，需将新制度经济学的这一理论拓展到社会福利实践研究领域。福利国家制度建立的最核心时代特征即工业化社会背景，在工业化的背景下社会保障有效地调解了劳动关系与生产关系的矛盾，促进了全球化的发展与生产效率的提升，保障了工人的福利，促进了社会的稳定与发展。福利国家制度确立是第二次世界大战后国家对民众社会需求的一种有效回应。随着历史的变迁与发展，社会经济面貌日新月异，福利国家制度从 20 世纪 70 年代开始进行频繁的改革。而值得研究的是，为何频繁地改革和转型没有改变福利国家制度的运行轨迹和发展方向？其中是不是像 Q、W、E、R、T、Y 键盘一样，存在着大量的自我强化和各种正反馈机制，需要通过对福利国家不同阶段的福利国家制度进行再考察来确认？对于福利国家制度变迁的历史考察，将帮助我们清晰地理解福利与社会发展的思想观念、制度类型、国别特色和发展取向。历史制度主义不仅重视各个变量间的关系，也同时引入了时间序列，运用历史轨迹排序的方式去呈现历史对现有状态的影响程度，即路径依赖所达致的制度变迁，放在福利国家制度变迁的序列中进行历史性考察。① 福利国家制度自建立至今有长达 70 多年的历史，福利国家到底经历了怎样的制度变迁？型塑了何种模式？制度变迁又受到哪些主要变量因素的影响？与此同时，路径依赖作为制度变迁最主要的一种表现形式，在福利国家制度变迁过程之中是如何发挥作用的？其系统演化机制是什么？又是如何在历史考察中所彰显的？这些问题都需要进一步考察和研究。

（二）研究意义

1. 理论意义

第一，为福利实践的相关研究提供新的理论研究视角。福利国家制度研究是国家治理体系和国家治理能力现代化的重要维度，因为福利国家是制度与理论源流的有效结合所型塑的。福利国家型塑的福利实践既反映出现实制度的演化趋势，又推动着福利理论向纵向延伸，不断深化与发展。在福利国家制度变迁研究中，历史制度主义为我们理解和深入再认识福利国家开辟了一个新的研究"窗口"。

第二，研究成果将有利于扩大路径依赖相关理论的研究范围。制度变迁之中存在路径依赖，起初的路径依赖理论研究只表现在经济学之中，但路径依赖不仅仅适用于经济制度研究，也适用于社会制度领域。笔者运用路径依赖理论在福利国家制度变迁的实践中，将新制度经济学的理论拓展到社会福利研究领域，扩大了理论研究的范围。

第三，为我国社会保障制度发展提供了新的视角。西方福利制度发展

---

① 何俊志：《结构、历史与行为：历史制度主义对政治科学的重构》，复旦大学出版社 2004 年版，第 11、12 页。

变迁具有路径依赖的规律特征，"另起炉灶"需要更高额的制度启动成本。我们不能照搬照抄别国的经验范本，需要依据本国制度的发展特征，与经济增长相互包容、与社会发展相适当、与政治秩序相适宜。

2. 实践意义

第一，考察与总结。借埃斯平－安德森福利类型学的研究框架对福利国家制度展开考察和梳理总结工作，具体考察福利国家制度运行逻辑及其变迁动力源，有助于我们更好地理解福利国家历史演进动态趋势，对其有更全面的"去碎片化"了解。

第二，认知与对话。运用历史制度主义理论对不同阶段的典型福利国家制度演化进行考察，有助于丰富福利国家发展轨迹的认知和探索福利国家制度的发展规律，开阔研究视野并与进行学术交流和对话。

第三，经验与借鉴。透视福利国家制度的结构性变迁规律，从而考察历史中的福利制度发展与转型，特别是福利国家制度在发展中遭遇的危机及其应对，对于我国社会保障体系的发展建设与未来制度发展提供新的视角。创建具有中国特色的社会保障体系，解构对福利制度的"专属话语权"。

第二节　相关研究述评

（一）福利国家学说及其谱系

福利国家发展历程中存在以下 4 种理论：第一种是来自维伦斯基（Wilensky）的"经济假说"论。维伦斯基把福利国家视为对经济力量比较的反映，特别是反映了经济发展水平。"经济假说"论认为福利国家的福利状态主要取决于福利支出水平，典型的福利国家研究者中，像埃斯平－安德森（Espin-Anderson）、① 费雷拉（Ferreira）、②③ 胡博（Huber）、考皮和帕梅尔（Korpi W, Palme J）、④ 穬（Kangs）⑤ 都以福利支出作为考察福利国家的发展性指标之一，其中值得关注的是相同福利支出水平的国家，在其他结构上的呈现亦有所区别，这种福利状态仅仅是一种"量"上的呈现，"质"的考察也实为必要。第二种理论是以科尔皮（Korpi）为代表的以权力关系为政治动因的理论，我们可以将此称为"政治假说"。"政治假说"论认为在福利国家规制层面存在目的不同的境况。郑德认为，目前福利国家的改革是政治发展中迈向真正福利社会的一个阶段，未来几十年这种迈进将逐渐实现其愿望，这种政治上的愿望也可能在福利国家诞生的第一百年——2048 年实现。⑥ 第三种理论是以社会学角度进行的研究，涉及"公民权利"的发展与权利博弈。第四种是"文化地域"论，罗伯特·平克（Robert Pink）还有他的学生黄黎若莲发现了这个"文化"视角，构建了以福利体制生产的地缘与文化为背景进行学术研究的解释框架。

1. 福利政治

以政治运作为重心来考察福利国家的研究者一般都是以一种动态的视角来审视。他们不认为福利国家及其发展有必然结果。这一类研究强调阶级力量、政党、政治家政治行为者（political agents）在福利国家的发展中

---

① Esping -Andersen, *The Three Worlds of Welfare Capitalism*, Polity Press, 1990, pp.20–60.

② Ferreira F H G, Litchfield J, *Growing Apart: Inequality and Poverty Trends in Brazil in the 1980s,* Social Science Electronic Publishing, 1996.

③ Pereirinha J A, *Welfare States and Anti-Poverty Regimes: The Case of Portugal,* South European Society & Politics, 1996, 1（3）, pp.198–218.

④ Korpi W, Palme J, *The Paradox of Redistribution and Strategies of Equality: Welfare State Institutions, Inequality, and Poverty in the Western Countries,* American Sociological Review, 1998, 63（5）, p.661.

⑤ Kang S G, Powell G B, *Representation and Policy Responsiveness: The Median Voter, Election Rules, and Redistributive Welfare Spending,* Journal of Politics, 2010, 72（4）, pp.1014–1028.

⑥ 匡亚林：《历史制度主义视域下的福利国家三重考：过程、谱系与转型》，《西安财经学院学报》2019 年第 2 期。

所起的决定性作用，民主制度在其中被具体化为规则、议程甚至是理念。皮尔逊（Pierson）强调的是政治以"风险规避"为核心，并由此塑造了福利紧缩的渐进性特征。科曼（Keman）强调在选票最多和席位最大化的策略之下，福利体制的演变是一种实用主义色彩的战略调整。具体来考察政党派系，派系之间的互动博弈成为福利政治的最大关注点，各个国家具体的国情不同，会有不同的解读。福利政治学较为典型和成熟的研究要属于福利紧缩政治学。20 世纪七八十年代，紧缩性嬗变成为福利国家的运行逻辑，各个国家都紧锣密鼓地筹备削减福利。此后相当长的一段时间内，整体都笼罩在福利供给紧缩外衣下所呈现出福利国家社会福利分化的面孔。紧缩性政治制度类型的福利范式往往是资本主义国家阶段性经济危机的救赎之道。

图 0-1　福利国家改革重构中国家干预市场角色逻辑模式

资料来源：Pierson P，*Coping with Permanent Austerity: Welfare State Restructuring in Affluent Democracies*，Oxford: Oxford University Press, 2001, p.419。①②

当福利紧缩之道成为一些国家的理性选择时，保罗（Paul）③④ 反对以激进的态度加以应对，他尝试着使用了"国家—社会"分析框架对政府的

---

① 冉昊：《福利国家分配系统的内部变迁——基于路径依赖方法》，《天津行政学院学报》2017 年第 3 期。

② Pierson P，*Coping with Permanent Austerity: Welfare State Restructuring in Affluent Democracies*，Oxford: Oxford University Press, 2001, p.419.

③ 冉昊：《福利国家分配系统的内部变迁——基于路径依赖方法》，《天津行政学院学报》2017 年第 3 期。

④ Pierson P，*Coping with Permanent Austerity: Welfare State Restructuring in Affluent Democracies*，Oxford: Oxford University Press, 2001, p.419.

角色逻辑模式进行推演。在一个水平轴上，见图 0–1，Q 与 R 是代表着两种政治立场的极端值；R 代表政府的最小角色模式，即哈耶克所提倡的最少政府干预的市场效率原则；最左边的 Q 代表的是福利国家发展中最大的政府干预角色模式；M 代表的是 R 与 Q 的中间值，即第三条道路所倡导的政府角色模式；V 代表的是政党政治中保证能够不被票选否决而作出的从 M 到 V 的让步空间；而 C 则是一种福利承诺，即为了赢得更多的选民支持而进行的博弈与让步（承诺越多，位置越接近 Q）。保罗认为在 C 与 V 之间的位置是较为理想的，这中间就要看具体进行的改革取向与福利承诺博弈的结果，从 Q 向 M 靠近，但是离 R 的距离还是稍远，政府还有再分配的空间和选择的余地。①

表 0–1　福利国家政治发展阶段表

	第一阶段	第二阶段	第三阶段	第四阶段
政治派别①	老左派	新右派	新中派	联合派/协同
指导思想	社会民主主义	新保守主义	第三条道路	协同治理
价值观	社会平等 社会公正	个人自由 对不平等认可	强调起点平等强调 民主和责任意识	合作主义
经济理论	凯恩斯	新自由主义	吸收新自由主义做法	新制度经济学
国家干预	混合经济	私有化程度高	新的混合经济	局限的政府保护
社会福利	全面而广泛	不同程度削减	积极的市场政策	社会投资
就业状况	充分就业	把劳动力抛向市场	以社会投资（教育、培训等）促进就业	就业灵活
社会关系	劳资合作 社会团结	劳资对立 社会问题突出	新的合作 包容型社会关系	伙伴关系
贫富差距	小	大	较小	较大
工会力量	强大	弱	较弱	强
财政负担	大	小	较大	小
经济效率	较低	高	较高	高
生态意识	低度	低度	较强	强

资料来源：B. Jessop, *The Future of the Capitalist State*, Cambridge: Polity Press, 2002, p.345。

---

①　高鹏怀：《历史比较中的社会福利国家模式》，中国社会出版社 2004 年版，第 154 页。

杰索普（B. Jessop）认为社会的构成情况越来越呈现出复合性、混合性的结构，这种混合结构代表不同的模式和特征造成了国家认同也较难以形成。① 新凯恩斯主义、新法团主义、新保守主义是 1980 年 OECD（经合组织）开始寻求福利国家的替代模式，将其作为有力的后补。其发展趋势从三种制度模式到凯恩斯福利国家危机转为两种截然不同的应对模式，新右派与社会民主合作主义（social-democratic corporatism），而到 2008 年经济危机，所有的福利国家都转为一种或多种应对模式，这种变迁反映出了福利国家制度结构的共同点。②

2. 福利文化

福利文化是客观存在的，从文化视角透视福利国家的研究成为时下的热门研究取向。英国学者罗伯特·平克（Robert Pink）是第一个提出福利文化研究视角的，他在社会政策比较中对比了英国和日本两国社会福利，开始使用福利文化这个专业术语并对其进行了类型学的界定。平克认为福利文化可以从行为习惯与价值观两个方面去观测福利观，这两种力量相互嵌入并以制度性的社会福利项目及非制度性的邻里互助等形式透视出来。平克对于福利文化的界定偏向于笼统和模糊，不便于概念操作化，而他的学生黄黎若莲紧接着从 5 个角度对中国福利文化进行阐述。她在博士论文中把老师的研究进行了细分：第一，家庭成员的亲疏冷热伦理关系；第二，儒家思想强调对家庭的责任感；第三，强调家庭责任和政府资源有限；第四，没有全民共享福利的意识；第五，坚韧的性格，自给自足的文化惯习，没有福利依赖的习惯和温床。③

---

① B. Jessop, *The Future of the Capitalist State,* Cambridge: Polity Press, 2002, p.40, introduction and chapter 1, p.345.

② 肖扬东、刘卓红：《当代西方福利国家的重构——走向熊彼特主义竞争国家》，《广东社会科学》2013 年第 1 期。

③ Pinker R., *Scocial Welfare in Japan and Britain: A View Fromelend Iafonnel Asnecte of Welfare.* Comnarino Welfave State and Their Future Eneland: Gower, 1986.

对于福利文化的研究中，渗透着意识形态的学术研究背景。英国的社会政策研究者帕克（Park Julia）认为福利制度模式可分为无干涉主义的社会福利模式、社会主义模式、自由主义模式 3 种类型。① 乔治和韦尔定（George and Verdin）根据意识形态的差异性进行了 4 个类型的福利制度的划分，分别是马克思主义的福利模式、反集体主义模式、不情愿的集体主义模式以及费边社会主义模式。安德森的研究类型中也渗透着意识形态的视角。

3. 福利经济

福利经济学由英国经济学家庇古（Pigou）与霍布斯（Hobbes）在 20 世纪 20 年代创立的，反映了一种社会福利经济的理论思想。在《福利经济学》等系列著作中，首次提出了"福利经济"的学术思想，认为国民的收入应该实现均等化。这种理论思想通常被作为社会经济所需要处置的政策研究、决策咨询建议等在具体运行过程中的衡量标准。以社会（福利）目标为导向的经济评价成立了一种福利经济学的学科，在此基础上提出了至今都较为常用的基数效用论。福利经济学是从属于经济学的一个分支，并且以庇古的研究为分水岭，随后阿尔弗雷德·马歇尔（Alfred Marshall）提出的消费者剩余理论对这个学科的发展也起到了较大的推动作用。消费者剩余的概念主要使用在商品税方面，主要观点是政府通过对不同收益程度的商品征税，得到的税额与消费者剩余进行比对，发现收益递减的征税税额值会大于流失的消费者剩余额。并且如果将大于的部分用来补贴收益增长的商品，得到的消费者剩余又将大于其前期所发的补贴额。福利经济学研究得到了较好的发展后，新的理论和观点层出不穷，新福利经济学的研究者如萨缪尔森、柏格森等，他们认为既往的福利经济学研究者把效率与公平分开进行研究，将现实问题与理论研究割裂了。他们随后对社会福

① Parker J, *Social Policy and Citizenship*, London: Macmillan, 1975, pp.3–17.

利进行了函数化的研究，将福利的研究推向了社会福利函数阶段。这个阶段偏向于序数效应的观点，① 这种观点主张效应无法具体衡量，个人之间的效用由于影响因素不同也难以比较，不可以直接用基数效应来标刻福利效用的大小数值，只能是用来做一个序数的排序，通过排序来衡量效用水平的高低，并且通过论证反对高低阶层之间货币收入的转移支付的观点。福利国家中的福利经济研究主要集中在福利社会支出以及相关社会政策领域的养老、医疗、就业等福利支出的序列研究。

4. 福利社会

过去三十多年来，经合组织国家在教育、家庭政策和积极的劳动力市场政策方面所占的总体百分比虽然有所增长，但占总支出的百分比仍然相对稳定。此外，社会投资联盟的北欧国家也存在早于当前投资重点的社会投资支出历史。事实上，对社会投资政策的评估，虽然赞扬其潜力，但却带来了更为悲观的结论（如 Jenson、Morel、Palier、Palme）。在 20 世纪末期，日本等国家宣布建立"福利社会"，但是经过了十几年的宣传，日本现在也不再使用这样的政策口号，最主要的原因在于其实施效果，如果缺乏福利模式类型和国家维度的支撑，则很难实现。那么福利社会的界定是需要被全面认识的。福利社会概念有 4 方面含义：第一，它是以福利国家中的国家责任主体向社会责任主体的视角转换；第二，福利社会是一种福利态度的集合或者称之为幸福满意度；第三，福利社会应该是一种理想的社会状态模式；第四，福利社会可以被理解成为一种政策取向，在福利社会的政策架构中，政策的标的取向为较高程度的市民社会自我治理水平。具体而言，有两种代表性的声音来解读福利社会的内涵：一种声音是表达福利政策的进一步扩张来避免收入分配不均的问题，也就是说加强政府的

① 参见［丹麦］埃斯平－安德森：《福利资本主义的三个世界》，苗正民、滕玉英译，商务印书馆 2010 年版，第 47 页。埃斯平－安德森也是基于"去商品化"基数效用基础上再序数效应排序对福利国家的三个世界进行的分类。

财政投入；另一种声音表达了福利责任的分化，认为"社会福利社会办"，这种观点的持有者较为提倡"小政府"，政府尽量减少对社会的干预，让社会自发地运行和自我组织发展，鼓励民间力量等第三部门来提供社会福利，政府只扮演基本的"守夜人"角色。整体而言，福利社会包含了如下核心议题：其一，认为福利社会中的福利事业需要社会主导操办；其二，强调最基本的政府责任，减少政府对社会福利的干预；其三，福利供给是家庭、社会、慈善、社区、志愿组织等多元化的福利主体责任；其四，福利社会的主张往往与区域文化密不可分。这种社会福利的观点往往与福利文化、地域文化相结合，交织出新的福利社会理念。如在东亚地区，它吸收了儒学观念、家族观、民族观、伦理观形成了极具特色的东亚福利社会鲜明特征；在南欧地区，它又同时吸收了基督教的文化与地区社会文化，由此形成了南欧的特色类型。①

（二）福利国家的制度模式

透过福利国家的学科视角，可以发现福利国家的研究议题较为广泛且内涵、外延丰富。在福利国家制度研究之中，学术界较为关注福利制度变迁之中所型塑的各种福利模式。

表 0-2　福利国家政治发展阶段表

编号	代表	分法	范围 / 指标	福利制度类型	典型代表国家
1	埃斯平－安德森	三	18 个国家 劳动力去商品化 社会分层 公私混合福利强度	自由主义模式 保守主义模式 社会民主主义模式	澳大利亚、加拿大、爱尔兰、新西兰、英国、美国芬兰、法国、德国、日本、意大利、瑞士、奥地利、比利时、荷兰、丹麦、挪威、瑞典

---

① 林卡：《福利社会：社会理念还是政策模式?》，《学术月刊》2010 年第 4 期。

编号	代表	分法	范围/指标	福利制度类型	典型代表国家
2	莱布弗里德	四	15个国家 特征 权利 基本收入	盎格鲁－撒克逊模式 俾斯麦模式 斯堪的纳维亚模式 欧洲拉丁边缘模式	澳大利亚、新西兰、英国、美国 奥地利、德国 丹麦、挪威、芬兰、瑞典 法国、希腊、意大利、西班牙、葡萄牙
3	卡斯特勒斯米切尔	四	14个国家 福利总开支 福利平等	自由主义模式 保守主义模式 非右派霸权模式 激进模式	爱尔兰、日本、瑞士、美国 德国、意大利、荷兰 比利时、丹麦、挪威、瑞典 奥地利、新西兰、英国
4	康加斯	四	14个国家 商品化的聚类分析	自由主义模式 保守主义模式 社会民主主义模式 激进模式	加拿大、美国 奥地利、德国、意大利、日本、荷兰 丹麦、芬兰、挪威、瑞典 澳大利亚、新西兰、爱尔兰
5	拉金	四	18个国家 布尔分析－养老金去商品化	自由主义模式 统合主义模式 社会民主主义模式 未定义模式	澳大利亚、加拿大、瑞士、美国 奥地利、比利时、芬兰、法国、意大利 丹麦、瑞典、挪威 德国、爱尔兰、日本、荷兰、新西兰、英国
6	费雷拉	四	17个国家 覆盖率 替代率 贫困率	盎格鲁－撒克逊模式 俾斯麦模式 斯堪的纳维亚模式 南欧模式	爱尔兰、英国 奥地利、比利时、法国、德国、卢森堡、荷兰、瑞士 丹麦、芬兰、挪威、瑞典 希腊、意大利、葡萄牙、西班牙
7	博诺利	四	16个国家 社会支出占GDP 社会支出通过捐款供资	英国模式 欧洲大陆模式 北欧模式 南欧模式	爱尔兰、英国 比利时、法国、德国、卢森堡、荷兰 丹麦、芬兰、挪威、瑞典 希腊、意大利、葡萄牙、西班牙、瑞士

续表

编号	代表	分法	范围／指标	福利制度类型	典型代表国家
8	考皮帕梅尔	五	18 个国家社会支出占GDP重卢森堡收入研究制度特征	基本安全模式 集体主义模式 包容型模式 有针对性目标模式 自愿国家补贴类型	加拿大、丹麦、爱尔兰、荷兰、新西兰、英国、美国 奥地利、比利时、法国、德国、意大利、日本 芬兰、挪威、瑞典 澳大利亚 瑞士
9	胡博	四	18 个国家盛行的政治传统	自由主义模式 基督民族主义模式 社会民主模式 澳新工资模式	加拿大、爱尔兰、英国、美国 奥地利、比利时、荷兰、德国、法国、意大利、瑞士 瑞典、挪威、丹麦、芬兰 澳大利亚、新西兰、日本
10	匹兹瑞罗	五	18 个国家对商品化聚类分析	自由主义模式 保守主义模式 社会民主主义模式 俾斯麦保守主义模式 激进主义模式	加拿大、爱尔兰、英国、美国 德国、荷兰、瑞士 比利时、丹麦、挪威、瑞典 奥地利、芬兰、法国、意大利、日本 澳大利亚、新西兰
11	纳瓦罗·施	四	18 个国家政治传统	盎格鲁－撒克逊自由型 基督民族主义模式 社会民主主义模式 法西斯模式	加拿大、爱尔兰、英国、美国 比利时、荷兰、德国、法国、意大利、瑞士 瑞典、挪威、丹麦、芬兰、奥地利 西班牙、希腊、葡萄牙
12	考托	三	13 个国家服务社会转移支出	转移模式 服务模式 法律模式	比利时、荷兰、奥地利、意大利 瑞典、挪威、芬兰、德国、英国 爱尔兰、希腊、葡萄牙、西班牙

续表

编号	代表	分法	范围／指标	福利制度类型	典型代表国家
13	班布拉	五	18 个国家 医疗服务 商品化	自由主义模式 保守主义模式 社会民主主义模式 保守主义小组 自由主义小组	澳大利亚、日本、美国 奥地利、比利时、加拿大、 丹麦、法国、意大利 芬兰、挪威、瑞典 德国、瑞士、荷兰 爱尔兰、英国、新西兰

资料来源：根据 Bambra 及 PubMed、Web of Science、CNKI 和 Google Scholar 整理。[①]

1. 二分法

威伦斯基和莱博的模式类型区分为残余型和制度型两种类别。[②] 起初威伦斯基和莱博并非针对福利国家的模式分类，而是针对社会福利的分别，后期研究者们纷纷采纳了两位学者的研究初始观点，针对福利国家进行研究，并且区分了模式类型。可以说威伦斯基和莱博两位研究者奠定了福利国家模式类型研究的基础，为后续的研究者们提供了广阔的发展空间和思路借鉴：一是残余型模式，为弱势群体提供只能维持基本生活的社会保障措施；二是制度型模式，不是针对弱势群体而是区分福利领取资格，是基于公民社会权利的一种公平性福利再分配模式，为具有领取资格的群体提供无差别的福利津贴和社会服务。

2. 三分法

一是蒂特马斯三分法。通过社会政策设计将福利国家直观分为三个模型：剩余模型（Residual model）、工业成就—绩效模型（Industrial achievement-performance model）和制度再分配模型（Institutional redistribution

---

① 匡亚林：《社会福利引论：福利体制模式的类型化考察》，《国家行政学院学报》2018 年第 2 期。

② Wilensky, H.L. & C.N.Lebeaux, *Industrial Society and Social Welfare,* New York: The Free Press, 1965.

model）（Titmuss 1974）。①②③ 二是埃斯平 – 安德森三分法。安德森（1990）实证扩展了蒂特马斯的类型学研究成果，类别更名为自由主义（或残余）体制、保守主义（或团体主义）体制和社会民主主义（或普遍）体制。自由主义模式对应的国家为澳大利亚、加拿大、爱尔兰、新西兰、英国、美国，保守主义模式包含芬兰、法国、德国、日本、意大利、瑞士，社会民主主义模式包含奥地利、比利时、荷兰、丹麦、挪威、瑞典。④⑤⑥⑦⑧ 埃斯平 – 安德森三分法依据 3 个轴线加以分类：去商品化，社会分层，公私混合福利供给强度。三是考托三分法。通过社会服务以及社会转移支出考察了 13 个国家，将比利时、荷兰、奥地利、意大利划分为转移模式，瑞典、挪威、芬兰、德国、英国划分为服务模式，爱尔兰、希腊、葡萄牙、西班牙划分为法律模式。⑨

3. 四分法

一是莱布弗里德的四分法。依据 15 个福利国家的特质、公民权利属

① Heclo H. Richard M. Titmuss, edited by Brian Abel-Smith and Kay Titmuss, Allen and Unwin, London, 1974. 160, *Social Policy: An Introduction,* Journal of Social Policy, 1975, 4（4），pp.435–436.
② Mishra R., *Society and social policy: theories and practice of welfare*, New York: Macmillan Press, 1977.
③ Martin E W, *Social policy1907—1973,* Social Policy & Administration, 1974, 8（1），pp.3–5.
④ James Stepfen, Gosta Esping-Andersen（ed.），*Welfare States in Transition: National Adaptations in Global Economies*, Journal of Social Policy, 2000, 26（2），pp.267–299.
⑤ Esping-Andersen G, *Towards the Good Society, Once Again?*, Why We Need A New Welfare State, 2002, pp.1–26.
⑥ Esping-Andersen G, *Social Risks and Welfare States,* Social Foundations of Postindustrial Economies, 1999, pp.32–47.
⑦ Esping-Andersen G, *Part I. Varieties of Welfare Capitalism,* Social Foundations of Postindustrial Economies, 1999, pp.13–15.
⑧ Esping-Andersen G, *Interview on Post industrialism and the future of the Welfare State,* Work Employment & Society, 2000, 14（4），pp.757–769.
⑨ 匡亚林:《社会福利引论：福利体制模式的类型化考察》,《国家行政学院学报》2018 年第 2 期。

性以及基本收入分配情况将福利国家模式分为盎格鲁－撒克逊模式、俾斯麦模式、斯堪的纳维亚模式、欧洲拉丁边缘模式。盎格鲁－撒克逊模式包含澳大利亚、新西兰、英国、美国，俾斯麦模式包含奥地利、德国，斯堪的纳维亚模式包含丹麦、挪威、芬兰、瑞典，欧洲拉丁边缘模式包含法国、希腊、意大利、西班牙、葡萄牙。二是卡斯特勒斯米切尔的四分法。依据14个福利国家的福利总开支占比以及福利公平性特征划分为自由主义模式、保守主义模式、非右派霸权模式及激进模式4种模式类型。自由主义模式包含爱尔兰、日本、瑞士、美国，保守主义模式包含德国、意大利、荷兰，非右派霸权模式包含比利时、丹麦、挪威、瑞典，激进模式包含澳大利亚、新西兰、英国3个国家。[①] 三是康加斯四分法。依据14个福利国家的商品化程度按照聚类分析进行类型学研究划分出自由主义模式、保守主义模式、社会民主主义模式、激进模式4种模式，其中自由主义模式包含加拿大、美国，保守主义模式包含奥地利、德国、意大利、日本、荷兰，社会民主主义模式包含丹麦、芬兰、挪威、瑞典，激进模式包含澳大利亚、新西兰、爱尔兰。四是拉金的四分法。依据18个福利国家的养老金去商品化程度使用了布尔分析，区分出4种福利国家模式类型，即自由主义模式、统合主义模式、社会民主主义模式和未定义模式。自由主义模式包含澳大利亚、加拿大、瑞士、美国，统合主义模式包含奥地利、比利时、芬兰、法国、意大利，社会民主主义模式包含丹麦、瑞典、挪威，未定义模式包含德国、爱尔兰、荷兰、新西兰、英国。五是费雷拉四分法。即盎格鲁－撒克逊模式、俾斯麦模式、斯堪的纳维亚模式、南欧模式，费雷拉四分法的结论是依据社会支出、替代率、贫困发生率这3个轴线进行的分类。盎格鲁－撒克逊模式包含爱尔兰、英国，俾斯麦模式包含奥地利、比利时、法国、德

---

① Castles, F. and Mitchell, *Three worlds of welfare capitalism or four? Families of Nations*, Brookfield, 1993, p.23.

国、卢森堡、荷兰、瑞士,斯堪的纳维亚模式包含丹麦、芬兰、挪威、瑞典,南欧模式包含希腊、意大利、葡萄牙、西班牙。六是博诺利的四分法。依据16个福利国家的社会支出占GDP比重、社会支出通过捐款供资区分出4种模式类型,分别为英国模式、欧洲大陆模式、北欧模式与南欧模式。英国模式包含爱尔兰和英国,欧洲大陆模式包含比利时、法国、德国、卢森堡、荷兰,北欧模式包含丹麦、芬兰、挪威、瑞典,南欧模式包含希腊、意大利、葡萄牙、西班牙、瑞士5个国家。七是胡博四分法。依据18个福利国家划分出自由主义模式、基督民族主义模式、社会民主模式、澳新工资模式,胡博四分法的结论是依据盛行的政治传统1个轴线进行的。自由主义模式包含加拿大、爱尔兰、英国、美国,基督民族主义模式包含奥地利、比利时、荷兰、德国、法国、意大利、瑞士,社会民主模式包含瑞典、挪威、丹麦、芬兰,澳新工资模式包含澳大利亚、新西兰、日本。八是纳瓦罗·施四分法。依据18个福利国家的盛行政治传统划分出盎格鲁-撒克逊自由型、基督民族主义模式、社会民主主义模式、法西斯模式。盎格鲁-撒克逊自由型模式包含加拿大、爱尔兰、英国、美国,基督民族模式包含比利时、荷兰、德国、法国、意大利、瑞士,社会民主主义模式包含瑞典、挪威、丹麦、芬兰、奥地利,法西斯模式包含西班牙、希腊、葡萄牙。①

4.五分法

一是考皮和帕梅尔五分法②,分类依据是围绕着3个轴心进行的,第一方面为社会支出占GDP的百分比;第二方面为卢森堡收入研究;第三方面

---

① 匡亚林:《社会福利引论:福利体制模式的类型化考察》,《国家行政学院学报》2018年第2期。

② Korpi W, Palme J, *The Paradox of Redistribution and Strategies of Equality: Welfare State Institutions, Inequality, and Poverty in the Western Countries,* American Sociological Review, 1998, 63 (5), p.661.

为福利制度特征。考皮和帕梅尔基于覆盖范围和慷慨程度，通过分析不同国家缓解收入不平等和贫困的能力，特别是考察老年人养老金和疾病现金福利，将福利国家的制度特征分为 5 类：基本社会保障模式、集体主义模式、包容型模式、有针对性目标模式、自愿型国家补贴模式。[①] 基本社会保障模式为加拿大、丹麦、爱尔兰、荷兰、新西兰、英国、美国，集体主义模式为奥地利、比利时、法国、德国、意大利、日本，包容型模式为芬兰、挪威、瑞典，有针对性目标模式为澳大利亚，自愿国家补贴模式类型为瑞士。二是匹兹瑞罗依据 18 个福利国家对其劳动力的商品化进行了聚类分析，划分出自由主义模式、保守主义模式、社会民主主义模式、俾斯麦保守主义模式和激进主义模式 5 个类型。自由主义模式包含加拿大、爱尔兰、英国、美国，保守主义模式包含德国、荷兰、瑞士，社会民主主义模式包含比利时、丹麦、挪威、瑞典，俾斯麦保守主义模式包含奥地利、芬兰、法国、意大利、日本，激进主义模式包含澳大利亚、新西兰。三是班布拉五分法，班布拉依据 18 个福利国家的医疗服务以及劳动的商品化程度区分出自由主义模式、保守主义模式、社会民主主义模式、保守主义小组和自由主义小组 5 个类型。自由主义模式包含澳大利亚、日本、美国，保守主义模式包含奥地利、比利时、加拿大、丹麦、法国、意大利，社会民主主义模式包含芬兰、挪威、瑞典，保守主义小组包含了德国、瑞士、荷兰，自由主义小组包含了爱尔兰、英国、新西兰。[②][③]

---

① Dragano N, Siegrist J, Wahrendorf M, Welfare regimes, labour policies and unhealthy psycho-social working conditions: a comparative study with 9917 older employees from 12 European countries, *Journal of Epidemiol Community Health* 2010, 65（9），pp.793–799.

② 匡亚林：《社会福利引论：福利体制模式的类型化考察》，《国家行政学院学报》2018 年第 2 期。

③ Bambra C, Going beyond The three worlds of welfare capitalism: regime theory and public health research, *Journal of Epidemiology and Community Health*，2007, 61（12），pp.1098–1102.

通过上述模式分类，可以看出，历史制度主义的研究理论较为注重历史考察。通过对典型的福利国家制度进行考察，可以进一步清晰地呈现福利制度路径依赖的结构，为研究结论提供结构支撑。从不同的类型学方法和指标分析可得到差异化的答案，彰显不同的社会福利形态，这正是福利制度模式类型学研究的精髓所在。针对上述考察结果，保守主义模式又被称为俾斯麦模式、基督民族主义模式或欧洲大陆模式；自由主义模式又被称为盎格鲁－撒克逊模式；社会民主主义模式又被称为北欧模式或者斯堪的纳维亚模式。

结合历史制度主义理论，笔者试图从针对上述理论研究的结论中去寻求答案，综合利用了文献数据平台，整合了 SSCI 研究论文以及国内外学者的研究结论。根据福利制度模式类型学考察结果可知，无论从何种角度进行分类和划分，福利国家制度类型都无法逃出保守主义福利模式、自由主义福利模式和社会民主主义福利模式 3 种类型。自由主义、保守主义、社会民主主义模式的类型学研究，根据选取国家的范围和对象，对于典型的福利模式划分，在学术界的对话中较为常见，福利制度谱系中对于 3 种福利模式的研究亦得到了学术界的认同，它们共同在福利制度路径依赖的作用下，沿着历史的车辙展开福利发展之路。福利制度模式谱系划分可以为后续研究提供结构化的研究支撑，故而笔者旨在呈现福利模式类型化的考察结论。因为福利模式可以被理解为福利制度的结构化缩影，考察福利制度模式这一研究结论是制度主义路径依赖的结构化支撑，所以这一结果也作为本书之中比较分析的研究框架贯穿整个研究过程。

（三）福利国家制度及其危机治理

从福利制度萌芽开始，人类每一次在福利制度领域的进步和发展，都与风险危机以及风险危机治理休戚与共。建立在工业社会基础上的福利国家，与在后工业社会背景下运行时相比，由于社会背景环境的变化，相应的会面临一系列转型。福利国家的改革转型先后依托于不同的理论，例如贝弗里奇、蒂特马斯、马歇尔、高夫、帕森斯、哈贝马斯、彼得·霍尔、斯考切波等著名的社会政策、工业社会发展观、公民身份与权利、新马克思主义主要观点、功能论等。发展逻辑可以有效诠释福利国家社会政策发展形态与诱发动因，一般的观点认为社会政策的制度演化是福利国家发展的标志性维度。① 福利国家的转型轨迹，危机与挑战的本质就是社会转型的外在压力表现，是福利制度在自我强化机制中的变迁历程。西方福利国家主要面临着以下危机和挑战。

第一，全球化对于福利国家制度带来的冲击和挑战。尼古拉斯·巴尔（Nicholas Barr）认为全球化的经济逻辑不应是对于福利国家发展的唯一评判标准，经济逻辑与政治逻辑是相互嵌入发展的，其存续发展还需要政治议程与全体公民来选择与决定。全球化背景下，西方福利国家需要进一步进行调适，以确保能够创制出有利于社会公平与经济效率平衡的制度。埃斯平－安德森在《转变中的福利国家》中也直指福利国家面临自身发展和外部势力双层因素的危机：其一为波诡云谲的国际环境带来的经济全球化使得资本的聚集和集中；其二为原有的福利制度面临着外界因素的干扰所带来的集中与离散趋势。一面是全球化的危机，另一面是高福利水平的制度与政策。经济学研究者亚尼斯·斯图纳拉斯（Yannis Stouartnaras）认为，面对全球化的冲击，希腊内部长期执行的福利政策水平高于经济发展的速度，给希腊的发展带来了沉重的打击。欧洲债务危机与希腊财政透支都使得福利国家的发展面临窘境。从全球化角度来分析，虽然方法各异，但殊途同归。学界对福利国家在全球化的冲击下面临沉重的挑战和打击是具有普遍共识的。虽然有上述经济全球化为福利国家带来的危机，但"危"

---

① 彭华民、黄君：《福利国家社会政策发展：资本、劳工与国家集中化互动逻辑》，《学术研究》2016 年第 9 期。

的同时也会产生"机",经济全球化也为各个福利国家带来了促进经济发展的机遇,它可以完善各国经济指标和提高效率。考夫曼①认为,社会福利国家需要面对经济挑战、文化挑战、社会挑战等多方面的危机,这种危机的化解与福利国家的救赎是需要通过自我救赎来实现的。现如今,福利国家新近发展中反全球化的势力也有崛起的势头,虽然反全球化在全球化发展开始时就一直声音不断,但是自由主义福利制度国家在反全球化的浪潮中已经开始了它们的自发性保护运动。这也是自由主义类型的福利国家面临危机时所作出的调整,也是对于福利国家自我救赎的一种尝试。

第二,变迁中福利国家制度的发展动因与改革取向探析。如果说经济一体化、经济全球化为福利国家带来了一定程度的经济外部性冲击,那么制约福利国家制度发展并给其带来挑战的还有政治运作逻辑以及文化、社会等动因。这些方面也都会对福利国家制度的发展带来不同程度的影响,其改革需要同时关注多层面的因素。安东海·梅丽赖克(Antonella Meri Riker)②在《社会变迁与福利改革》一书中提及福利国家制度的改革取向是依托于政治改革所进行的,这种政治因素包含政党、利益联盟、战略规制的多元框架整合。改革的利益相关者涉及社会、政府的府际关系、政党政治等利益联盟和协同治理的结果,是一个温和的改良主义和渐进主义的改革取向。托本·艾弗森(Torben Iverson)③认为福利国家制度的福利改革中存在扩张逻辑,这种扩张的逻辑是基于政党联盟博弈、制造业就业比重持续下降(De-industrialization)以及经济一体化背景下的贸易依存度提升

---

① [德]考夫曼:《社会福利国家面临的挑战》,王学东译,商务印书馆2004年版,第50页。

② 代恒猛、颜永琦:《社会变迁与福利国家的结构性危机》,《中共福建省委党校学报》2010年第12期。

③ Alt J, Iverson T, *Inequality, Labor Market Segmentation, and Preferences for Redistribution*, American Journal of Political Science, 2017(1), p.61.

三层动力所共同引致的。左派与右派之间的博弈互动也会带来福利国家改革取向的福利政策波动。一般而言左派到右派的权力中心转移会伴随着福利的紧缩，再分配强度减弱，反之则会带来慷慨的福利政策扩张，再分配的强度也将会被增加。克萨韦尔·考夫曼（Xavier Kaufman）[1]以归因法来论证福利国家的危机，认为其危机不应只是对简单的财政方面的讨论，这种分析只能触及福利国家危机的结构表面，是表象论点，需要认清福利国家情况是复合的、多元的。我们需要进一步结合"结构—功能"分析范式与"事件—过程"分析范式把福利国家的危机置于制度、意识形态、社会文化领域进行考察。

第三，福利依赖与福利制度的发展逻辑悖论。一方面，人们需要福利制度以抵御风险；另一方面，福利国家制度在发展过程中存在异化的风险。托克维尔认为公共慈善的一个不可避免的后果就是它让闲懒遍布大部分穷人当中，为这些人提供休闲的代价则需要一些勤劳工作之人的辛苦付出。[2]《济贫法》导致公共慈善继承了中世纪修道院体系救助的一切弊端，同时，它也不具备修道院体系中所具有的宗教道德和尊严。在他看来，《济贫法》严重地腐蚀了人的良心和尊严，由于公共救助的存在，人们反而不会去依赖私人的救助和工作以改善处境，这就形成了对社会救助的依赖。但福利制度起初所设定的发展逻辑是为了贫困人口能够维系生活而提供的一种保障，所以福利依赖与制度的目标是相悖的。

福利国家制度的批判者和拥护者都十分的惹人注目，批评者和拥护者主要来自两个大的方向，第一个方向是自由主义思潮，即赞成市场效率优先，政府不干预市场自由，以弗里德里希·哈耶克（Friedrich Hayek）《通

[1]　[德]考夫曼：《社会福利国家面临的挑战》，王学东译，商务印书馆2004年版，第143页。
[2]　Woolen, Sheldon S, *Tocqueville between Two Worlds*, Princeton University Press, 2009, p.36.

往奴役之路》尤甚；① 第二个方向来自拥护者，拥护者是"社会保护"的倡议者，这种观点出自卡尔·波兰尼（Karl Polanyi），埃斯平 – 安德森等很多人的学术创新思维都来源于此。波兰尼认为现代社会被这两个大方向的作用力统治，一种力量想要激活市场活力，而另外一个方向的力量却抵制市场机制倡议保护性的社会。这种思想成为"大转型"下的作用力原则，一种原则就是自由主义，另外一种原则是保护主义。保护自由的市场需要建立一个没有干预的市场机制，保护社会的机制是出于免于市场的过度扩张。当市场强大到一定程度后社会会进行自发性的社会保护，其目的是对人和组织发展的可持续性保护。②

既往关于福利国家的研究从不同的价值维度、不同的视角去论证，整体上体现为对于福利国家的相关结论进行证实和证伪。证实的研究者试图通过大量的数据和经验支撑材料来支持自己的结论，对于无法证明自身结论的材料和数据视而不见听而不闻；证伪的研究者找到了研究中的缺陷和漏洞进行攻击，但如何将其规律进行有效的整合却又放之任之。以福利制度的类型为例，同一类型福利制度内不同的主体间对于个人的福利贡献程度差异往往是被忽略的。本着组内差异小、组间差异大的原则进行罗列，同时也忽视了主体间作用的价值贯序与整体结构逻辑，这种理论与经验研究上的断裂正好为新的理论综合提供了机会与可能。尽管这些理论仅涉及结构改革和长期政策制定，但将它们作为理论框架来反思和考察反应性政策策略极具现实和理论研究意义。

综上所述，我们可以看出，福利国家制度是极具研究张力的研究议题，研究者从诸多视角对其进行研究，结论是支持者和批判者众多，而目

---

① ［英］哈耶克：《通向奴役之路》，王明毅、冯兴元译，中国社会科学出版社 1997 年版，第 46 页。
② ［英］波兰尼：《巨变：当代政治与经济起源》，黄树源译，社会科学文献出版社 2013 年版，第 241—242 页。

前学术界较为缺乏的是一种全景式视角，对福利国家制度的变迁路径加以研究。笔者尝试从历史制度主义角度出发，选取典型的三种福利国家制度模式为研究对象，在福利国家制度的发展历程中寻找一条路径依赖的解释路径。

第三节　研究思路和方法

（一）研究思路

以福利国家制度作为分析对象，透过福利制度路径切入议题——福利国家制度变迁的路径依赖的研究。坚持学以致用的治学理念，将福利国家制度的理论研究与福利国家制度具体的福利实践进行了学术与实践结合。研究的问题为福利国家制度变迁的路径依赖，笔者将研究思路分为两个逻辑组成部分：第一个逻辑部分为福利国家制度变迁的分析链，第二个逻辑部分为路径依赖的系统演进机制链。分析逻辑从书稿议题的分析路径出发，系统演进逻辑是从书稿的问题切入点出发所构建的结构性关系，两者之间的逻辑关系相互依托、相互支撑、相互贯通。福利国家发展之路的分析逻辑链（图 0-2）包含了 4 种分析路径：

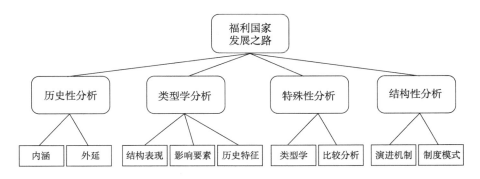

图 0-2　西方福利国家制度变迁的分析逻辑链

　　一是历史性分析。从福利国家制度变迁的历史阶段入手，对福利国家制度的历史发展阶段及其社会政策实践做基础性分析。通过福利国家制度的发展历程回顾和相关基础概念的考察，摸清福利国家制度变迁及其相关史实的状况。

　　二是类型学分析。通过引入福利制度模式的类型学分析，使得对于福利国家发展之路的问题更加类型化、具象化。书稿把福利国家发展过程中所型塑的几种福利制度模式及其所对应的福利政策加以分析，试图找到其中所蕴含的发展规律。同时，加入了社会政策实践的历史比较分析，在分析不同福利制度模式类型的福利国家时，为了更加充分地说明福利制度模式类型的多样化，引入了几个典型福利国家制度的比较分析。

　　三是结构性分析。福利国家制度变迁路径依赖的原因是多元的，是多重力量所导致的制度路径依赖，如福利主体为福利供给提供了不同的载体张力；福利制度模式的类型化也提供了结构性的力量；福利供给的多样性也为制度变迁提供了渠道和路径。

　　四是案例分析。针对 2008 年的金融危机，书稿选取了 3 种类型的福利制度典型国家，具体分析在危机应对过程中所采取的政策方案，通过政策反映的策略分析，进一步在实践层面印证福利国家制度变迁的路径依赖。

　　制度变迁路径依赖的演进机制图（图 0–3）。

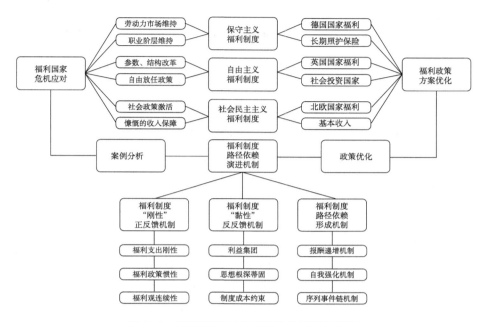

图 0-3　福利国家制度路径依赖演进机制图

　　本书的研究具体步骤可分成 5 步：第一步为实践研究。以福利国家制度的历史制度主义考察入手，详细地呈现了福利国家制度在各个发展阶段的变迁实践。第二步为运行逻辑分析。通过福利制度变迁的路径依赖考察结论，进一步探寻制度变迁路径依赖的结构性依据，从福利国家制度模式、福利思想等角度出发，找出福利国家制度变迁路径依赖的结构性表现。第三步为理论验证。通过福利制度路径依赖理论，指出福利制度路径变迁中的路径依赖演进机制。第四步为实践验证。以 2008 年经济危机中的反应策略为案例，切入对不同福利制度模式的策略分析，试图还原性地解释福利国家制度路径依赖在遭遇经济危机时所采取的应对策略。第五步为现代内涵。与理想类型的对照研究发现问题，提出政策优化的方案并为中国社保制度发展提供镜鉴。

（二）研究方法

1. 比较历史分析法

比较历史分析法（Comparative Historical Analysis，CHA），詹姆斯·马洪尼与迪特里希·鲁施迈耶在 2003 年出版的《社会科学中的比较历史分析》中正式提出。比较历史分析法具有悠久的研究历史，它从属于历史分析法的一个分支，在此基础上，也形成了比较历史分析制度分析（CHIA）等研究方法分支，它们都从属于新制度研究学派。[①] 比较历史分析法对宏观结构性问题的研究最为适用。由于从属于历史分析法，所以在研究中注重时间要素的导入。比较历史分析法通常基于案例类型的分析，可与类型学研究方法混合使用。该方法注重研究的宏观分析、案例分析和时间导入的原则。本书的比较历史分析法在历史制度主义理论的视角下，[②]为研究福利国家制度的发展历程以及福利国家制度的运行逻辑提供了较为契合的新思路。采用比较历史分析法对福利制度模式的变迁路径加以分析研究，借用历史制度主义的分析范式，分析福利国家制度的形成与历史变迁。同时还要回答既然福利制度具有路径依赖的特质，那么其动力机制源于何处？结构性的影响要素是什么？这是历史制度主义者理论研究和实践研究的联结点。克拉斯勒认为制度进入稳定期，一旦由于环境变化或者突发的危机被打断后，会出现制度变迁，再进入平衡期，周而复始形成周期。[③][④] 历史视角下对福利国家制度的发生进行研究时，需要去找出并试图搭建某种逻辑上的关联。因为福利制度不是在独立真空中存在，且尚未

[①] 钱滔：《比较历史制度分析（CHIA）述评》，《浙江社会科学》2007 年第 2 期。

[②] 历史制度主义是新制度主义发展中的一个主要流派，它继承了帕森斯的结构功能主义与旧制度主义的分析范式，形成了结构与历史的双层嵌入式分析框架。

[③] 何俊志：《结构、历史与行为——历史制度主义的分析范式》，《国外社会科学》2002 年第 5 期。

[④] 刘圣中：《历史制度主义》，上海人民出版社出版 2010 年版，第 57—89 页。

有一个福利制度是完全独立存在的。①② 新制度的运行或者推行的基础就是在众多制度并存的社会环境中，由众多要素所共同型塑的。在案例类型划分进程中，嵌入动态的时间视域，对加入实践特征的福利制度类型进行比较历史的考察和分析。以比较历史分析法为方法对福利国家制度变迁历程进行考察，有助于我们对福利国家发展轨迹与规律的认知，开阔研究视野。研究以福利国家的制度变迁逻辑、福利制度及其危机应对、福利国家制度的经验镜鉴进行三重考证，探寻其历史逻辑、理论逻辑、实践逻辑发展的必然属性。

2. 类型学分析法

类型学（Typology）的分析方法，本书中所指的类型学③，在本质上体现为一种基于分组归类的方法体系，它是简化论与归纳法的有机结合，将属性相同或者相似的分析对象，通过价值理性、功能理性进行分类，形成组间差异大、组内差异小的不同类别，类别组合起来又构成相互排斥的整体。这种方法广泛地运用于文学、语言学、建筑学、考古学等学科领域范畴，目前也被管理学所接受并运用。类型学的研究有助于帮助人们清晰地认识客观对象之间的区别与联系，透过现象看到事物的本质。类型学理论主要有三种类型：单维类型理论、双维类型理论、多维类型理论。利用类型学分析法首先要确定分类的维度，在此基础上划分并定义类型，然后描述该类事物的特征，并将这些类型划分用于实际观察，或者用实际观察结果检验这种类型划分。其中分类的标准可以是单一的，也可以是双重维度

---

① B.Buy Peters, *Institutional Theory in Political Science: The New Institutionalism*, London and New York, Wellington House, 1990, p.70.

② 吕永红：《民族、国家与制度：历史制度主义视域下的民族区域自治制度研究》，世界图书出版公司 2014 年版，第 320—322 页。

③ 一种分组归类方法的体系，通常称为类型，类型的各成分是用假设的各个特别属性来识别，这些属性彼此之间相互排斥而集合起来却又包罗无遗，这种分组归类方法因在各种现象之间建立有限的关系而有助于论证和探索。

或多种标准。① 第一，单维类型模式。在类型学的研究中，最基本的是确定一个维度，或至少是一种分类的标准，然后就可以进行分类研究，而且通常是分代表维度或极性两端的两类。单维度类型往往是双维和多维的基础，如基于平等性程度和国家干预市场的程度可以把福利国家划分为平等性高、中、低的类型，也可以把福利国家划分为高干预度与低干预度的模式类型。第二，双维类型学模式。稍微复杂一些的做法是，找两个维度相交叉，把平面分割成四大块就有了四种类型。另外还可以根据两个维度划分出八种类型，类似于"四面八方"的划分。埃斯平-安德森依据"去商品化"还有公私养老金的供给混合强度等要素对福利国家做了类型学的划分，得出了"福利国家的三个世界"类型结论。再例如，奥尔森等人关于家庭功能的"环状模式理论"也是一种双维类型学理论。第三，多维类型学模式。多维类型划分，通常能带来更精细的、具体的认识。但是维度的增多，也给认知造成困难，人类的认知能力是有限制的，维度过多、类型太细，就说不清楚其间的差异，也就失去了分析的意义。在多维类型划分中，三维比较可行，而更多的维度划分就很少见了。② 维度越多，划分越科学，指标越详尽，但是较多的维度通常难以获得人们的高度认同；维度越低，指标越少，越容易被人们所理解，接受度越高。所以在进行维度选择时需要根据自己研究的内容来确定维度，以此划分出合理的类型，方便进行后续的分析研究。

类型学的研究，实际上是人类归纳分析思维的呈现。初步的认识是对事物的直觉把握，很少清晰分出维度，而分析出维度和类型时，我们可以深入地认识每一类事物的具体特征。这种类型的划分，可以通过思辨完成，也可以借助统计学的方式进行分类和类型的验证，例如因素分析、聚

---

① 辛自强：《改变现实的心理学：必要的方法论变革》，《心理技术与应用》2017 年第 4 期。
② 辛自强：《改变现实的心理学：必要的方法论变革》，《心理技术与应用》2017 年第 4 期。

类分析都有这种功能。① 类型学经过研究发展已经奠定了较为丰富的种类，有考古类型学、土地类型学、语言类型学、建筑类型学。类型学的研究已经在多门学科得到了广泛应用，② 特别是建筑学、③④ 外语、⑤⑥ 文学、⑦⑧⑨ 新闻学等领域著作颇丰。从本质上说，类型学是通过分组，把参与变量划分为组间差异较大、组内差异较小、组间同质性低、组内同质性高的方法体系。其分组依据往往不同，有的是建立在经验事实上的区分分组，有的是建立在概念差异化上分组，这种分组归类的方法是便于分门别类地论证和考察研究对象。类型学研究方法可以助力科学研究，其一，类型学的方法可以为社会科学甚至是自然科学节约很多精力和时间成本，避免进入"只见树木，不见森林"的研究误区；其二，将研究对象进行类型学的分门别类归置后，更容易发现类型学对象的互构关系与因果逻辑关系；其三，假若提出假设，需要经得起验证。

在福利国家制度变迁的研究中，福利国家的制度模式研究较为清晰地呈现了福利国家的实践样态。本书立足于福利类型模式的研究，主要是指在地域和时序差异下，福利制度在福利实践上的相近和类似，从而形构为某种福利制度类型。在福利制度变迁过程中，基于国别或地区上相邻，虽然尚未有实际接触但是拥有相似的福利服务、养老金制度、行政体制、对待贫困者的理念态度、意识形态等，在福利制度模式类型上所展现出来相

---

① 辛自强：《改变现实的心理学：必要的方法论变革》，《心理技术与应用》2017 年第 4 期。
② 吴毅：《双重边缘化：村干部角色与行为的类型学分析》，《管理世界》2002 年第 11 期。
③ 崔希亮：《空间关系的类型学研究》，《汉语学习》2002 年第 1 期。
④ 祝莹：《历史街区保护中的类型学方法研究》，《城市规划学刊》2002 年第 6 期。
⑤ 沈家煊：《类型学中的标记模式》，《外语教学与研究：外国语文双月刊》1997 年第 1 期。
⑥ 刘丹青：《语言类型学与汉语研究》，《世界汉语教学》2003 年第 4 期。
⑦ 张敏：《从类型学和认知语法的角度看汉语重叠现象》，《当代语言学》1997 年第 2 期。
⑧ 邵敬敏、朱彦：《"是不是 VP"问句的肯定性倾向及其类型学意义》，《世界汉语教学》2002 年第 3 期。
⑨ 沈家煊：《现代汉语"动补结构"的类型学考察》，《世界汉语教学》2003 年第 3 期。

同的福利特质。

3. 案例分析法

案例研究适用于在某种理论或者某种研究结论引导下的情景分析，依靠案例分析单位，遵循多维互证的手段，最终印证某种理论或者研究结论。本书在撰写过程中首先是通过比较历史分析法与类型学研究方法对福利制度模式加以分类，然后再通过个案的研究方法加以辅证其考察结论。针对福利国家的特定分析单位，聚焦于福利模式类型中自由主义制度模式的典型代表英国、保守主义制度模式的典型代表德国、社会民主主义制度模式的典型代表瑞典是如何在制度路径依赖下应对危机的。同样以英国为例，具体分析了其所遭遇的短期、长期危机。由于资源急剧减少的缘故，服务业重组面临支离破碎的私有化困局，英国福利国家面临紧急危机。作为自由主义福利制度模式的典型代表国家，本书通过案例分析方法，分析了英国政府在危机关键节点如何遵循自由主义模式，又为何通过削减而不是投资来应对眼前的危机，特别是对脆弱的低收入群体实行最严厉的削减。对于福利国家制度类型中福利慷慨度最大的斯堪的纳维亚模式，在面对危机时，其延伸出来的危机应对策略之一却是无条件的基本收入。英国作为自由主义模式的代表遇到危机选择削减，而芬兰等斯堪的纳维亚模式国家则选择进一步的社会投资，这种分析有助于作为论点辅佐论据印证福利国家制度模式的类型学特征，助推福利国家的政策优化。

第 一 章

福利制度的理论研究

研究理论依托历史制度主义理论和路径依赖理论，并以埃斯平－安德森（Espin-Anderson）的福利模式作为比较研究框架来展开研究。在研究并解释福利国家路径选择议题过程中，涉及了议题相关的核心概念和支撑理论，其中主要的核心概念分别有福利国家、福利制度（福利国家制度为福利制度的一种）和制度变迁。

第一节　相关概念

一、福利国家

在福利国家的国际比较研究中盛行一种理解，将福利国家等同于社会保障（social security）或社会保护（social protection）的制度，偶尔还包括由国家提供的社会服务（social service），有的学者称此为"福利国家""福利体制""福利世界""福利模式""国家族""国家群"。1990 年，埃斯平－安德森首次使用了"福利体制"的概念，在欧洲主流理论界，这种说法被接受并被认为这是从政治经济学研究中提炼的结果。① 学界对福利国家的

---

① Powell, M. and Barrientos, A, *Theory and Method in the Welfare Modelling Business,* Paper presented to COST A15 Conference, Oslo, April 5–6.2002.

界定主要围绕着社会保障水平、社会政策的整合程度、社会救助、工业化水平等变量来论述，并通过劳动力去商品化、分层化等变量来考证。可以看出，学者基于不同的学术分野从不同的角度去分析福利国家，希冀福利国家成为人们所盼望的那样，但福利国家现实形态却各不相同，其发展阶段、演化趋势、社会福利规制、福利理念、福利覆盖范围、领取条件和参与方式均有较大的差异，因此，对福利国家概念表述的差异亦属正常。①

第一，以权力资源论角度进行论述的福利国家。《牛津英语辞典》将福利国家定义为："一种国家体制，其组织的目的是要保证社会的所有成员都能在最有利的条件下生活。"②《牛津英语辞典》的诠释是基于福利体制的层面展开的。体制论的最大特点就是以国家为主体所承担的积极福利生产功能并与之所配套的一系列社会保障制度结构。英国牛津大学沃斯特学院原院长艾萨·布里格斯说："福利国家就是其组织权力通过政治和行政手段调适市场各方力量竞赛的国家组织形式。"③日本学者武川正吾（ウチュアン·マサヒロ）以"国家—社会"分析范式来解释社会变迁中的福利国家，他主张从三个层面对福利国家进行考察：一是目标，即福利国家中的国家福利发展目标；二是规制，即为了实现福利国家而采取的行政规制；三是支付，即通过福利支出水平来考察和实现福利国家。④

第二，以社会政策的角度进行考证的福利国家。从社会政策角度看，福利国家是一个有特定历史（战后）与特定政策（制度的）的含义概念。

---

① 周沛：《福利国家和国家福利——兼论社会福利体系中的政府责任主体》，《社会科学战线》2008 年第 2 期。

② ［德］斯坦因·库勒：《福利社会与发展中的斯堪的纳维亚福利国家》，罗志强译，《南京师大学报》（社会科学版）2007 年第 5 期。

③ 冉昊：《福利国家的危机与自我救赎》，《外交评论》（外交学院学报）2017 年第 4 期。

④ ［日］武川正吾：《福利国家的社会学》，李莲花译，商务印书馆 2011 年版，第 17—18 页。

费罗拉（Flora）与海德海默（Heidenheimer）① 对福利国家处于不断变化中的特性进行了讨论，分析了福利国家的历史核心以及变化的边界范围，并且从教育、社会经济、社会保障、民主化与现代化的福利国家的角度进行了探索。② 英国的社会政策学者诺曼（Norman）把福利国家与社会政策齐名，认为社会政策与福利国家是相似的语境与含义。③ 鲍多克（Baldock）认为国家社会政策是扩大公平、促进正义的使者，通过再分配制度来巩固和实现社会公正这一现代政治社会的核心议题。④ 威伦斯基（Wilensky）认为福利国家是根据社会开支（即福利努力⑤）的程度来判断其是否发达。R. 米什拉（Ramesh Mishra）认为福利制度的定义有一个明确的特征，即包含充分就业的目标与政策。⑥ 赫克罗（Heclo）认为充分就业政策是战后福利国家的一个标志。⑦ 我国学者周弘从福利国家的历史缘起界定福利国家，她认为福利国家是从战争的状态走出并在工业社会的后期建立起的一种具有最低限度的福利供给制度，这种制度覆盖所有公民，是一种公平导向的再分配制度。⑧ 在《国外社会福利制度》⑨ 一书中，周弘把社会福利国家界定为国家和社会之间的关系，国家成为公民社会权利的代理，承担

① Critzer John W, *The Development of Welfare States in Europe and America*, American Political Science Review, 2014, 77（2），pp.417–496.
② 费罗拉和海德海默的研究主要背景是欧洲与北美的福利国家的发展问题，这些研究根植于失业大军横扫这些国家，创 40 年代以来空前的水平，虽然他们也谈到了失业保险的考察，但是却没有谈到失业政策和充分就业。
③ Rodger J, Norman Ginsburg, Divisions of Welfare: A Critical Introduction to Comparative Social Policy, *Journal of Social Policy,* 1993, 22（3），pp.315–319.
④ Baldock，John Eds，*Social Policy*, Oxford: Oxford University Press, *2003.*
⑤ Wilensky H L, *The welfare state and equality: structural and ideological roots of public expenditures,* University of California Press, 1975.
⑥ 米什拉：《资本主义社会的福利国家》，法律出版社 2003 年版，第 127 页。
⑦ Critzer John W, *The Development of Welfare States in Europe and America,* American Political Science Review, 2014, 77（2），pp.417–496.
⑧ 周弘：《福利国家向何处去》，社会科学文献出版社 2006 年版，第 1、25、49 页。
⑨ 参见周弘主编：《国外社会福利制度》，中国社会出版社 2004 年版。

社会发展（社会保险和社会救济）的义务和责任，协调收入分配，提供社会的基本服务，但其前提是经济发展水平有足够的资金提供类似的服务，这也是社会政策的自身目标和原则。

第三，以福利责任承担的福利国家。哈里格维茨（Harigwitz）[①] 从国家的功能与职责出发论证了福利国家必须要对公民的福祉承担制度化的责任，这种责任需通过法律规定而确定，且为正式的、清晰的、明确的责任。尼古拉斯·巴尔（Nicholas Barr）认为福利国家是以政府为供给主体，以现金给付、健康医疗、教育服务、住房保障4个制度维度在基于效率原则和平等原则上进行可行性福利供给，他更多是以社会政策与经济政策的层面来诠释福利国家的。社会福利国家应该是能够保证公民食品、医疗、住房、教育等社会生存最基本需要的国家。社会保险上升为社会安全，再上升为社会福利国家，他的观点中带有历史主义和功利主义的色彩。埃斯平－安德森认为国家应该为一国公民承担最基本的福利与保障责任，这种责任是需要通过制度来确认并规定最低的限度，不能完全从福利水平量的多少来判别福利国家的发展程度，而应该根据其结构特征——例如充分就业水平、福利计划的普遍性以及再分配的财政问题——来判别，而这些特征又是与社会民主主义等不同的政治理论相联系的。

第四，新马克思主义的典型代表论。高夫（I. Gough）认为福利国家是动用国家资源去维护劳动力再生产的正常秩序，并且为非就业劳动者提供的制度性保障。他认为社会的可持续发展需要劳动者通过生产活动获取薪酬，并获得可获取服务或者商品（消费品）的购买力，家庭主妇可以生产出具有使用价值的家庭服务。[②]

[①] H.Girvetz, *International Encyclopedia of the Social Sciences, Welfare state,* New York: The free Pres, 1968, Vol.16, p.512.

[②] ［英］高夫：《福利国家的政治经济学》，古允文译，巨流图书公司1995年版，第68、94、97—98页。

综上所述，学者们对福利国家概念的界定基于不同的视角。就本质而言，反映了国家与市场、与社会、与家庭、与公民（劳动者）之间的关系疏离程度。这种离散与集中程度反映了福利国家的市场机制与社会保护之间的博弈，并且将市场机制中的效率原则与社会保护机制中的公平、正义原则两种关系加以有效协调直至均衡。国家是否应该承担起对于公民提供福利的责任与义务，应该承担到怎样的程度，福利由谁来供给，这为政治伦理与国家职责派学者所热衷。本书中所讨论的福利国家研究对象趋向于广义的福利国家的概念，在地域范围上，以福利国家的孕育和发源地欧洲为例；在内容上，近似于我国社会保障的概念，以各项福利制度支出占公共支出较大比重为依据，选取养老保险制度、医疗保健制度、失业保险制度与促进就业政策、社会救助政策为主要内容。不过由于国外是大的社会福利观念，而我国是大的社会保障观念，故而无论是社会福利，抑或是社会保障，两者在文化背景语境中（context）尚存差异。经济政治体制论也好，制度运行机制也罢，都传递出一种对于福利国家在不同福利程度上的期待，赋予了福利国家丰富的内涵与拓展性的外延。福利国家在实践上其内涵外延甚至概念的边界正在逐渐被打破，时代赋予了其新的内涵与外延，这正是值得我们去梳理和考察的意义所在。

二、福利制度

历史制度主义话语体系下，制度概念被界定为正式的或者是非正式性的规制、程序、政策等，从制度分层、分类角度来解读它，也可以理解为环境与配置两个类别。[①] 尽管如此，我们在研究分析中所使用的制度概念，更多的还是与资源配置紧密相关。福利制度一般而言是一种宽泛的概念，

---

① Finegold K. Edited by Sven Steinmo, Kathleen Thelen, and Frank Longstreth, *Structuring Politics: Historical Institutionalism in Comparative Analysis.* Journal of Politics, 1994, 56(1).

它是指国家或者社会为提高国民或地区居民生活质量而推行的一系列规制、章程、规划。从中观层面来说，福利制度是经济和社会保障制度的综合体，现代的福利制度是经过了漫长而复杂的发酵期后最终演化而成。有的福利国家的福利制度趋向于"大而全"；有的福利制度趋向于"小而精"；还有的福利制度则介于两者之间。整体上而言，这些福利制度对我国发展社会保障制度具有积极的借鉴作用，但这并不是说，这些福利制度就一定优于我国。毋庸置疑，这些福利制度发展也存在着一定的问题，仍具有较大的改革空间，此亦为研究福利国家制度的必要性。从福利制度的功能上来看，福利制度具有满足国民基本需求、消灭贫困、减小社会压力、降低社会风险、维护社会稳定等作用。本书讨论的福利制度，偏向于国家宏观层面的福利制度安排，其内涵近似于我国社会保障制度的范围。而福利制度，特别是现代福利国家，更像是生命科学研究的"复杂适应系统"，而不是牛顿物理学的线性非适应性世界。① 为了实现不同的目标，福利制度可以体现为一系列的福利安排，如经过经济情况调查的援助福利、通过福利系统提供的统一福利或社会服务、通过税收融资以及基于社会保险提供的缴费福利等政策组合。从比较的角度来看，人们可以区分出这些组合安排的 4 个主要参数，其一，管理资格与权利的规则、标准，即谁有权获得福利？其二，福利供给的形式，即提供哪些类型的福利？其三，福利的融资机制，即福利由谁支付以及如何支付？其四，福利规制的组织和管理，即福利由谁决定、由谁管理、如何规制？上述 4 个参数是构成福利制度的主要参数，国际比较表明，每个福利制度体系都有特定的主要组合方式（虽然不是排他性），即将这 4 个参数变量结合起来的手段，这为比较和区分各种国家体系提供了基础。在大多数情况下，这 4 个变量的组合方式在

---

① Jensen, Holland, Tomasello, et al, *The process of selecting a man-machine interface software package for use in a process control system,* Isa Transactions, 1992, 31（3），pp.101–110.

系统的所有分支中都很常见且相似。每个福利制度都将特定的制度结构与相对一致的学说联系起来：残余型的福利制度将利益与市场放置在首要地位并寻求消除必要性贫困的政策组合；普遍型的福利制度寻求公平、平等的普遍性利益模式；保险型的福利制度倾向于实施保护特定职业类别的社会保险计划。不同的福利制度模式对社会权利的质量、社会分层以及劳动力市场的结构有不同的影响和反应策略。

本书所具体探讨的"福利国家制度"为福利制度的一种。前文已经明晰了福利国家以及福利制度的内涵，福利国家制度并非词源"福利国家"与"制度"的简单加总或组合，它具有明确的研究边界和适用集群对象。

第一，"福利国家制度"的适用范围有着清晰的时间边界和国别实践。福利国家制度是战后福利国家诞生以来的一种特殊的福利制度，它包含了福利国家所特有的福利政策、福利法规等正式、非正式制度的范围，也包含了福利体制和福利体系的福利关系。所谓福利国家制度，是由国家立法建立一个相对完整的社会保障体系，通过由政府实施的各种各样的社会福利措施来缓解阶级矛盾和维持社会稳定。第二次世界大战后，这种福利国家制度广泛流行，各发达资本主义国家先后宣布建成福利国家，随着福利国家的建成，福利国家制度便应运而生。世界上的第一个福利国家制度起源于20世纪40年代的英国，它具有明确的时间边界和国别实践。

第二，福利国家制度的内涵是一整套福利国家的福利制度顶层设计和制度安排。在福利国家制度的内容领域，无论从历史的发展看，还是从逻辑的演绎看，福利政策都是社会政策的重要组成部分。当然福利政策从形式到内容都具有多样性，各个国家在不同时期针对不同社会阶层，往往会制定不同的福利政策。整体而言，在福利制度框架下，福利国家通过建立社会保障体系，实施以社会保护为目的的福利政策体系，包括老龄化保障、家庭津贴、伤残补助、养老金、最低生活保障、医疗保健、教育公平保障、住房和福利等福利政策。在本书我们以各项福利制度支出占公共支出占比为依据，选取养老保险制度、医疗保健制度、失业保险制度与促进就业政策、社会救助政策为主要内容。

第三，福利国家制度具有明确的研究集群对象。在本书福利国家制度特指第二次世界大战后所建立的福利国家所形成的福利制度，主要依托 3 种福利制度模式进行历史考察，选取 3 个世界 ① 作为研究案例，分别为保守主义福利制度（如德国和法国）、自由主义福利制度（如英国）和社会民主主义福利制度（如瑞典）。

孕育在欧洲的福利国家制度与我国的社会保障制度具有明显社会环境差异，在中国的语境下，福利国家制度被称为"社会保障制度"。本书在余论和启示中所使用的社会保障制度，是指社会救助、社会保险和社会福利的社会保障制度，中国的社会保障制度具有强制性、普遍性、福利性、社会公平性、基本保障性等特征。

第四，福利国家制度具有"刚性"和"黏性"特质。福利制度的"刚性"特质，在福利国家制度发展的过程中起到一种推力作用。当制度的报酬递增顺利发生时，它对制度变迁起到了一种推动作用，在变迁过程中推动着西方福利国家制度循着既往的路径发挥正反馈功能。

所谓制度的"黏性"② 是指，在福利国家制度改革的进程中所遇到阻碍制度路径依赖的变量因素时所发挥的一种强大制度黏合能力，这种制度的黏合能力可以有效地抵御制度断裂的张力，将即将偏离轨道的制度拉回到原有的制度路径中。福利制度的"黏性"特质，在福利国家制度发展的过程中，扮演着一种拉力，当制度的报酬递增不能够顺利发生时，它对制

---

① ［丹麦］埃斯平 – 安德森：《福利资本主义的三个世界》，商务印书馆 2010 年版，第 215—252 页。

② 参见保罗·皮尔逊：《福利制度的新政治学》，商务印书馆 2004 年版，第 180—203 页。书中提到福利制度"黏性"是制度路径依赖的重要影响因素。

度偏离的力量起到了有效黏合的拉力，把已经偏移路径的福利国家制度在变迁过程中拉回到路径依赖轨道之中。由于福利制度的"黏性"可以削弱抵挡和阻碍福利制度前进的阻力，它发挥了一种负反馈机制的功能。

三、福利国家制度

本书讨论的福利制度，偏向于国家宏观层面的福利制度安排。从建立第一个福利国家以来，其福利制度即福利匡家制度。由福利国家的历史缘起，在发展时期受到不同的经济、社会、文化、历史和宗教等因素影响，形成了不同模式或不同类型的福利国家制度。最初所形成的英国福利国家制度，影响了世界上其他国家，引来其他国家纷纷效仿炮制本国的福利国家制度。

1349 年，中古时代的欧洲爆发了"黑死病"（Black Death），导致了劳动力人口骤减；随后圈地运动（Enclosure Movement）导致了社会流民问题的产生。自此，封建系统被打破，社会实现了从农业经济向以羊毛工业为基础的经济转变。1601 年《济贫法》颁布后，规定了教区具有救济穷人的义务，那些无家可归的穷人一方面接受地方征税系统救贫税的社会救助，另一方面也必须配合以强制性劳动来换取接济。济贫法实施是以院外救济为主的；开展技术培训，培训对象为贫困的青少年与儿童，地方选择在习艺所。在贫困者中也做了自愿性贫困就业和非自愿性就业的区分，对非自愿性贫困者提供工作介绍服务；对具有劳动能力的流浪者和乞丐则在制度层面施以强制性收容与强制性劳动。这通常被学界认为是福利国家制度的历史起源，工业革命后，英国社会发生了巨大变化。为了适应这一变化，1834 年英国议会通过了《济贫法（修正案）》，史称新济贫法。这一时期，福利国家制度生成的逻辑主要依托于新贫困观的发展理念，重新排列组合引发的旧制度观念冲突与新的近代主义贫困观念的制度再设计。

　　纵观福利国家的各个发展阶段，不难看出福利国家的"社会救济——社会保险——社会福利"纵向演化系统，每一阶段历程中新制度环境与旧有制度的残存所引发的危机与化解构成了福利国家制度的历史演化。

　　随着社会的不断发展，福利安排变得较为复杂，越来越需要更正式的福利安排。前文提到，福利国家经历了以社会救济、社会保险向社会福利的阶段过渡，其中《济贫法》扮演着重要的角色。以学界认可度较高的福利制度起源法——1601年《伊丽莎白济贫法》为例，1601年的济贫法不是组织福利制度，而是第一个国家制度。它以各种形式持续存在并且深深地影响着欧洲各国的社会保障制度，形成了不同模式或者类型的福利国家制度。

　　不同国家的福利选择各种各样的模式以发展本国的福利制度。地理上彼此接近的国家往往具有重要的联系，他们通过共同的历史束缚、文化传播（例如，共享的宗教和共同语言），有时会共享策略并直接模仿彼此，即采取类似的政策，在同一条件下所考虑的与其他国家的相似性。[①] 这种方法的主要理由不仅仅是它们彼此有一些相似之处，而且是存在潜在的关系导致它们形成可识别的集群。

四、制度变迁

　　由于制度变迁与制度创新均指的是制度的变化或改变，因而如果从一个社会发展的纵切面来考察，制度变迁与制度创新的概念是十分相近的。当然，从研究者角度去解读它，更多地把制度变迁看成为"果"。那么，制度变迁也更多地可以体现为制度的一种创新或者改变，相应地进行创新或者程序的变化。制度变迁理论之中，制度变迁的进度有渐进性制度变迁和激进突变性制度变迁，制度变迁的维度可以根据时间特征分为累积式和

---

① Spicker P. The Welfare State[M]. London: Sage, 2000.

突变式，① 在连续性和非连续性上分为 4 种类型的制度变迁效果。而就福利国家制度变迁路径，从历史发展变迁的阶段上来看，表现出明显的渐进性特质。

表 1-1　制度变迁的维度

制度变迁的过程与结果		变迁的结果	
		连续性	非连续性
变迁过程	累积式	A 适应性制度再生	B 渐进性制度转型
	突变式	C 制度存活并回归	D 制度崩溃或更替

资料来源：James Mahoney and Kathleen Thelen ed. "Advances in Comparative Historical Analysis," *New York: Cambridge University Press*, 2015。

制度变迁的维度根据内部阻力高低和外部对现有环境的偏离高低区分为 4 种类型的制度变迁。一是类型 A，适应性制度再生，即制度变迁需要看内外状况而定；二是类型 B，渐进性制度转型，政策会渐变和慢慢适应，而不会彻底取代原来的政策；三是类型 C，制度存活并回归，制度变迁是旧房添新瓦，新旧制度并存；四是类型 D，制度崩溃或更替，制度变迁发生了新制度完全取代旧制度的情况。

表 1-2　政策变迁的类型

变迁类型与环境		变迁的内在阻力	
		高	低
对现有环境的偏离	高	A 漂移（drift）	B 转换（conversion）
	低	C 层叠（layering）	D 取消（elimination）

资料来源：Wofgang Streeck, Kathleen Thelen, (eds.) , "Beyond Continuity: institutional change in advanced political economics," *New York: Oxford University Press*, 2005, p.31。

---

① See Hacker, Jacob: "Policy Drift:The Hidden Politics of Us Welfare State Retrenchment." in Wolfgang Streeck and Kathleen Thelen ed. ; *Beyond Continuity: Institutional Change in Advanced Political Economics,* New York:Oxford University Press, 2005.

在制度变迁的过程中，具体到政策变迁的类型：① 第一，漂移是指政策规则尚未改变，而政策执行的情境产生了变化，这种情景的变化会带来政策效果的差异；第二，转换是指政策尚未发生变化，而政策执行者对规则的理解发生了变化，导致结果发生了变化；第三，层叠是指政策将新政策覆盖在原有政策之上，改变了原有政策规则的约束条件；第四，取消是指在革命或者战争的影响下制度发生了突变，从而引发了制度的取消或者更替。

第二节　理论依据及框架

新制度主义从社会学角度来看是从社会组织相关研究中演化而来的，是其中的一个分支。社会学家对韦伯官僚制的"手段——目的合理性"提出挑战，将组织制度形式从程序中剥离出来，坚持认为现代组织中具有高于"理性"的模式。由此可见，社会学领域的新制度主义倾向于将文化也视为一种制度。新制度主义是后行为主义时期的一股横跨政治学、经济学、历史学、社会学等几乎所有社会科学领域的理论潮流，研究者不约而同地将制度引入研究的中心，企图说明什么是制度，它缘何而起，因何变迁，又对其利益相关者、相关政策等带来哪些影响。历史制度主义是新制度主义发展中的一个主要分析流派，它继承了帕森斯的结构功能主义与旧制度主义的分析范式，形成了结构与历史的双层嵌入式分析框架，为福利国家的发展历程以及福利国家的运行逻辑研究提供了较为契合的新思路与新空间。福利国家自萌芽至今历经长达4百多年的变迁，历经了波峰与波谷。从历史制度主义视角下对不同阶段的典型福利国家制度演化进行考

① See Hacker, Jacob, et al: "Drift and Conversion:Hidden Faces of Institutional Change." in James Mahoney and Kathleen Thelen ed., *Advances in Comparative Historical Analysis*, New York: Cambridge University Press, 2015.

察，有助于加深我们对福利国家的发展轨迹与规律的认知，开阔研究视野。从结构观来看，历史制度主义一方面强调了制度对于公共政策和行为选择后果的重要作用，另一方面也极为重视变量之间的排列方式；从历史观来看，历史制度主义注重通过追寻事件发生的历史轨迹来找出过去对现在的重要影响，强调政治、经济、社会等领域中路径依赖和制度变迁的特殊性，并试图通过放大历史视角来找出影响事件进程的结构性因果关系和历史性因果关系。

一、历史制度主义

一方面，历史制度主义强调时间要素的重要性；另一方面，历史制度主义强调制度要素的重要特质。在时序序列上，展现为各个变量之间的时间序列关系；在结构序列上，又运用历史轨迹排序的方式去呈现历史对现有状态的影响程度，即路径依赖所导致的制度变迁，放在"结构—过程"的序列中进行历史性考察，从而找到结构性（制度）、历史性（时间）的变量考察关系。[1][2]

历史制度主义认为制度并不是独立的存在于真空中的，况且尚未存在一个制度是完全独立的，新制度的运行或者推行的基础就是在众多制度并存的社会环境中，由诸多要素所来共同型塑的。历史制度主义认为制度的发端是由偏见和不可抗力所引发的冲突，或者是由于环境的切换导致的制度不适，从而引起的新旧制度"抗争"，当"新"制度战胜旧制度后，其内涵也必然包含一部分旧有制度中的要素。因为制度的理性设计必须满足这三个条件，即制度是为了达到某种目标而产生的；制度的设定需要具

---

[1]　何俊志：《结构、历史与行为——历史制度主义的分析范式》，《国外社会科学》2002 年第 5 期。
[2]　汪大海、唐德龙：《新中国慈善事业的制度结构与路径依赖——基于历史制度主义的分析范式》，《中国行政管理》2010 年第 5 期。

备一定的预测和前瞻能力；制度的运行也需要在可控环境范围内，这三个条件都是较难实现的。一是因为制度的产生可能并非以效率为目标，如经济制度和社会制度之间的差异，经济制度显然更追求经济效率，而社会制度的目标则更追求公平和效率的平衡；二是因为制度运行的时长具有局限性，在设计之初是对当下制度的一个短期预设，难以控制制度运行之后的长期效果；三是因为制度的偶然性因素难以被预测和控制。即使理论家能够以科学方法预测和设计，历史制度主义是复杂性理论，它并不强调历史进程的规则性，而是认为历史具有偶然性、无规则性。制度生成及变迁是可以通过三种模式的分析而实现的：一是由旧有制度内部中新冲突、新压力所演化而来的新制度，这种制度是在旧制度下产生冲突而来；二是在尚无制度外在压力情况下，既有制度环境下的行动者有意引发的冲突而生成的第二种新制度模式，这种模式的诱因多与制度利益博弈有关；三是制度生成的逻辑主要依托于新的发展观念，在旧制度下受到新观念的冲击，利益集团重新排列组合引发的旧制度冲突与新制度再设计的历史过程。在福利国家的演化模式及其变迁制度研究中，路径依赖为我们理解和深入再认识福利国家开辟了一个新的研究"窗口"，因而制度、理念、行动者成为历史制度主义的三大支撑要素。

1. 历史制度主义的制度理论

在许多研究方法中制度也扮演着重要的角色，从这个意义上讲，一方面作为一系列事件的历史是重要的，因为我们看到了沿着特定历史路径的某种进化发展；另一方面，是制度分析方法可以作为解释工具，它在本体论上挑战了大多数经济政治方法所隐含的标准静态观点，我们在对任何时事的描述中都争论历史的理论重要性。在涉及福利国家时，现代福利国家制度更像是生命科学研究的"复杂适应系统"，而不是牛顿物理学的线性非适应性世界。作为代理人的选民可能会根据政府提供社会服务和社会保险的能力作出建立在"过去其他代理人"信息之上的选择。因此，历史制度主义者不是将人类选择视为受静态制度的约束，而是看待受历史本身约束和影响的选择。这是因为在任何特定的社会中，行为者和制度都是由其过去所构成的。依托历史制度主义理论，我们的分析沿着历史道路向前走，不是为了找到其他证明福利行为理论的案例，而是为了发现作出某些选择的原因以及这些选择如何影响后续轮次的政策依据。

2. 历史制度主义的理念研究

理念作为重要的变量，是考察制度变迁的重要途径。历史制度主义中，在制度理论和时间理论之后，存在理念的维度，按照皮尔逊的观点，他认为理念一般不单独作为历史制度主义的考察变量，需要通过制度、政策或者时间理论等中介变量来显现其在历史制度主义甚至是新制度主义中的重要变量作用。所以在时间、制度要素后，需要导入理念要素，结合历史制度主义的重要理论进而解释政治、经济、社会现象。

3. 历史制度主义中的行动者

行动者聚焦于制度运行的执行层面，不仅涉及制度的利益相关者，还与正式制度与非正式制度的政策执行情况有关。制度是对行动者行为起构造作用的正式组织、非正式规则及与之相关的程序。那么，制度与行为的关系如何？一是制度为行动者行为提供了一种框架和结构。制度包括制度规则和制度结构两个重要的组成部分，它为行动者活动提供一种背景条件和约束框架。这是因为制度结构一旦建立起来，就意味着某种等级序列的建立，也就为人们的行为提供了一套公认的"标准操作程序"。其中，既涵盖了正式的制度规则，又涵盖了非正式的制度流程、工具、实现目标的载体等互构关系。二是制度塑造了行动者的行为。制度影响着政治行动者利益目标的界定。制度同时作为因变量影响了行动者的行为模式。历史主义者则把个体和集团的偏好也看成一个问题，认为偏好的形成不但来自个体的理性，而且受到制度的塑造，并且试图"从既定的形式结构中推导出行动者的偏好本身"。在制度结构中的不同位置都可能会采取完全不同的行为。例如，一个历史制度主义者会强调阶级利益如何实现最大化，在很大程度上取决于阶级在福利国家和社会制度结构中的位置，而不是个人的选择。行动者的策略和偏好不是存在于历史的真空中，而是源自于特定的制度背景，受到既定的制度背景塑造。历史制度主义者认为，制度不但为各国的政治、经济、社会行动者提供了外在的框架，为其相应行动提供了约束机制，而且还具体塑造了偏好、利益目标和行动策略。

二、路径依赖理论

著名的诺贝尔奖获得者道格拉斯·诺斯认为，在制度变迁过程中，有一种自我强化、自我固化的趋势，这种趋势被认定为路径依赖。诺斯认为新制度的出现需要承担高昂的制度成本，启动运行新制度会面临诸多学习效应和协调、调试工作。虽然会有变迁和变化，但是变迁和变化是有规律可循的，而非任意的。制度变迁中路径依赖的基本含义为，制度一旦获取了最初的选择路径，其相应的制度设计将会沿着其最初设定的路径或者模式一以贯之而延续，直到遇见有足够强大的和破坏作用的力量介入其中，去克服制度最初所形成的路径和惯性。路径依赖作为重要的理论支撑，在本书中是指制度变迁系统过程中的一系列正反馈体系（制度、思想、行动者）。当系统在特定的历史情景下被人类社会所接受并采纳运行，它的发展变迁轨迹将会沿着该系统体系所规制的演化轨迹发展，即便在制度变迁过程中遇到了更佳的系统，也难以被优化系统所替代而持续下去。

1. 制度变迁路径依赖的存续状态

制度变迁是具有情景设置和时间要素的，进入断裂点后，制度发展可能会遭遇曲折，突破了关键时间节点后进入均衡阶段则会有两种情景，一种情景是生成一种新的均衡，另一种情景则会把制度变迁带入瞬时的相持阶段。这种相持阶段的制度变迁具有方向性，具体的变迁方向可以总结为以下两种。随着制度收益递增的一种是良性的变迁轨迹；制度收益非递增时，是一种低效率的变迁方向，甚至循环到一种锁闭的无效率阶段。这是历史制度主义者理论研究和实践研究的联结点。制度进入稳定期一旦由于环境变化或者突发的危机被打断后，会出现制度变迁，再进入平衡期，周而复始形成周期。福利国家中的福利制度既可能沿着既定的路线顺势进入良性循环的快车道，也可能被制度锁定在不利的状态难以摆脱发展困境，一旦进入福利制度的惯性中，想要再更改路径就需要借助外部变量，通过外部效应或者政治、经济、文化、社会等历史性变革实现路径的扭转。历史的偶然性和偶然因素被整合为制度的动力，并被认为会导致相似或不同后果的发展路径，而这些后果又在经验上表现为制度的相似性或差异性。制度分析在有关具体制度的全面假设中理解了各种具有一致性和完整性的因素，当前的变化（发生的事情）是每个国家或社会所遵循道路的必然结果。

2. 路径依赖理论的解释性功能

在制度变迁理论之中，最主要的制度变迁情景就是制度的路径依赖，路径依赖是制度变迁的轴心，围绕路径依赖做制度的解释研究是适切的。诺斯认为制度变迁具有遵循既往路径选择惯性的特质，它既可以解释规模相似或相近的国家为何没有走上相同的福利制度道路，又可以很好地解释某国某种福利模式类型一旦型塑就开启了一段不断自我强化的制度变迁之路，它具有较强的解释效力。作为制度研究的适用性解释理论，斯维尔在路径依赖理论中强调了宏观、中观、微观（制度、体制、机制）之间并不是隔断的，而是相互联通的。①② 就是说，由于时间性被预设在具有空间

---

① Sewell, William H. Jr., *Uneven Development, the Autonomy of Politics, and the Dockworkers of Nineteenth-Century Marseille,* The American Historical Review, 1998, 93 (3)，pp.604-37.

② Riley, D., *The Historical Logic of Logics of History: Language and Labor in William H. Sewell Jr,* Social Science History, 2008, 32 (4)，pp.555-565.

感的范围之内，因而具有了不均衡的分布（如"趋同"或者"趋异"趋势），而这种不均衡又受到更高层次的时间性（如事件受到常规、常规受到趋势）的影响，或者受到相邻的其他同层次的事件、常规、趋势的影响，得以汇聚一起而共同发挥作用，这就增强了路径依赖理论的解释力，福利制度代表着一种方向性的历史依赖性；福利体制代表着可以重复的历史依赖性；而微观的福利事件是偶然连续性的历史异质性。

表 1-3　路径依赖理论与福利解释效果

福利状态	分析视角	福利结构	福利特质	因果关系
趋势	宏观	制度	方向性	历史依赖性
常规	中观	体制	重复性	历史依赖性
事件	微观	机制	偶然连续性	历史异质性

资料来源：Sewell, William H. Jr., "Uneven Development, the Autonomy of Politics, and the Dockworkers of Nineteenth-Century Marseille," The American Historical Review, 1998, 93 (3), pp.604–37。

3. 制度变迁路径依赖的系统演化机制

研究者从论证制度形成到制度变迁（路径依赖）的这一理论后，还必然要从理论上回答的另一个问题是，既然任何制度都具有路径依赖的特质，那么其结构性动力机制源于何处，即制度变迁路径依赖的系统演进机制是什么。本书运用布莱恩·阿瑟的《技术的本质》《复杂经济学》中所论述的路径依赖演进机制，将福利国家制度的路径依赖通过 3 种技术路径加以分析：一是制度报酬递增机制；二是自我强化机制；三是序列事件链机制。

4. 福利国家制度变迁路径依赖的分析框架

福利国家制度在第二次世界大战后这一特定历史背景下确立并被欧洲各个资本主义国家所接受后，各国纷纷效仿推行符合其自身建设预期的福利国家制度。当福利国家制度形成了大量的福利政策协同效应后，形成了密切的福利政策网络并演化为各国的制度发展轨迹。综上，本书的分析框架，将福利国家制度路径依赖分为几个层面加以考察，结合历史制度主义的三大核心分析要素（制度、观念、行动者）形成文章的理论框架，即福利政策、福利思想、福利行动的参与者，进而在福利政策领域、福利思想观念领域和福利行动参与领域等方面，分析福利国家制度在历史变迁过程之中是如何遵循着路径依赖规律而演化变迁的。

三、埃斯平－安德森的福利模式框架

福利制度讨论中最基本的概念区别反映了历史发展，从英国《济贫法》到福利国家的过渡，为福利模式谱系的发展奠定了研究基础。威伦斯基、勒博（Wilensky/Ladeaux）在福利的残余型和制度模型方面表达了这一点。[①] 福利的残余模型是福利被视为"安全网"的模型，该模式认为在正常情况下，人们不应该依赖集体福利，严重匮乏社会资本的群体在社会或家庭的资源上是生存需求难以被满足的边缘人。这种福利类型被描述为"残余"型，是因为它是针对那些被遗弃的人而设计的，故有些国家从制度设计之初，"残余"型就带有污名化的耻感。福利的制度模式是福利对象将需要和依赖投放在社会中被接受直至成为"制度化"的过程。人们所经历的"依赖状态"必须被接受为社会生活的正常部分，因为在生命周期之中，我们必然会经历从婴儿的摇篮到终老的坟墓，在这期间我们都可能生病和变老。那么，福利制度或者说社会保障制度就是承认这些需求和风险的客观存在并承担起其社会责任，相应地作出一般规定的体制形式、制度模式、政策组合等应责性回应。残余型的福利模式在大多数情况下将社会保护仅仅留给极度匮乏社会资本的个人，而制度型模式的基础是接受社会引发依赖条件的社会责任，两者制度的特质截然不同，各具福利特色。蒂特马斯（Titmuss）后来将残余和制度之间的区别划分为三种福利模型：

---

① 　H Wilensky, C Lebeaux, *Industrial society and social welfare*, New York: Free Press, 1965.

残余模式类型、制度—再分配模式类型和"工业成就/绩效"模式类型,[1][2]该模型是福利制度研究的中心起点。他按照之前的研究结论,保持残余模型不变,增加了福利制度—再分配模型的"再分配",所增加的这种模式更关注人与人之间的资源均衡以及制度原则,相当于前面讨论的两种截然不同制度模式的中间过渡模式。制度再分配元素在实践上是可分的,[3]该模式下所产生的一系列社会政策可被视为支持经济发展的一种方式,例如,教育可以为工作做准备,医疗保健可作为维持劳动力的一种方式。制度再分配模式的典型代表是德国俾斯麦的社会保险制度,它将贡献与绩效联系起来,以便密切奖励工作。[4] 考察这几种模式的本质差异,并且以养老金作为不同模式的考察指标,得出了能够精确反映出三者差异性和更具体的结论。帕梅尔(Palme)认为养老金是制度型的,包括需要一定程度的再分配,而残余型则只包括最低限度的需求,处于中间模式的"工作—绩效"则适用于奖励并维持职业地位。[5]

这种类型学后来被埃斯平-安德森提出了实证依据,其中类别更名为自由(或残余)主义、保守主义(或团体主义)和社会民主(或普遍)主义,他在随后的研究中也进行了一些修改。[6][7][8] 基于卡尔·波兰尼的所提出的去

① Mishra R., *Society and social policy: theories and practice of welfare*, New York: Macmillan Press, 1977.

② R M Titmuss, *Social policy: an introduction,* London: Allen and Unwin, 1974.

③ Mishra R., *Society and social policy: theories and practice of welfare*, New York: Macmillan Press, 1977.

④ J Clasen, R Freeman(ed), *Social policy in Germany,* Harvester Wheatsheaf, 1994.

⑤ R Mishra, *Society and social policy,* London: Macmillan, 1981, pp.298–299.

⑥ Esping-Andersen G, *Part I. Varieties of Welfare Capitalism*, Social Foundations of Postindustrial Economies, 1999, pp.13–15.

⑦ Esping-Andersen G, *Social Risks and Welfare States*, Social Foundations of Postindustrial Economies, 1999, pp.32–47.

⑧ Esping-Andersen, G, *The Three Worlds of Welfare Capitalism*, Cambridge: Polity Press and Princeton, NJ: Princeton University Press, 1999.

商品化的概念，埃斯平－安德森对此进行了 3 个社会政策领域的考察，考察的结论发现了 3 种模式的集中趋势，并且开启了针对福利国家模式的广泛研究。3 个世界在福利方面的承诺从最少到最多，但仍与残余、工业成就／业绩和制度再分配模式密切相关。这里的模型似乎在一个熟悉的政治光谱中从"右"变为"左"。一方面，残余或自由主义观点可以用来限制福利的范围，而另一方面，"社会主义"模式保证了所有人的福利。不同模式所讨论的核心实践问题是由它们假设的关键节点是否会影响政策在实践中的运作方式来决定的。蒂特马斯认为制度福利与平等主义再分配之间存在联系，米斯拉认为在集体团结和全面福利之间存在联系，帕尔梅则认为在经济市场的回报和福利制度的回报之间存在联系。这些关键节点往往很微妙，也许不同国家的福利同时采用了几种不同的原则和方法，又导致了福利的"混合主义"或"混合"系统。[1] 甚至在其他国家，可能根本就没有所谓的关键节点性指导原则，而另一些国家，则认为多样性本身就是最有价值的。

　　福利制度研究是一种"量纲"（dimension）矢量导向的方法论，以量纲为坐标轴，从时间贯序和内容的呈现看，起源于卡尔·波兰尼的双向运动，他论述了市场和社会保护之间的运动逻辑。埃斯平－安德森把这种学术思想进行了概念的操作化，具体到养老金、失业金、医疗支出等领域做了细致的考察，并以此产生了比较量纲，考察市场与国家之间在劳动力个体中的关系程度。量纲视角以劳动力的"去商品化"[2] 为轴心来考量国家、

---

① Ferrera M, The "Southern Model" of Welfare in Social Europe, Journal of European Social Policy, 2016, 6 (1), pp.17–37.

② 参见［丹麦］埃斯平－安德森：《福利资本主义的三个世界》，商务印书馆 2010 年版，第 47 页。在埃斯平－安德森（1990）的福利体制比较研究中，"去商品化"（de-commodification）是从经验资料中得以验证和推断的核心概念，劳动者个人或者家庭在市场之外，仍然能够维系着社会可接受的生活水平的程度，它在总体上反映一个国家或地区公民的社会权利水平。把一些与人类生存相关的服务（如医疗、教育、就业、住房、养老等）看作为基本的人权而不是市场的交易物品，其目标是可以让人们可以不完全依赖市场生存。该指标可以用于去测度福利国家之中的国家、市场关系。

社会、市场之间的结构关系紧密程度。这种去商品化的操作化研究突破了以往以威伦斯基和勒博的收入分配衡量福利水平研究的局限，拓展了福利国家研究的边界，让更多的学者关注到量纲的研究视角，可称为典型福利国家类型学的开山鼻祖，这种量纲极具类型学的研究价值。

表 1-4 福利国家模式分类去商品化指数表 ①

国别	养老金	疾病给付	失业保险	去商品化指数
澳大利亚	5.0	4.0	4.0	13.0
美国	7.0	0	7.2	13.8
新西兰	9.1	4.0	4.0	17.1
加拿大	7.7	6.3	8.0	22.0
爱尔兰	6.7	8.3	8.3	23.0
英国	8.5	7.7	7.2	23.4
意大利	9.6	9.4	5.1	24.1
日本	10.5	6.8	5.0	27.1
法国	12	9.2	6.3	27.5
德国	8.5	11.3	7.9	27.7
芬兰	14	10.0	5.2	29.2
瑞士	9	12.0	8.8	29.8
奥地利	11.9	4.0	4.0	31.1
比利时	15.0	8.8	8.6	32.4
荷兰	10.8	10.5	11.1	32.4
丹麦	15.0	15.0	8.1	38.1
挪威	14.9	14.0	9.4	38.3
瑞典	17.0	15.0	7.1	39.1

资料来源：Esping-Andersen, G, "The Three Worlds of Welfare Capitalism," NJ: Princeton University Press,1999，pp.50–55。

---

① See Esping-Andersen, G, *The Three Worlds of Welfare Capitalism*, NJ: Princeton University Press, 1999, pp.50–55.

表 1-5　福利国家制度及其福利对象、资金来源、领取资格

	保守主义	自由主义	社会民主主义
福利主要对象	雇员或者参保人	贫困群体	全体公民
福利资金来源	社会保险比例	税收	税收
福利领取条件	收入或者贡献率	资格审查	普遍领取

资料来源：Esping-Andersen G, "Social Risks and Welfare States," *Social Foundations of Postindustrial Economies*, 1999, pp.32–47。

　　埃斯平 – 安德森的福利制度研究框架，是基于蒂特马斯制度类型学研究成果的实证扩展，其中类别更名为自由主义（或残余）模式，保守主义（或团体主义）模式和社会民主主义（或普遍）模式。自由主义模式对应的国家为澳大利亚、加拿大、爱尔兰、新西兰、英国、美国；保守主义模式包含芬兰、法国、德国、日本、意大利、瑞士；社会民主主义模式包含奥地利、比利时、荷兰、丹麦、挪威、瑞典，在后续的研究中进行了修订。① 埃斯平 – 安德森三分法依据去商品化（上表）、社会分层及公私混合福利供给强度 3 个轴线加以分类，最终形成了可供参考的研究框架。

　　1. 保守主义福利模式

　　保守主义福利模式以维护既有的社会阶级地位差异和传统的家庭关系为政策指向。在家长式的国家主义与等级森严的合作主义制度共同作用之下，定位于不同职业与阶层的社会保险计划形成传统，劳动者依据职别地位和工作业绩获得相应的社会权利（女性基本上留守家中从事无偿家务劳动，被劳动市场同时也被社会保险排除在外）。保守主义福利模式惯常以权利与义务对等的理念，在依靠市场的同时，政府将社会保障拟订为防范社会风险、扩大工业生产的手段，其"去商品化"程度居中，以传统的欧洲大陆国家为典型。

---

① James Stepfen. Gosta Esping-Andersen（ed.），*Welfare States in Transition: National Adaptations in Global Economies*, Journal of Social Policy, 2000, 26（2），pp.267–299.

2. 自由主义福利模式

自由主义福利模式以对《济贫法》理念保持忠诚的态度和追求市场利益最大化作为基本逻辑，以规模的家计调查式社会救助的同时，辅以作用有限的普救式转移支付或社会保险计划作为社会保障制度框架。自由主义福利模式惯常以市场力量为主要发展主体，鼓励福利通过个体、社会慈善、自愿捐赠等方式来获取，强调以私有制为基础的市场机制对福利资源的配置起主要作用，把制度化的国家主体福利责任作为补充性质的福利供给渠道，其"去商品化"程度最低，以英美等盎格鲁–撒克逊国家为典型。

3. 社会民主主义福利模式

社会民主主义福利模式将普救主义原则和生产主义要素有机注入社会保障体系。惯常以国家为主体提供福利，排斥市场原则在公民福利获取方面的作用，是具有理想化特质的福利供给模式，其福利提供的"去商品化"和"去家庭化"程度最高，以斯堪的纳维亚等北欧国家为典型。

埃斯平–安德森以此为"中轴"对 3 个社会政策领域进行了多维考察，考察的过程中发现了 3 种模式的类型学，并且开启了福利类型学的广泛研究，本书借助他的研究作为福利国家制度变迁路径依赖的考察框架，进而去分析每种福利制度在变迁过程中所展现出的类型特征。

第 二 章

福利国家制度变迁的历史分析

福利国家制度的变迁历史告诉我们，所有的福利国家制度都在历史演进过程中不断升级。在组织形式上，福利制度的发展轨迹从低到高；在演进过程中，福利制度的覆盖面越来越大；在演进的路径上，逐渐从自愿型制度过渡到强制性的制度；[①] 在演进形式上，从非正式的福利制度向正式的福利制度过渡；在演进路径上，一直遵循着路径依赖的制度变迁轨迹。

第一节　福利国家制度确立前期

1601 年英国颁布《济贫法》，在随后的 400 多年里，各国无论经济发展程度如何，其福利制度都随着经济社会的发展变迁而渐进式发展上升。社会、福利、资源、环境等逐渐成为福利国家经济社会发展的主题，各国纷纷制定了相应的福利国家社会政策，以适应时代的发展。

一、福利制度的历史缘起

第一，福利制度缘起。福利制度是与风险灾害危机相伴相生的，历史

---

① 郑秉文：《法国高度"碎片化"的社保制度及对我国的启示》，《天津社会保险》2008 年第 3 期。

上每次遇到各种各样的风险危机,人类都尝试抵御。1349 年,中古时代的欧洲爆发了"黑死病",导致了劳动力人口骤减,随后的圈地运动导致了社会流民问题的产生。自此,封建系统被打破,社会实现了从农业经济向以羊毛工业为基础的经济转变。1601 年《济贫法》颁布后,规定了教区具有救济穷人的义务,那些无家可归的穷人一方面接受地方征税系统救贫税的社会救助,另一方面也必须配合以强制性劳动来换取接济。早期的《济贫法》实施是以院外救济为主的,开展技术培训,培训对象为贫困的青少年与儿童,培训地方选择在习艺所。在贫困者中也做了自愿性贫困就业和非自愿性就业的区分,对非自愿性贫困者提供工作介绍服务,对具有劳动能力的流浪者和乞丐则在制度层面施以强制性收容与强制性劳动。这是福利国家制度最早可以追溯的历史起源,《济贫法》这一历史时期是福利国家制度尚未形成前的萌芽。

第二,福利国家制度萌芽前的探索期。制度萌芽前的探索期相对漫长,英国在 18 世纪 60 年代以棉纺织技术为先导开启了工业革命。工业的发展使得应对社会危机与风险时必须加以调整以适应其社会背景,整个社会系统取向调整为风险消弭与矛盾缓解。这一时期,济贫成为国家责任,接受国家救济也逐渐成为公民的一种权利。从社会权利到公民权利的逐渐发展使得英国对于贫困者的救济政策逐渐变得宽松,国家有义务为穷人提供相应的社会保障与福利供给。1782 年英国出台了"吉尔伯特法"法案。该法案由下院议员吉尔伯特提出,假定失业者并非自愿选择,也并非道德风险的逆向选择,而是基于一种劳动权利的缺失。这一法案规定设立了《济贫法》中央管理委员会,统管国内的社会救助问题。1795 年《斯品汉姆兰法》(Speenhamland System)以现金救济弥补工资的不足,将劳动者的福利制度与家庭人口数相关联,家庭可以有工资和教区福利收入两种固定的工资。这种比"吉尔伯特法"更加激进的制度遭受了种种批判,不少人抱怨这个政策带来的结果,因为它不仅导致了济贫税负担的增大，并且给劳动力市场秩序带来了一定程度的干扰，有些工厂的老板还故意把劳动者的工资降低因而导致教区的福利支出节节攀升、不堪重负。最终该法被废弃，济贫重新趋向严苛。针对种种问题，1834年，英国政府出台了《济贫法修正案》，史称新《济贫法》。新《济贫法》的特征：一是劣等待遇原则；二是院外救济的废止，劳役场内的强制劳动，一般混合济贫院（General mixed work house）；三是从以教区为中心的地方分散的济贫体制向中央集权的济贫行政/政策的全国统一化过渡。新《济贫法》假设只要具有工作意愿就可以拥有工作机会，这是一种自由放任的逻辑假设，这种放任的自由主义价值观推崇自由经济效率法则，对自由主义具有高度的自信心，只不过这种逻辑假设的背景只有在农业社会才能够完全适用，对于工业社会的背景则未必适合。因为工业社会相比农业社会有太多的复杂变量需要考虑，并且由于经济的周期性波动，需要区分繁荣期和萧条期等，同时对于失业的考虑也还不够充分。

第三，科学治理贫困的发端。在19世纪晚期的社会学研究中，研究方法也处于摸索之中。英国社会学家查尔斯·布斯在《科学的贫困调查》中，第一次从社会层面对资本主义社会所特有的贫困现象进行了实证，昭示了贫困问题是全社会的问题，强化了国家介入的必要性，推进了从"个人主义的贫困观"向"近代主义的贫困观"的转变。这一时期，福利国家制度生成的逻辑主要依托于新贫困观的发展理念，在旧贫困观制度下受到新观念的冲击，利益集团重新排列组合并引发了旧制度观念冲突与新的近代主义贫困观念制度的再设计。

第四，福利国家建成期。俾斯麦政府以国家立法的形式通过了社会保障的3部法律，即《疾病保险法》（1883）、《工人赔偿法》（1884）和《伤残、死亡和养老保险法》（1889）。随后，欧洲各国也加快了制度建设的步伐，如法国的《工伤保险法》（1898）、《养老保险法》（1910），意大利的《工伤保险及老年和残废保险的法案》（1898），荷兰的《工伤保险法》（1901）和《疾病保险法》（1913），挪威的《疾病保险法》（1890）、《养老保险法》（1892）和《工伤保险法》（1894），丹麦的《疾病保险法》（1892）、《立伤保险法》（1898）及《失业保险法》（1907），瑞典的《养老和残疾保险法》（1913）、《职业损伤保险法》和《年金法》（1916）。在 19 世纪末至 20 世纪初，英国政府在这一时期也采取了与欧洲各国相似的措施，通过了《济贫法修正法案》，即新《济贫法》（1834），直至 1929 年，英国《济贫法》中止，并为现代社会福利政策所替代。美国、澳大利亚等国也颁布了社会保险和保障的相关法律。至 20 世纪 30 年代，欧洲社会保障制度也基本上得以确立。①

二、多元福利思想的历史孕育

第一，宗教慈善的福利思想。最早的福利"制度"是非正式的，有"需要"的人是通过家人和朋友帮助获得救助。同时宗教组织也强调通过社会慈善捐赠渠道将有意愿的人进行需求联结。作为一种组织模式，宗教实践对社会政策具有重要意义。宗教的第一个维度是基于道德教育，第二个维度在于与政治制度相结合的程度。从前文的福利主体模式划分中来看，较早的（1948 年以前）福利系统中，国家、市场与社会主体行动的界限和边界不够明晰，宗教角色与政府角色难以区分，政府也通常使用宗教工具维护其政治统治功能。实践中的许多问题涉及广泛的道德原则，并且很难将它们分开。参与政策制定的人们的共同经验是，在某些原则遭到违反之前，价值观并不一定会凸显出来。故而，宗教理念和种族文化也是影响早期福利国家福利制度模式形成的一个重要思想因素。

---

① 杨敏、郑杭生：《欧洲社会福利制度的演变与启示》，《华中师范大学学报》（人文社会科学版）2013 年第 6 期。

第二，追求效率的福利理念。自由主义常常与追求效率的福利理念不谋而合，在北欧福利国家模式形成过程中主要遵从平等理念，而在美国等国家则更崇尚效率理念。效率方面的自由理念是指自由在历史进程中曾经彰显为一种地位，人们在没有所有权时是自由的，不受任意权威的约束。在现代，这个想法已经意味着更广泛的内涵与外延，自由决定并促进采取行动。在心理上人们必须能够作出选择，但消极方面是不能阻止人们，并且人们必须能够采取行动。个人主义者争论一种自由的模式，人们的自由取决于他们的独立性。社会福利和国家干预被视为破坏独立和自由，自由的社会模式始于自由取决于相互依赖的观点，为了能够采取行动，人们必须有权在社会中进行选择。在这种行为模式中，自由理念往往排斥不必要的福利干预、福利行政，认为市场应该在福利实践中起重要作用。然而市场经济所遵循的"优胜劣汰"的基本规律决定了人类社会必然是一个有差别的阶层社会。

第三，秉持平等的福利理念。平等和效率是一对"孪生兄弟"，这一对理念在福利国家的福利制度路径依赖过程中，极具张力。通过这对福利理念可以延伸出多种福利制度模式，每个国家所秉持的不同的福利理念组合则构成了一国的福利特质。平等可消除不利因素，这可以通过多种方式加以解释。平等可以包含如下几方面：一是人的平等，即"人人生而平等"，在这个意义上，平等的观念在现代世界中被广泛接受。二是权利平等，人权的争论是对平等主义的不同解读，在某种意义上说，适用于每个人。平等公民身份可以被视为与权利相同，或者至少是"拥有权利（力）的权利"，但也被用来表示社会和政治社区的成员身份。无论能力或社会地位如何，将公民身份扩展到每个人的论点是对那些处于更边缘或更脆弱的人的一种保护。罗尔斯写道：作为平等公民，我们要公平地获得基本结构所依赖的公平程序。因此，平等的观念本身就是最高层次的意义，它决定了政治活动本身是否被视为一个公平的社会合作系统，随着时间的推移被视为自由平等或以其他方式，公民在最高层和最基本的方面是平等的。① 福利不平等使人们无法获得他们维持生计的基本生活条件和标准。许多关于贫困的担忧源于这样的论点，即接受人们掌握资源的能力不仅仅取决于他们收入的绝对价值，还取决于他人可获得的资源。因为不平等对福利有直接的影响，不平等的减少也可以被视为促进福利本身的一种方式。借助历史制度主义中的观念理论，在福利理念上，上述问题也可以用福利制度所主张的福利理念来解释，各个国家、地区的福利制度变迁的基本理念是实现社会公平，从而实现社会的长治久安。人类社会发展的历史是一部人类追求社会公平、平等的历史。而作为一项社会制度，福利国家模式同样也使用自身特定的调整手段和方法来追求社会所需要的平等或公平价值。不同的研究者对平等或公平给出了不同的理解和界定，如罗尔斯在其《正义论》中提到，人类社会的正义问题乃是社会中分配的公正，他用"分蛋糕"的例子证明了这一点。而社会中的财富转移是存在一定的归向的，那就是从最富有向最贫穷的财富转移，但是这一点尚未获得制度性的保障。当没有保障的转移或者缺乏这种条件的转移而且尚未在较好的福利制度环境中发生时，财富的再分配就逐渐地从最贫穷向着中位数、平均数发生回归转移了。② 因此，为了抵消市场经济发展给人类社会带来的"副作用"，我们通过福利制度，运用社会保障政策工具，以国家为主导来对公民初次分配获得的财富进行再分配。在不损害富人财产利益的基础上，将社会财富转移至穷人或疾病、失业、老年人等弱势人群，从财富的均衡上来实现社会公正。故而这种转移的理论基础之一就是建立在社会公平之上的。这种社会公平的福利理念与相对

---

① J Rawls, *Justice as fairness: a restatement*, Cambridge Mass, Harvard University Press, 2001, p.132.

② 林嘉：《论社会保障法的社会法本质——兼论劳动法与社会保障法的关系》，《法学家》2002 年第 1 期。

应的自由主义福利模式所追求的效率理念之间经常性地在社会政策之间发生碰撞，甚至是冲突。在冲突和碰撞中，形成了多种福利思想和福利制度。

三、福利制度模式的探索与试验

第一，新、旧《济贫法》奠定了经典福利制度的基础。英国《济贫法》不仅是第一个组织性的福利制度，还是第一个有关福利的国家制度，它从颁布起到第二次世界大战结束以各种形式持续存在。然而，新《济贫法》的发展使其产生了分水岭，因为它引入了更为严厉的意识形态制度，旨在遏制工业化所产生的问题。从《济贫法》到福利国家建立的过程以"残余"型和"制度"型的福利模式著称。这种区分的关键要素主要涵盖三个方面：首先，残余型福利的领取条件是有限的人（无法抵挡困境和风险），而制度性福利则适用于一般人群。《济贫法》规定福利领取对象为贫困的人，即极端需要的人，顶层设计的初衷是考虑到该群体没有其他社会资本。在制度型福利的法律原则下，无论财务状况如何，福利需要能够满足人们的需求，并为每个人提供社会保护。其次，残余型福利的领取是需要承受一定的污名化，领取人需要忍受这种污名而获取福利，根据《济贫法》规定，福利被视为公共负担。也正是这种历史原因，直至今日，社会福利支出被一些政府和决策部门认定为一种负担和压力。制度型福利则有所不同，它是基于对相互责任的认可下进行的。最后，残余型模式的福利领取常常带有一定的严苛条件和限制，严重依赖威慑来限制债务；制度型模式则更具有包容性，可以接受正常的福利依赖。

第二，新《济贫法》还有其他重要方面，为以后的福利制度提供了福利试验经验，甚至继续对当今发挥作用。首先，新《济贫法》是自由主义的（在 19 世纪的意义上），它基于个人主义和最小的国家干预，被称为"自由放任"的原则。新《济贫法》允许在规定的福利质量和性质方面有较大的差异。劳动力市场一直存在地方干预，改革者特别批评"轮回"制度，允许雇主将贫民用作廉价劳动力，而"斯品汉姆兰"制度则补贴工资。里卡多的"铁工资法"表明，这些扭曲会导致工资低于维持生计所需的标准水平，也就是说，劳动者的基本生活无法得以保障。改革者认为这种干预会抑制工资并威胁到劳动者的独立生存。这是"较少资格"理念的基础，该理念试图明确区分贫民和劳动者的地位，争论的焦点是国家干预是否会导致市场扭曲，如果福利是必要的，它应该与经济运作分开并且不同。其次，新《济贫法》的依据是经济学的。新《济贫法》的拥护者认为他们了解经济如何运作以及是什么促使人们采取行动。杰里米·边沁（Jeremy Bentham）认为，大自然赋予了人类两种干预路径，痛苦和快乐，只有它们才能指出我们应该做什么以及确定我们将要做什么。杰里米·边沁相信通过奖励和惩罚来调节福利对象，这些观点一直存在于当今的学术辩论中。关于博弈和理性选择，其前提是人们总是试图使个人收益实现最大化，与此同时注入边沁精神。最后，新《济贫法》是道德的。经济上的光泽不应该掩盖道德判断的影响，基于对工作价值和理想行为的看法比边沁精神更为重要。其中一个主要问题是，一些法律专员认为早期的《济贫法》已经成为放纵和不负责任行为的保护伞。虽然它不是 1834 年报告中的一个主要因素，但在后来的几年里，"值得"和"不值得"的穷人之间存在着强烈的区别。鼓励守护者区分他们并将"值得"指向慈善事业，而"不值得"则指向国家，这些论点也随之一直影响当代关于社会政策的辩论。

第三，福利萌芽期间的制度实践。这一时期，除了新、旧《济贫法》以及斯品汉姆兰法案等以外，还萌生了众多关于福利制度的国家法律和实践。比如，1883 年俾斯麦的《疾病社会保险法》、1911 年英国的《国家保险法》、1921 年奥地利所进行的首个家庭津贴法案、1913 年美国累进的联

邦收入税实施、1935 年美国的《社会保障法》等。这些制度实践为随之
而来的福利国家制度建立与后期发展起到了前期制度试验的奠基作用，为
后期福利国家的制度构架搭建了基础。

第二节　福利国家制度的确立和发展

福利国家制度的扩张发展是福利国家制度法制化的过程，在福利法律
的制定和完善过程中，各个福利国家先后颁布了社会保障法或者社会保险
法，为社会福利支出找到了一个合理性、合法性的强力支撑，正是在这样
的背景下，福利国家制度得以迅速扩张发展。

一、战后福利国家制度确立的背景

第一，经济的复苏带来了各个领域的发展。第二次世界大战以后，随
着发达资本主义经济的强劲复苏，经济方面上表现为失业率呈现出较低的
态势；政治发展方面，国家的政党政治队伍不断壮大，并且在社会福利支
出方面也得到了广泛的政治支持与认同；社会福利方面，随着社会支出的
扩张，家庭津贴的覆盖范围逐步扩大，基本社会保障、健康护理以及公共
援助计划发展迅速；政府建设方面，国家正在努力地塑造一个福利国家的
角色和形象，各方面发展态势向好。福利国家建成后，福利国家经历了一
系列福利体系建立工作，将福利制度萌芽期的福利国家制度转化输出为合
法化、规范化、制度化的一套福利体系，并形成了各自的福利价值特征、
经济社会功能。

第二，以社会权利为福利国家兴起的核心议题。经济方面的复苏为政
治和社会福利奠定了坚实的基础。这一时期，随着公民权利意识的逐步提
升，民主制度也空前发展。公民权利经历了基本权利、政治权利和社会权

利的演化，① 与此同时，公民权利和公民权利意识也推动了福利制度的建立，在政治道德领域提供了广泛而强大的福利依据。这样，福利就成为公民在福利国家之中应该享有的权利。国家有义务为公民提供权利，公民有权利领取福利国家为其提供的福利，而这种初始的互惠条件，也成了福利国家制度演化的一个原则根基。不同福利制度的福利国家在公民福利资格方面的认知是不同的，有的国家伴随着初期福利制度萌芽的福利举措，采取的是带有资格准入性质的福利领取条件，有的则不带有资格审查。但无论是否有资格审查抑或是领取条件的设置，公民权利为福利国家制度注入的是为弱势群体保驾护航的制度保障，有了这种保障，底层群众则可以向国家提出相应的福利权利要求。权利是管理人与人之间关系的规则，当一个人或一群人拥有"权利"时，他们可以改变其他人对待他们的方式。道德权利是由道德主张支持的权利，合法权利受到法律制裁的保护与支持。一般权利是适用于群体中每个人的权利，如"人权"权利或公民权利。这些对社会政策很重要，但它们只是其中的一部分。许多"福利国家"特别基于权利来发展自身，例如，通过保险获得的保护权或职业养老金权（保守主义福利模式），这些权利的范围在逐步扩大，甚至在许多国家，它们几乎覆盖了所有人口，权利最终的延伸取决于补充或剩余的价值观（公平抑或效率优先）。

二、凯恩斯主义的福利思想盛行

随着经济制度的逐步完善，国家干预逐步增强，在干预的范围和强度加大的同时，财政支出也紧随其后随之加强，福利国家用于社会福利方面的开支也不断增加。凯恩斯认为市场会存在失灵的情景，这种福利思想契合了第二次世界大战后福利国家建设的主题，在福利国家建设过程中被接

---

① ［英］T. H. 马歇尔、刘继同：《公民权与社会阶级》，《国外社会学》2003 年第 1 期。

受并使用。经济危机的爆发给凯恩斯主义福利思想一个被福利国家所接受的历史契机。凯恩斯主义相信市场调节的局限性，唯有通过国家的干预促进其优化才可以通往自由。凯恩斯主义的思想带有新古典经济学的影子，为社会生活提供保障且不干涉自由的经济秩序。保障起点公平而承认结果不平等有助于经济秩序的稳定，在一定情况下需要政府的强势干预。政府的强势干预主要表现在以下三个方面。

第一，充分就业。福利国家制度建立时期的目标中，首要的目标就是实现充分就业。这是因为在福利国家成立之初，凯恩斯的思想成为了主导福利思想，所以凯恩斯的充分就业也成了福利国家建设的重要目标。非自愿失业消失和就业饱和状态是充分就业的两种情景。

第二，积极的财政政策。凯恩斯认为，增加就业机会是克服经济危机最有效的方法。国家需要执行积极的财政政策、投资或直接消费，这样才可有效保持和提升需求，以保持充分就业、保持经济增长，最终提高国民收入。对于政府投资，凯恩斯主张政府经营的公共工程和私人救济，并承担私人难以负担的市场、失业保险等社会责任。通过积极的财政政策，政府不仅可以提供社会保障福利，也通过增加居民的消费，提高社会的有效需求水平的边际消费倾向，从而刺激经济发展。此外，国家社会公益活动的干预和宣传，也有利于增加社会的消费和投资需求，帮助实现宏观经济的平稳发展。凯恩斯主义的宏观经济理论并不否认市场的作用，但市场失灵的时候它会起到补充的作用。因此，政府对经济的干预是有限的。同样，社会保障的政府干预，是通过积极的财政政策、提高社会保障的社会福利水平，或通过国民收入目的的累进税调整的实施来实现的，都是刺激需求和保护生产的有效手段。

第三，需求刺激及有效的国家干预。凯恩斯主张国家干预的目的是实现资本主义更好的发展，而不是推翻资本主义制度。他寻求改善资本主义的社会机制，而不是推翻它。不仅如此，他还坚持资本主义是提高个体能力最理想的（或者至少是最可行的）社会组织形式。由于"看不见的手"不能有效地规范市场，那么政府应该承担调节供给和需求的责任。因此，凯恩斯认为，应该放弃自由放任、新古典经济学的无为而治的理念，在市场失灵的情况下，国家应积极干预经济，扩大政府刺激投资和消费。与此同时，政府直接投资不仅可以弥补私人投资和净投资额缺乏、维持国民收入的要求水平，政府还可以通过私人投资和消费达到事半功倍的效果，使得国民收入比初始净投资有成倍的增长。所以凯恩斯"希望国家能承担责任和更多的直接投资。"在市场失灵的时候，政府需要确保资源的配置优化，减少因市场失灵而产生的经济波动，保持经济的稳定和发展。只有政府提供全方位的社会服务，最大限度地提供符合公众利益的服务才能实现社会的平稳与和谐发展。由于凯恩斯主义经济学以满足资产阶级共同利益为需要，被资本主义国家普遍接受并且将其作为国内和国际经济政策的基本指导方针。1944 年，凯恩斯率领的英国代表团参加布雷顿森林会议，维持以美元为中心的国际货币体系。第二次世界大战后，凯恩斯主义经济学成为资产阶级经济学的"新正统"。由于凯恩斯及其政府干预理论立下了功劳，缓解了经济危机造成的负面影响，使得以凯恩斯为首的学派形成了政府干预经济学派，并且在大的政治经济环境背景下，该理论不断深化发展，风靡数十年。直到 70 年代初，国家的经济遇到了严重的困难，凯恩斯主义式的福利思想遭遇到了严重的冲击，而新自由主义福利思想则迎合了新的发展。

三、福利国家制度建立的国别实践

第一，英国的《贝弗里奇报告》为英国福利国家制度的确定奠定了理论层面的研究基础。贝弗里奇公爵为英国福利国家制度的建立提供了一个可以改革的范本和框架。1941 年，被称为"福利国家之父"的牛津大学教授贝弗里奇受英国政府委托，负责起草有关战后福利制度基本框架的报告。1942 年《贝弗里奇报告》出版。《贝弗里奇报告》试图把英国建设成为一个"社会服务国家"，这种制度试图构建一个去除五恶（贫困、济贫、肮脏、懒惰、愚昧）且具有最低生活保障的福利制度。在最低生活保障制度的基础上，涵盖公民的衣食住行。制度设计的初衷是公平性和效率性、权利与义务、选择性与普遍性相结合的福利制度。公平性和效率性强调制度内所有公民有资格参与，但是参与需要遵守相关的制度要求；权利与义务强调有生活收入来源和无生活收入来源的公民需要差别对待；社会保险缴费率遵照统一性原则，虽然强调保障无收入来源的公民，但只是保障公民的最基本生活。这些原则和理念都可以在新、旧《济贫法》中追溯到。在福利制度的建立之初，依然还带有前期制度萌芽时期的影子，也为福利国家制度路径依赖做了良好的铺垫。除了《贝弗里奇报告》以外，英国福利国家制度的确立也推动了相关的保险制度的完善。1946 年颁布了新的《国民保险法》，把受益对象扩展到全民。之后在 1948 年颁布《国民救助法》《国民保健法》，这些法律的颁布直接把英国推进福利国家的制度体系之内。随后福利国家先后进入扩张期、变革期、转型期。英国于 1948 年宣布第一个建成福利国家。1966 年英国成立新的社会保障部，提供更慷慨的额外援助。在福利国家制度建立时期，《贝弗里奇报告》以其在失业论和社会保障论的卓越成就，使贝弗里奇与凯恩斯并称为福利国家建立史上的伟大先驱。

第二，德国的福利国家制度推进较英国大概晚了五六年，在这一时期，德国先后颁布了《养老金改革法》《社会保险法案》《社会救助法案》《工伤事故保险改革法》《疾病保险改革法案》。其一，在社会保险方面，德国政府推进了养老金的改革，要求养老金制度需要与职工在职的工资制度相关联，建立了社会保险专员制度，委员会会派出专员依据职工的工资变动情况调整在职职工的养老金，以此来完善养老金的核发体系。这就要求养老金储备要充分，起码可以具备一年的养老金支付能力，国家也会对养金保险基金进行补贴。其二，在工伤保险方面，德国实施雇主缴费制度，被保险人不承担缴费责任，《工伤事故保险改革法》规定，工伤保险也与工资挂钩，根据工资的水平高低来调整工伤保险支出。其三，在医疗保险制度方面，德国的医疗保险随着第二次世界大战的发生而不断地完善，这一时期正逐步地建立起一个贯通的医疗保险体制。《疾病保险改革法案》要求，德国的医疗保险搭建了医疗保险制度的制度链条，以国家医疗保险为首要，私人医疗保险为辅助和补充。自此，国家医疗保险层面保障公民的医疗权益，而个人层面的保险，国家则加强监管，并强调个人的责任，是权利与义务相结合的原则。这种结合可以有效地增强管理效率和个人的权利意识。其四，在社会救助制度方面，德国实施了联邦救助法案，对生活困难的民众提供实物及现金补贴，德国社会救助制度强调国家补贴及个人努力原则，希望既提供国家层面的救助制度，又不给领取者带来污名化的尊严缺失。此举完善了福利国家制度萌芽期的福利制度，因为本身强调责任和义务的原则就是要既给救助对象尊严，又保障其生活权益。

第三，瑞典的福利国家制度建立与扩张。第二次世界大战时期，瑞典采取了一种中立的态度与回应政策。所以在第二次世界大战期间，瑞典并未过多地受到战争的困扰，保留了经济实力。随后在战后的恢复，经济得到了快速发展，累积了国家实力。在社会救助制度方面，瑞典颁布了《社会福利和社会救助法》，养老保险和医疗保险方面都建立了相应的制度法案。其一，在养老保险制度方面，瑞典在战后就推进了养老保险方面的法案，《全国退休金法》是在 1946 年颁布的，规定养老保险国家法定，并且标准统一，津贴主要来自国家和个人，而个人的缴纳比例极小，只占 1% 的税前收入，法案还规定 67 岁可以领取全额养老保险。随后，瑞典颁布了养老保险的补充制度，建立了国民年金补充基金制度，在后期颁布的《国民保险法》中规定，这两项养老保险与其他社会保险进行合并，为居民提供全面而广泛的养老保险福利制度。其二，在医疗保险制度方面，战后瑞典通过了具有强制性的《国民医疗保险法》，法案要求全民必须参与，从 16 岁以上就需要购买，资金由政府、企业和私人三方筹资，医疗保险制度提供自愿性质的津贴和补助，还特意规定了津贴的领取时间。后期瑞典又进行了医疗保险的改革与法案修订，变自愿性质的基金为国家性质的强制保险，并提高和扩展了津贴的数额和津贴的范围。

这一时期，美国主要进行以下工作：1953 年成立了健康、教育和福利部；1964 年开展了向贫穷作战的计划；1965 年实行医疗保险和医疗补助政策。同时，其他国家也逐步地建立起了各自的福利制度。

第三节　福利国家制度的变革

一、新公共管理运动的社会背景

第一，从工业社会向后工业社会切换的社会背景。资本主义国家的每次大规模改革运动都是应对危机的新阶段。70 年代因石油危机所引发的资本主义危机带来了空前的紧张情绪。为了控制风险和危机，新公共管理运动应运而生，并将工业化的社会背景引入后工业社会的时代背景。20 世纪七八十年代，福利国家进入后工业时代。福利国家开始推行后福特制，① 标志着进入了一个新的发展阶段。后工业社会的概念来自美国社会学家、政治哲学家丹尼尔·贝尔（Daniel·Bell），特点是，新的科技革命条件下资本主义社会在劳动力结构和产业结构方面发生了变化。在这一阶段，知识成为新的发展驱动力，人们在信息社会阶段不断地推进生

---

① 是指在资本主义的新背景下以满足个性化需求为目的，给予生产过程和劳动关系之间的弹性，实际上是一种更强的控制。

产奠定了知识基础，人们的工作就是使知识的生产系统化并不断开发智力。因此，在后工业社会环境下，研究者关注的福利国家制度变迁出现了新的背景和作用机制。从工业社会背景切入后工业社会背景后，工业社会的运行中轴和后工业社会的中轴发生了一定的转换。在社会历史观上，技术将作为决定社会形态更替的根本性力量。劳动者的行业分布已经发生了根本性的变化，农业与制造业等第一、第二产业的劳动力分布已经转向为第三产业教育、管理、信息、贸易、运输等服务行业。从职业分配方面来看，由于服务性经济的发展，加强了职员一类的工作，扩大了教育与管理工作，改变了职业结构，使服务性从业人员超过了产业劳动的从业者，专业人员、技术人员特别是工程师和科学家的数量猛增。同时，理论、知识成为改变社会生产方式的驱动力，政府在制定政策过程中会根据已有的理论和知识做充分的论证、预测，进行战略化的政策决策，理论知识成为社会中轴。大学研究机构、智库成为后工业社会的中轴结构。控制技术、智力技术的发展趋势，运用科学知识解决问题来取代直觉判断，从而用一种相对科学、理性的方式办事。在对社会以及社会形态的把握上存在着两种不同的中轴原则：首先是将生产资料的所有制视作为中轴，这一中轴原则将社会区分为封建主义、资本主义和社会主义等几个阶段；其次，以生产力的发展作为中轴，从工业社会发展到后工业社会。

第二，英国的福利改革实践。20世纪70年代以来福利制度的发展受到经济发展阻滞的影响而放慢了脚步，福利不得不配合福利国家所展开的各种运动和削减的大形势而作出相应调整，福利国家经济增长从福利制度建立阶段的快速增长进入低增长甚至停滞增长阶段。从这一时期的福利支出水平看，尽管进行了大量社会保障改革，这些改革试图减少申请补贴的权利和补贴的数量，达到减少社会保障公共支出的目的，但事实上社会保障支出水平在不断上升，年度净值增长率超过3%（即通货膨胀的影响净额）。从 1979 年到 1985 年社会福利的支出情况看，基本上除了教育支出以外，其他的社会福利项目都呈现出增长的势头（详见表 2–1）。改革的成效在秉持新自由主义的英国起到了一定的效果，但是不得不说改革所隐藏的消极后果也存在，并且从根本上说，这一阶段的福利国家制度改革实践上的尝试并未从根本上撼动福利国家的制度，最多算是"隔靴搔痒"、治表不治里。以英国为例，保守党的改革，只是受到了较小的影响。这些福利项目的支出水平也未表现出资金严重不足的迹象。我们应回到对这些项目的长期影响上看，由于资金不足、越来越多的私有化和政府政策，特别是税收等政策的变化，使得普遍性福利从长远来看受到了侵蚀，① 而紧缩的趋势也深深地厚植于福利国家的土壤之中。

表 2–1　英国福利制度改革期的项目增长率

项目 / 政府	工党政府 （1973 年至 1979 年）	保守党政府 （1979 年至 1985 年）
社会保障	+36.3%	+29.5%
健康照顾（NHS）	+7%	+6.6%
福利服务	+15.9%	+10.9%
职业培训与就业辅导	+16.5%	+102%
社会福利总支出	+17.9%	+7.3%

资料来源：米什拉：《资本主义社会的福利国家》，法律出版社 2003 年版，第 26—28 页。

　　第三，改革趋势的利弊分析。从积极方面来看，一是福利观念的激活。改革强调福利的紧缩，尽量从普遍制的福利模式中走出，奔向选择性的福利制度模式，建立个人责任和福利权利的关联性，改变以往一味的普遍福利，从福利依赖之中走出，激活了一部分潜在福利依赖的人群，这为福利国家的改革贡献了积极力量。二是在政府支出方面，减轻了政府支出

---

① 　［加］米什拉：《资本主义社会的福利国家》，郑秉文译，法律出版社 2003 年版，第26—28 页。

压力，英国试图不断减少社会福利开支以缓解财政赤字的压力，并通过私有化和地方改革促进这一改革成效。福利支出减少了、社会保障项目缩减了、津贴和补助降低了，从 80 年代初到 90 年代的十几年时间里，社会支出略有降低，从 1.8% 降低到 1.1%，减少 0.7%，社会支出占 GDP 比重从 43% 降低到 40%，降了 3%。可以看出，如此大刀阔斧的改革也无法撼动福利国家制度的根基。从消极方面来看，福利改革的实践通过私有化的形式扩展，以新自由主义和新保守主义的福利思想作为指导，却进一步扩大了贫富差距，对本就脆弱的贫困人群而言上一个阶段所带来的制度福利优势效果被破坏掉了，且失业人口从 1982 年度的 200 万增加到 1986 年的 300 多万，且三分之二均为结构性失业，这些失业人口反过来又成为福利制度之中福利依赖顽疾的一个爆发点，为后期的福利制度发展制造了一定程度上的障碍。

二、新自由主义、新保守主义福利思想主导变革

20 世纪 70 年代，随改革的推进，在自由主义内部演化出来两种派别，一个是新自由主义，一个是新保守主义。随着两大派别都不能很好地解决福利国家遭遇的困境，两大派别又开始寻求一种中间道路的实验，90 年代以后第三条道路的观念也粉墨登场，希望可以挽救资本主义制度所遭遇到困境。但事实证明，它们也都只能是在福利改革路上的一些努力和尝试。

第一，新自由主义对传统自由主义的修正。强化"国家干预"的凯恩斯理论也有着其自身的局限性。在 20 世纪 60 年代后，国家干预遭遇了认同危机，西方社会在国家干预下创制了福利国家，经过 20 多年的发展扩张后，出现了新的规模性失业与经济领域的滞胀（经济发展停滞与通货膨胀），福利国家纷纷陷入滞胀危机中，难以自拔。这种新的态势给信奉凯恩斯主义理论的各国"当头一棒"，因为单纯的经济发展停滞可以通过

一系列措施加以挽救，如降低利率和增加内需，刺激经济发展的一揽子计划，是经济萧条的典型表现；单纯的通货膨胀需要以相反的手段提高利率、限制投资，控制经济发展的速度，是经济高涨的典型表现；在经济萧条和经济高涨单发阶段，政府的经济干预手段效果明显，收效显著，而当两者相伴而来的时候，凯恩斯主义就表现乏力了，甚至是将国家干预陷入了某种进退维谷的僵局。当凯恩斯主义失灵的时候，放任自由的古典自由主义穿着时代的"新衣"恢复了其活力，并形成了与主流经济思想分庭相抗的局面。新自由主义在20世纪70年代诞生，其主要的核心思想试图帮助福利国家走出滞胀的危机。新自由主义学派的典型人物哈耶克高举反对福利国家的旗帜，并主张坚持凯恩斯国家干预下的福利国家发展是通向奴役的道路，重新强调发挥市场的自由作用，反对国家干预经济，主张发展市场经济。广义上有弗莱德堡学派的弗里德曼，还有其他学派的布坎南、费尔德斯坦、卢卡斯等，他们分别从公共选择、供给理论、货币理论以及理性预期理论对凯恩斯的需求论和干预论进行了无情的批判。但是不得不说，这些专家学术背景均为经济学，他们从成本收益原则等角度对福利制度批判得出的结论，有一定的合理性，只是必须强调的是福利国家制度从本质上来说是一种再分配制度，这种再分配的社会福利制度并不能完全遵循经济学的研究规则，还涉及道德层面、家庭层面等难以量化的角度，所以上述经济学家的研究结论具有一定程度的局限性。新自由主义则是针对垄断资本主义背景所形成的，垄断资本主义本身具有其各方矛盾，在各方矛盾不断凸显的时刻，国家干预派的主张无法解决其产生的固有问题。要求国家采取适当的作为，而不是要求国家不作为，以恢复经济发展与稳定，是在维护资产阶级垄断利益前提下的国家干预和自由放任。

　　第二，新保守主义。虽然权威、秩序和共同体对它来说像以前一样仍然有重要的价值，但这些东西却被引入一种新的、管理结构性的联系。

其主张思想是，支持精英治国，崇尚效率；在劳资利益发生冲突的时候主张中立态度，并且在国家权威和社会福利两者中，更倾向于权威性的工具使用并主张紧缩的福利国家。从 20 世纪 60 年代初开始，"技术国家"的观念发展起来（D. 贝尔、H. 舍尔斯基），按照这个观念，在政治中占首要地位的是"客观事实的强制力量"，它取代了先前的以意识形态为准则的决定。因此，认为民主参与决定或缩短工时的要求是反制度的。新保守主义的空想是一种建筑在先进的技术、管理和效率基础之上的效率社会。尽管新保守主义与旧保守主义两者存在明显的区别，但是新保守主义就它对国家所采取的态度而言，依然同旧保守主义有着密切联系。一如既往的，按照霍布斯的传统，国家政权的权威依然具有最高的价值。它的主要目标依然是维护一种有实力的和有利于决策的秩序权力，这种权力是为维持社会的权力结构服务的。从新保守主义的自我理解来说，国家应当是一个消除利益的"中立"国家，它使分解成各个单独的利益集团的社会成为可以治理的，否则将出现现代工业社会"不可治理性"的危险，这是新保守主义的主要忧虑之一。因为人的本性不再受到本能的保障，所以必须有福利制度上的约束，才能驾驭部分是自私的和部分是破坏性的冲动。代替巩固的国家权力的选择将会是自然状况的无政府状态，国家的秩序要按它为服从统治的人提供的自由福利保障为尺度来衡量（法治国家）。因此，公民自由依然从属于制度保守的基本价值。新保守主义也服务于当时统治形式的合法性，国家权力的防卫保障获得了对社会福利国家职能的优先权。新保守主义也趋向于使目前由次要的德行（思想道德转变）支撑的国家当局专制化。新保守主义在国家干预主义遭遇失灵的时机迎合了社会改革的呼吁，其福利思想主要为市场竞争与选择性福利制度，不仅强调公民权利，同时也强调权利与阶级地位的对等性。这种福利思想在福利制度变迁的过程中，一直被交替传承，且一直都有升级和发展。

三、激烈变革背景下的温和福利制度改革

对 20 世纪 80 年代改革的回顾，恰是因为有自由主义取向的改革造成了更为严重的失业问题，导致失业救济金大幅增长，改革期间的福利支出并没有明显下降，改革无论在控制费用上还是缩小不平等差距方面都是失败的。[1][2] 这一时期的新公共管理运动变革存在着一味追求效率的盲目性和对长远福利制度发展不利的局限性。最主要的是，改革和运动并未触及福利国家制度的根基。

第一，激烈变革背景下的福利制度改革。在运动式治理背景下，社会福利制度是怎样随之发展的？是断崖式下跌把福利国家制度带入断裂均衡的新阶段吗？答案是否定的，在如此激烈的变革背景下，福利国家制度不仅没有停滞，并且在老龄化增强的背景下有稳步增长的势头。这一阶段福利国家在经济领域的表现不尽如人意，但社会福利在政治紧缩的前提下却不得不"照常营业"。从 20 世纪 70 年代以来，发达资本主义国家经济增长速度普遍大幅度下降，通货膨胀严重、失业增加、对外贸易的增长速度显著减慢，各国的经济实力明显下降。由于经济增长缓慢，个人、企业和政府的收入都明显减少，由于失业和贫困者人数增加，社会福利开支也随之增加，其结果是带有"刚性"特征的高社会福利和社会保障开支的增长幅度快于同期整个经济的增长幅度，从而使政府财政赤字不断增长，经济和财政不堪重负。例如，1960 年至 1975 年，英国、法国、联邦德国、意大利、比利时各国 GDP 年均增长率为 2.6%—4.6%，而社会保障开支的增长率则在 5.6%—9.1% 之间。英国福利支出 1982 年比 1972 年增长 4.6 倍，

---

① ［加］R. 米什拉:《资本主义社会的福利国家》，郑秉文译，法律出版社 2003 年版，第 23 页。

② 房莉杰:《平等与繁荣能否共存——从福利国家变迁看社会政策的工具性作用》，《社会学研究》2019 年第 5 期。

联邦德国社会保障开支 1985 年以后一直占 GNP 的 30%，美国 1990 年福利开支占 GDP 的比例达到 30%，与此同时，各国社会福利开支在整个政府开支中所占的比例也在不断提高。1979 年，英国社会福利开支（包括卫生保健开支）占政府开支的 41.2%，1981 年瑞典社会福利开支占政府开支的 48.4%，联邦德国占 68.8%。

第二，老龄化推动了福利国家制度的发展。从社会福利迅速增长的内容来看，养老保险、医疗开支和失业救济支出的快速增长，社会福利支出的不断扩张，给福利政治带来了一定的压力，因此也有人认为福利国家的根本性危机是由于福利支出扩张所造成的，但这其中是存在一定认识上的误区的。同时，随着经济的不断发展，生活的稳定和医疗水平的提高，人类平均寿命普遍提高，各国都不同程度地出现了人口老龄化的趋势，加上人口增长及提前退休等因素的影响，政府用于养老保险的开支不断增加，已成为各国社会福利开支增加的一项重要内容。例如，美国 65 岁以上老年人口占总人口的比例在 1980 年时达到 11.2%，瑞典 1980 年达到 16%，1990 年达到 16.8%。人口老龄化加重了社会福利制度的压力，使社会福利制度收支不平衡的危机更加显得突出。与此同时，为了提高人类健康水平，公共福利用于医疗保健的费用也大幅度增加，并且由于医疗费用与人口老龄化是相辅相成的，这又进一步推动了医疗费用的上升。

第三，改革难以触及福利国家制度的根基。社会福利开支的迅速增加，造成或加剧了财政赤字。20 世纪 70 年代以来，各主要资本主义国家的财政赤字及占 GNP 的比例，都有不同程度的增加。1973 年至 1981 年间，瑞典各级政府的财政赤字由 44.1 亿瑞典克朗增加到 531 亿瑞典克朗，8 年内增长了 11 倍；同期，英国各级政府财政赤字由 39 亿英镑增加到 120 亿英镑，增加了 2 倍；联邦德国各级政府从财政盈余 74.6 万马克变成财政赤字 713 亿马克。1981 年，瑞典、英国和联邦德国的财政赤字分别占其 GDP 的 9.3%、4.8%、4.6%。为了弥补财政赤字，这些国家大规模地向国内外借债，导致国债的急剧膨胀。在 1973—1982 年期间，各国国债占GNP 或 GDP 的比例都有不同程度的提高。1974—1982 年，中央政府债务占 GNP 的比例，瑞典从 17.7% 提高到 51%，联邦德国从 7.9% 提高到19.3%。事实上，各主要资本主义国家 70 年代以来通货膨胀加剧的一个重要原因就是政府开支不断增加导致财政赤字大幅度增长，使财政赤字货币化。各国政府维持庞大的政府开支的一个重要手段是不断增加课税，因而政府开支不断增加的另一个严重后果是赋税的加重。在"福利国家"普遍存在的一种现象是高福利与高赋税、高财政赤字并存。许多"福利国家"虽然从 80 年代以来都开始了对福利经济制度的改革，希望通过大幅度减少社会福利项目而缓解经济上的压力，但由于各种原因，一些边缘化的社会福利项目和支出都被迫作出了特定的调整，而调整之后的财政状况并没有明显的好转。1979 年，撒切尔夫人当选英国首相后将公共房屋私有化，养老金水平略有降低。1980 年，里根当选美国总统，他也受到新自由主义思潮的影响略微地降低福利的支出，只是两者都有共通之处，即改革难以撼动整体福利国家制度体系。

第四节 福利国家制度的转型

一、福利国家制度转型的背景

第一，全球化和社会风险因素加速了福利国家制度的转型。经济全球化在 20 世纪末进程不断加速，为福利国家制度的发展奠定了转型的经济基础。市场经济是经济全球化的基本原则，利用较为先进的技术和手段为本国获取利润和效益，具体的实现方法为贸易手段、投资生产、专业化劳动、跨国合作以及生产要素的有序、合理流动等。经济全球化不仅仅是经济的互动，更是文化的渗透和融合，多边合作对世界经济的影响作用越来越大，经济全球化增加了各国之间的相互依赖程度。也正是在这个阶段，是福利制度确立以来唯一对这一制度产生抵制情绪比较明显的阶段。不仅仅局限于福利国家，世界各国之间的经济和贸易往来十分活跃，全球化直接冲击了福利国家制度的底线，对福利制度带来了明显的冲击，福利国家不仅削减了福利支出，甚至在数据上也可以看出已经有明显的降低曲线。经济全球化是市场分工协作的进程，也是各个国家单位相互融合的过程。

经济全球化在福利国家制度方面的主要影响如下。一方面，在经济全球化过程中，成本、收益日趋显性化形成激烈的竞争形势，潜在的给各国施加压力，会对各国的社会福利、社会保障规模和强度造成"挤压"效果，造成福利、保障紧缩；另一方面，全球化的程度越深，越会形成社会不公平现象，引发的不平等加剧，为避免规模性社会运动，国家也同时在寻求补偿性的回应措施，隐性的或潜在的对社会再分配的强度和规模施加影响。这两套全球化影响共同作用于福利国家的演进过程中，形成复杂的交互作用。福利国家会面对快速流动的资本以及在面对市场经济时不敢"懈怠"，纷纷转向不那么慷慨的福利政策以获取更多的经济发展筹码，形成了"竞次逐底"（Race to the bottom）；除此之外，面对更加激烈的竞争，带来更多的恐慌，福利政策可以对冲压力和焦虑，具有一定的缓冲效果。面对新局面，福利国家制度在经济全球化的冲击下被迫进入转型期。

第二，从消极的福利思想转型为积极的福利思想。吉登斯契合了时代发展的要求，统合了各种矛盾，指出原有的福利制度思想无法应对新的社会风险。他认为需要从消极的福利思想之中转化出来，原有的福利国家制度是自上而下的发展路径，而这其中则唯独缺乏了一条自下而上的改革路径。在自上而下的路径下，福利国家制度忽略了作为主观能动性的个体（人）的积极作用。积极的福利观不仅仅是包含了幸福的、健康的、持续接受教育的、积极参与劳动的思想要素，最主要的是"无责即无权"的权利与责任相统一的福利理念，这些理念都为福利国家转型提供了思想的基础。

第三，社会结构的变化催发福利制度转型以抵御社会风险。随着经济的发展，资本主义社会进入新阶段，经济结构和产业结构发生了变化，社会结构也相应作出了深入的调整，并且迈入了信息社会后，人们的生产与实践被信息包围着，信息的采集、加工对人类活动产生了深刻的影响，并且渗透到各行各业，蓝领工人因为无法掌握新的技术而被迫失业，这一阶段的社会风险相对于以前的各个阶段而言是最大的，这种环境会催发变革，被迫要求福利制度发生转型以抵御新的风险。

二、第三条道路为主导的转型福利思想

在经济全球化的影响下，福利国家在 20 世纪 90 年代的经济发展出现了质的飞跃。正是在这样的一种背景下，福利制度进到了一个转型的阶段，介于保守主义和自由主义之间。1979—1997 年，撒切尔主义在英国政坛一枝独秀。虽然在 1990 年梅杰替代撒切尔夫人执政，但他并没有跳出撒切尔主义政策框架，梅杰时期也成了"没有撒切尔夫人的撒切尔时代"①。当然，在这 18 年中，一直在野的工党并不是毫无作为。实际上，历届工党精英们无时无刻不在谋划着能早日重返执政舞台。在 1979 年、1983 年连续两次大选失利后，时任工党党魁尼尔·金诺克启动了以适应不断变化的社会要求、争取重新执政为目标的工党现代化改革。金诺克认识到，要赢得公众和舆论支持，工党必须淡化其过于极端、激进的政策；要取得选举胜利，工党必须坚持一条温和的、以实用主义为导向而不是强硬左翼为导向的道

---

① 吕楠：《撒切尔政府劳资政策研究》，社会科学文献出版社 2009 年版，第 195 页。

路。① 因此，从 1983 年起，金诺克开始按照这一想法对工党的组织机构和理论政策进行改革。但是其表现出来的对市场化改革的明显认同遭到了工党内部左翼势力的竭力攻击。由于工党内部的意见不一，再加上工党旧有的政治支持结构已经发生了变化，整体意义上的工人阶级意识弱化，阶级认同感降低，进而对社会民主主义的认同也下降，② 因而在随后的 1987 年、1992 年两次大选中，工党再度遭到选民的抛弃。面对如此巨大的打击，工党不得不重新估量自身的政治前景。工党人士逐渐认识到，要想获得更多选民的支持，就必须设法扩大依靠力量，积极转变旧有的政党政治观念。为此，工党逐渐放弃了凯恩斯主义式的社会民主主义。③ 同时，经过党内的激烈争论，工党精英还意识到左翼与右翼都难以适应形势发展需要，进而凯恩斯主义和新自由主义两者逐渐形成了融合，成为一种兼容并蓄的新理念。④1994 年，布莱尔当选，面对经济全球化、新科技革命以及社会结构变化等新形势，他大力加快了工党现代化的进程。这一时期，工党除了认真总结过去屡次失败的教训之外，还十分注意学习国外政党的经验和范例，特别是学习美国民主党的成功经验。时任美国总统克林顿在 1992 年开始呼吁寻求一种中间道路的实验，在其积极的引导下形成了一些有益效果。英国工党与美国民主党同为左翼政党，在价值观上有着许多共通之处，再加上英美之间存在的特殊亲密关系，因此，布莱尔成为工党领袖后，先后与布朗等工党精英多次前往美国克林顿处取经。可以说，布莱尔领导的英国工党受到克林顿领导的美国民主党的影响甚深，工党不只是在观看，也是在模仿。工党在金诺克领导下的政策变革主要是面向欧洲社会民主党的，

① 谢峰：《英国工党第三条道路研究》，贵州人民出版社 2003 年版，第 13 页。
② 彭华民等：《西方社会福利理论前沿：论国家、社会、体制与政策》，中国社会出版社 2009 年版，第 142 页。
③ E.Show, *The labour Party Since 1945,* Oxford: Blackwell, 1996, p.189.
④ 阮宗泽：《第三条道路与新英国》，东方出版社 2001 年版，第 7 页。

而布莱尔的第三条道路则表示了对传统的社会民主主义模式与自由主义模式的"升级换代"。① 如果说"左"与"右"本身存在理念上的冲突与内在张力的话，那么第三条道路则是突破了其思想束缚，另辟蹊径。左右两派的争执点在于如何处理政府、市场关系、如何侧重公平与效率原则。左派强调国家（政府）在维护社会公平和社会稳定方面的积极干预作用；而右派则相反，倾向于新自由主义的效率、自由，这两种观念预设了政治观的冲突。布莱尔声称："旧左派和新右派的方案都不会奏效……现在的工党——新工党——是中间派政党，也是中左派政党。"② 他试图寻求一条超越这两种传统的第三条道路，并确立自己新的福利价值观念——争取更多数选民的支持。他改变了传统的非此即彼的思维方式，抛开了一直困扰左右政党的意识形态障碍，淡化了左与右的意识形态阻隔，连接了左与右的公平、自由，将公平团结、责任分担与机会均等价值观与自由主义进行了有机地融合，发生了一些化学反应。③ 但最终，改革仍以失败告终。

三、转型期福利国家制度的比较分析

第一，英国的福利国家制度转型。随着全球化和社会风险影响的深入与扩大，英国在 20 世纪末开启了转型的实践，但撒切尔夫人的改革并未能把实行自由主义福利制度的英国从危机中挽救成功，改革在福利制度领域也并未触及根源。处于转型期的英国则通过布莱尔首相的上台，开启了布莱尔所谓的福利"2.0 时代"改革阶段，主要的改革涉及养老保险制度和医疗保险制度、失业保险制度。在养老保险制度领域，布莱尔首相主要

---

① Willan Safire, *The Third Way: Neiw Pating for Tae Mididle of The Rond,* The New York Times, 1999, Vol2, p.28.

② ［英］托尼·布莱尔：《新英国：我对一个年轻国家的展望》，曹振囊译，知识出版社 1998 年版，第 48 页。

③ 林德山：《英国新工党"第三条道路"思想特征评析》，《当代世界与社会主义》1999 年第 2 期。

调整了养老金制度的供给结构，从供给主体上想办法从福利国家过渡到福利社会，扩大了养老金的范围，引入了个体养老保险的福利政策，同步推进国家养老保险、职业养老保险发展，辅之以个人年金，并通过颁布相关养老保险法案作为法律支撑。在医疗保险领域，转型期的医疗保险是被削减的对象，提升公共福利供给效率是改革的目标，与此同时，英国采用其最擅长的自由主义福利制度模式的市场化加以辅佐，布莱尔通过国民医疗保险的改革举措来削减服务支出。加强了市场化的改革取向后，个人的责任意识也将被激活。在失业救助领域，失业救助从原来消极的福利制度转变为积极的失业救助理念，在原有的单纯提供失业救助保险外，增加了制度的积极性。布莱尔在失业救助中增加了培训再就业的配套政策，鼓励技能培训并重新就业。总体看英国的福利国家制度转型具有自由主义福利制度特质，并且以引导市场化的方向增加了福利政策的活力和效率，但对福利领域的转型只起到了短时的效果。

第二，德国的福利国家制度转型。这一时期的德国主要聚焦于缩小贫富差距、降低失业率和基于责任义务的再分配改革。在养老保险领域，每年政府会增加支出以补贴养老保险受益人，延迟退休方面将退休年龄从65岁延迟到67岁，在增加补贴基金的同时，养老保险的津贴则被大大削减了。养老保险的改革法律要求根据工作能力等级来领取福利待遇，设定养老金领取的层级。以往的养老保险领取条件是与劳动能力有无挂钩的，改革后的领取条件需要与工作能力等级进行梯度分发，具体分为全额、半额和零额。在失业保险领域，德国降低了救济金的福利领取水平，以一种协调的劳动力市场政策为主导，促进就业培训，不再提倡提前退休，而是更多地提供尽可能多的就业机会，鼓励失业人口再就业，并为适龄的失业劳动者提供工作推荐。

第三，瑞典的福利国家制度转型。瑞典在三种福利制度之中属于覆盖面最广的一个。早在20世纪70年代，社会民主主义制度模式的福利国家就遭遇了福利危机，在经济相对低迷的 90 年代，瑞典则进一步沉沦。加之人口老龄化和失业率的增加，瑞典在这一阶段也做了改革。在养老保险领域，瑞典开始实施名义账户以激活福利制度，注重权利与义务的统一，为政府减小了支出压力。养老保险制度再生了三条支柱：在第一支柱里面，国民年金保险依然起到了兜底的安全网性质的作用，所有无劳动能力和未工作的弱势群体都可以无偿参加，属于对原有养老保险制度历史遗迹的传承；在第二支柱里，瑞典在制度上叠加了个人账户部分，个人缴费用以激活劳动者的责任意识；第三支柱里，是在职职工的职业年金，这一部分也是叠加的，主要由企业缴纳。转型后的养老保险制度并未把瑞典福利制度带入制度变迁的断裂阶段，而是更改了参数和缴费结构，转型后的养老保险支出也维持了原有制度之中的比例，属于制度变迁的正反馈机制。社会民主党对失业保险进行了福利削减，下调了失业保险给付金额的代替率，领取者等待时期有所延长，为制度的可持续发展减少了开支。这一阶段的福利制度中的养老保险制度，时至今日依然在沿用。在医疗保险领域，下调给付待遇，加大了个人和企业的缴费责任，大大降低了政府福利支出的压力。瑞典福利国家制度依然是当今世界范围内最慷慨的福利制度，虽然做了参数调整和结构整合，但也不妨碍瑞典的福利制度依旧是全覆盖的，只是为了激活社会关系，为改革注入一些选择性条件要素。

从以上三种有代表性的福利制度转型的分析中可以看出，这一阶段的福利国家制度转型是整个福利制度改革的一个分水岭。福利国家尝试通过制度的转型以扭转局面，挽救福利国家所遭遇的各种危机。像社会投资理论、第三条道路思想等理念，我们可以把它们理解为福利国家制度转型的尝试。福利国家制度进入被迫转型的阶段，转型后的福利国家制度并没有改变既往福利制度的历史遗迹，而只是做了参数和结构整合，属于制度变迁之中的适应性制度再生阶段。转型后的福利国家制度，依然遵循福利制度的路径依赖特质。70 年代的改革并没有很好地实现削减目标，而 90 年代的转型却实现了这一目标。但是遗憾的是，福利国家制度的转型并未能够持续或者真正的发生，因为它并未触及福利国家制度的根基，从制度连续性和制度过程累积性上来看，也的确只发生了适应性制度再生，呈现的是一种渐进性的制度变迁趋势。在 21 世纪以后，福利国家制度仍然在路径依赖的轨道上，沿着历史的车辙前进。

第五节　21 世纪以来福利国家制度的挑战

福利国家制度在经历了扩张期、变革期以后，进入了制度的转型期。转型期的福利国家制度不像成熟期和发展期那样两极化发展，而是进行了较为温和的发展，博采众长而又保留各自特色。转型期，福利国家遭遇到的问题使得福利制度逐渐积重难返。自 20 世纪 70 年代以来，福利国家就一直未停止思考寻求新的福利制度的改革良方。以英国为例，改革期经历了大规模的削减，在福利领域、经济领域的削减政策并没有使福利国家制度走出危机和迷雾。直至 2008 年的金融危机，英国试图进一步推进并升级其改革措施，但效果并不佳。据 2014 年度统计结果来看，英国在福利支出方面的比例，仍然占公共支出 54%。福利国家制度遭遇危机，不得不承认福利国家制度改革和转型之中，面临历史制度主义路径依赖的发展规律，制度运行初始时期的次优选择作为路径依赖的顶层设计，一旦被历史所接受，其所面临的困境和压力则很难再通过政策调整而改变，这也正是福利国家制度转型期所需要面对的现实。

一、福利国家制度的危机与挑战

第一，危机的合法化、常态化。似乎从福利国家制度进入改革期以来，福利国家就不停地在"危机——改革——危机——改革"这样的逻辑之中循环反复。危机的合法化和常态化路径十分的清晰，从 20 世纪 90 年代起，资本主义福利国家每间隔十年左右就会爆发一次有规律性的经济危机，每次面对经济危机，福利国家都需要出台相应的政策以应对经济危机。但经济危机对福利国家的消极影响是经济下滑所带来的财政问题，而财政打击则对福利支出有直接影响。反之，福利国家需要缓解经济危机的困境，就需要借助福利国家制度的积极方面稳固就业和社会发展，福利国家制度是需要通过福利支出发挥作用的，那么福利国家的社会支出反过来又会出现上涨的趋势。

第二，福利依赖严重。"福利依赖"问题在福利国家制度成熟期就存在，新自由主义的福利思想对排除福利依赖起到了积极的作用，但是新自由主义的福利思想没有一直延续下去。从进入制度定型期以来就一直更加困扰着福利国家，由于高福利的社会政策覆盖面积广、保障水平高，甚至部分福利国家的失业救助保障金要高于部分低工资收入，致使低收入者放弃了原有工作，宁愿依靠国家失业救济生活也不愿意再就业，这就造成了"福利依赖"的现象。"福利依赖"带来了又一社会问题——"贫困陷阱"，它所指的是一部分人即使需要靠失业救济生活在贫困中，也不愿意靠自己从贫困中走出来去寻找工作，这就导致了整个社会进入一种缺乏发展动力的状态。欧债危机的出现，进一步恶化了这一情况，由于高福利保障，不工作也能维持最低生活开支，底层社会成员缺乏工作积极性，失业率不断高升，劳动力市场缺乏活力和弹性。最终导致的结果就是税收和失业之间陷入了一个恶性的循环，造成了严重的资源浪费，挫伤了人们工作的积极性，给政府财政造成了巨大的负担，也使福利国家制度面临严峻的挑战。

第三，失业率居高不下。失业率一直居高不下的原因有多个。一是福利国家的经济持续性低迷，这也是最主要的原因之一。二是福利紧缩的政策收到了不良的反应效果，长远来看收效甚微，因为这些福利改革并未从根基上改变福利国家制度的性质。福利削减的政策弊端在这一时期开始凸显，伴随着资本主义周期性的经济危机，导致政府减少支出、民众消费能力降低、市场投资规模减少，这些积累的问题带来了失业率的提升。三是产业转型，传统的产业结构升级后，新型产业不断出现，对就业的需求较低。四是劳动力市场的结构失调，高技术水平工人和低技术水平工人的结构失调，高教育背景和低学历需求的蓝领工作比例也在失调。

表 2-2　1988—2014 年福利国家失业率

国别	1988—1997 平均值	1998—2007	2008	2009	2010	2011	2012	2013	2014
奥地利	3.8	4.2	4.3	4.4	4.3	4.3	4.3	4.3	4.3
比利时	8.1	8.1	7.9	8.0	8.0	7.9	7.9	7.9	7.9
爱沙尼亚	—	10.1	9.4	9.7	10.0	10.2	10.3	10.3	10.3
芬兰	10.1	9.4	7.6	7.7	7.7	7.5	7.2	7.2	7.2
法国	9.2	8.9	8.4	8.8	8.9	9.0	9.1	9.2	9.2
德国	6.9	7.8	7.4	7.3	7.1	6.8	6.7	6.5	6.3
希腊	8.0	10.1	11.2	11.8	12.5	12.9	13.3	15.6	16.8
爱尔兰	12.7	8.1	7.7	8.8	9.7	10.2	10.5	10.6	10.6
意大利	9.1	8.4	7.4	7.6	7.6	7.8	8.6	9.5	9.9
日本	2.8	4.0	4.2	4.3	4.3	4.3	4.3	4.3	4.3
荷兰	6.1	3.9	3.7	3.7	3.7	3.7	3.7	3.8	3.8
葡萄牙	6.0	6.6	8.4	9.0	9.5	9.8	10.7	12.0	12.2
斯洛伐克	12.8	15.5	13.1	13.2	14.0	14.4	14.4	14.4	14.4
斯洛文尼亚	—	6.4	6.0	6.2	6.5	6.8	7.2	7.9	8.1
西班牙	15.0	12.6	13.5	14.8	15.6	16.7	18.1	19.4	20.7
英国	8.5	5.9	6.2	6.6	6.7	6.9	6.9	6.9	6.9
美国	5.8	5.5	5.8	6.0	6.1	6.1	6.1	6.1	6.1
欧元区	8.6	8.6	8.4	8.8	8.9	9.1	9.4	9.8	10.1
OECD	6.6	6.5	6.5	6.7	6.8	6.9	6.9	7.0	7.1

资料来源：OECD 数据库。

二、福利多元主义思想的盛行

福利国家制度为了扭转困境，作出了很多努力，但是上一阶段的第三条道路改革探索宣告失败了，因为福利国家制度的改革无法解决三大问题：一个是触及矛盾根源的改革无法达成；二是无法扭转社会福利支出正反馈递增的趋势；三是如此规模庞大的福利国家制度改革没有获取民心，失去了群众基础的改革注定是纸上谈兵的理想宣言，改革失去民心，最终将遭遇滑铁卢。

福利多元主义思想起源于 20 世纪 80 年代，它的核心观念是调动多方的力量，以积极的福利态度为社会、家庭、市场和国家注入多元化力量。因为单一主体的福利供给都会令人负重难行，所以国家应当担当主体，抵御市场失灵；市场和社会为福利提供支撑，抵御政府失灵；家庭和社会组织充当市场和政府双失灵的保护伞。这为身处危机转型阶段的福利国家制度带来了新的希望，且为福利国家制度转型提供了新的方向。

福利多元主义是用来分析福利国家与福利社会的一种理论框架。一方面，当福利支出成为福利的给付规则（给付与规制还有目标为日本武川正吾对福利国家的三种分类界定），福利社会则会被认为是"民间非营利部门"，那么对于其对立面的规则性国家，主要定位为福利社会功能的一面。另一方面，混合福利的静态与非辩证理论，焦点集中于社会服务的供给，但是两者的非辩证性在于不仅仅是合作的关系，也有竞争与对立的关系，这个（社会学）对抗性互补或者互补性对抗的社会学关系形成。福利多元主义本质上是激活福利治理能力的一种探索，改变自上而下的福利供给路径，尝试自下而上的方式，激活社会能力，而 21 世纪初的大社会运动（big society）则促进了福利国家制度的转型试验。运动把权利下沉、资金下放，激发慈善机构更多地参与到公共服务的提供中来，进一步激活社区能力，把福利的主体责任分散到社区、慈善组织等多元主体中去，分散和缓解政府的福利压力，此举也契合了福利紧缩的时代背景。

在出现危机的背景下，对国家福利的考验是制订一项计划，该计划将满足所有公民群体的短期和长期需求，而不会大幅增加税收，这可以影响公民的福利态度并最终影响选举结果。对于长期危机而言，任何解决方案都必须包含社会支出，但要维持高度受欢迎的服务并使其更具包容性，这是严峻的挑战。社会服务可以回应福利国家发展模式中的弊端，发挥其自身优越性从而直面慷慨包容性、选举可行性和福利供给的有效性，为福利国家的可持续发展提供动力支持，因为社会服务将会更加可持续地为低收入少数群体提供福利。

以英国社会服务改革为例，福利多元主义的兴起推动了英国社会服务改革发展。第一，重组社会服务的改革原则与模式。政府宣布所有社会服务对外部供应商开放。其基本原则是提供更多的选择、竞争和分配机会，启动问责程序，在可能的情况下，社会服务应向一系列提供商开放，以便提供更好的服务。在未来，这些政策应努力探索大规模扩展到地方政府和其他地方推行的服务外包体系上。与任何愿意提供者签约，也因此解放了政府在一定服务范围的责任。这种作为非常符合自由主义福利模式的国家改革的初衷，同时，作为协同性要素，改革也需要高度重视竞争要素的作用，尤其是价格竞争，并确保监管机构有责任监督竞争市场的运营。卫生服务中，几乎所有竞争都是以前 NHS（英国国家医疗服务体系）的提供者，以便不同的医院竞争提供手术、临床测试或常规治疗。但是从其他国家的发展经验来看，特别是美国的实践，医疗保险和医疗补助计划中的价格竞争经验表明，这种模式很难抵御服务质量的下降。从 2012 年开始，主要是私人团体向社区转移卫生服务的过程，这种不确定性也带来了多种服务重组的可能性，其中一种可能性是产生更加多样化的服务取向，在不同的服务水平以及地理区域之间提供更宽泛的选择。第二，教育领域社会服务的重组。在教育方面，由政府发起的学校改革正在大规模扩大，在没有额外的资金投入下，新的学院和学校拥有可积极探索独立于地方政府控制的自由。鼓励私营教育提供者进入市场，新型学校可探索放松对教师薪酬、资格和服务条件的管控。虽然学校的支出一直保持不变，但其他教育领域的支出却大幅减少。第三，就业领域的按成果付费探索。对就业服务机构的重组开创了一种新思路，即按成果支付。制定政策，管理失业申请人和提供培训和工作支持的承包商只有在达到某些目标成果时才能获得资金。例如，申请人必须进入并保持工作至少3—6个月才可以拿到管理金。在海外援助以及社区医疗保健方面、社会照顾等领域也正在引入按照成果付费的思路，通过监测结果而不是初始的提供标准进行付费。政府非常重视第三部门组织与其他服务提供者在"大社会"中利用当地社区的积极作用，其强调"广泛的责任，共同的义务和文化"。但是第三部门比第一部门小很多，这在一定程度上也限制了其潜在的贡献。这种探索性的政策理念，非常符合自由主义福利模式国家的社会政策理念和其所惯以遵循的福利制度路径。

三、福利国家制度的变迁趋势

随着福利国家制度渐进性的历史变迁，从20世纪40年代的确立和发展，再到70年代的变革、90年代的转型，时至今日，福利国家的制度仍遵循着渐进性路径依赖的变迁轨迹。纵观福利国家制度的各个发展阶段，福利国家制度变迁是福利国家理念、福利国家制度、福利国家理性的复杂化、多样化的结合体。每一阶段历程中新环境与旧有政策的残存所引发的危机与化解构成了福利国家制度的历史演化。通过考察我们可以清晰地看到福利国家制度的发展路径是路径依赖的，在20世纪70年代和90年代两个阶段，福利国家制度曾经遭遇到断裂关键节点的挑战，但是历史考察证明两个阶段的改革和转型并未完成，制度刚性的正反馈机制和制度黏性的负反馈机制又把福利国家制度调整回到原有的制度轨道上来。21世纪以来，福利国家遭遇危机之后又把策略调整到凯恩斯的国家干预层面，实施一系列变革以抵御风险和危机。每个阶段所尝试的改革和转型也或多或少地渗透到福利国家制度变革的轨迹之中。虽然制度变革和转型尚未完成，即便是新制度取代了原有的制度，我们也依然不能因此就忽略新制度中对于已有制度的保留，况且福利国家制度依然在既定的轨迹上运行。历经多次的改革和循环往复式的危机以及危机应对以后，福利国家制度形成了清晰的、明确的路径依赖。

＊＊＊＊

通过对福利国家制度变迁的历史性分析，可以系统地梳理福利国家制度发展变迁过程。通过比较历史分析，找到福利国家制度的变迁规律。在福利国家制度的历史变迁之中，它先后历经了萌芽期、确立与扩张期、变革期与转型期，连接整个变迁历程，清晰地呈现出福利国家制度一直处于发展变迁——危机变革——发展变迁——危机变革循环往复的"怪圈"之中。福利国家在变革期、转型期所经历的制度叠加且社会化、市场化改革的增强趋势，不仅充分地印证了福利国家制度变迁是路径依赖的，也是政府干预、市场化、社会化三条齐头并进的主线，他们围绕不同的政治、经济、社会系统中轴展开变迁。这就解释了为什么同时在社会化改革、市场化改革的路径之中福利政策依然得到了强化。显然，这是制度路径依赖作用下的结果。同时，如卡尔·波兰尼的"双向运动"，当市场持续扩张的时候，社会就会对市场产生一种本能的保护作用，并试图使其重嵌（re-embedding）于社会；而当社会张力过强的时候，资本主义的市场化属性又将市场脱嵌（dis-embedding）于社会。社会中轴系统和经济中轴系统之间的存在交互作用，它有效地解释了：一方面，福利国家制度从20世纪70年代以来就一直在呼吁削减福利支出，并先后在20世纪90年代和21世纪以来开展了社会化、市场化的改革；而另一方面，福利国家的福利支出却一直在增加。这是经济、社会、政治等中轴系统在历史制度主义路径依赖下的变迁轨迹，它们既相互促进，又曲折往复，这也是前文所述"怪圈"产生的本源——改革和转型尚未触及福利国家制度的根基。改革和转型所遭遇的阻力有制度层面的，也有思想观念层面的，因为人们已经早早在观念上型塑了福利共识——"福利必不可少"。那么，福利国家所经历的改革之中，难度较大的地方在于，如何既能够维持有效的执政，又要对福利国家制度进行改革。历史的选择告诉我们，福利国家制度改革并非对原福利制度的删除，而更多的是福利制度的渐进性改革和制度的叠加。如，养老金多支柱改革，福利国家无法撼动"福利必不可少"的刚性理念，它们只有通过维持原有的养老金制度，增加其他支柱的养老金计划以实现激活效能和减小政府支出压力的双重目标。这些举措是受到了制度路径依赖的影响后又反过来深深地塑造了其发展路径的依赖性。本章我们在时间要素之中寻找到答案，而后还需要从结构和功能角度进一步去解释分析这种路径依赖是如何形成的。

第 三 章

福利国家制度变迁路径依赖的结构性分析

第一节 福利国家制度变迁的路径依赖表现

福利国家制度变迁的路径依赖研究，以历史制度主义为分析框架，分别从福利供给结构、福利指导思想以及福利供给主体角度，以结构模式、观念、行动者的历史制度主义三大结构要素为依托，进一步分析福利国家制度变迁过程中路径依赖的结构表现。

一、福利供给制度模式的路径依赖

福利供给制度模式的形成涉及多个要素，其类型学展示了多样化的实践和理论形态。从本质上来讲，福利供给制度模式是一种策略决策选择模式，旨在反映一种共同的方法或目的。其中，不同国家的同类社会政策可能是有共同的政策目的，如减轻贫困、促进经济增长、促进人口健康，但在不同类型的政策领域，也可能遵循类似的原则，当它们所处的制度场域或它们所遵循的流程充分相似时，其福利政策也可能是具有相似性的。这就说明，福利供给的路径和方式是可以分类的，同时为福利国家制度奠定路径依赖的基础。

福利国家社会政策的许多早期工作不是关注整个制度的，而是关注体制范式，决策者可以应用提供福利的模式方法，例如市场和政府公共主体供给之间的区别，或普遍和选择性社会政策之间的区别。虽然本节进行的是福利供给模式的路径是基于市场、政府、社会关系的社会福利供给的讨论，但从根本上讲是关于福利供给方式、福利递送方法的路径探索，是关于福利国家在福利实践上如何实现福利分配的原则。在实践中，相同的方法和策略可以应用于不同的目的。因为完全有可能认为某些服务应该基于市场而某些服务不应该，正如在应对金融债务危机的福利政策中，有些福利国家非常依赖市场，而有些国家则更多依赖国家主体。与此同时，亦可结合使用普遍的和有选择性的福利模式。笔者考察了福利供给中最常见的三种路径依赖制度策略，基于公平性和效率性的原则，进行了划分。

1. 残余性制度模式

能不保护则不保护的原则是残余性模式的最大特点。在高度依赖市场主体的自由理念下，残余性福利模式的核心理念是大多数人可以通过自己或通过他人进行资源的管理并且有效分配收入。相较于其他模式，残余性福利模式更强调"效率"原则，对于那些少部分不能够通过自己或他人进行资源管理并且有效分配收入的人，政府有组织地对"残余"部分的人通过一定的标准或者准入门槛提供福利政策。残余性福利模式的另一种典型代表方法是"安全网"，只有那些真正需要帮助的人才需要"安全网"。如，《贫困法》，只是为了帮助那些真正陷入生存困境的贫困人。残余主义与福利作为"公共负担"观念之间的联系一直难以动摇，而且剩余福利往往被视为耻辱和分裂，在一定时期一些国家伴随着"污名化"，但这并不意味着它是错误的，它仅仅代表众多福利供给模式中的一种。

与最贫困人口相关的福利往往是有益于穷人的，但越是与低收入群体有关的残余性福利政策，国家对其支出预算并不是很慷慨。首先，残余性社会政策是维系政治稳定的强大支撑，尽管政治家可能不喜欢社会救助，但这是福利政治紧缩的一个原因。然而，当其他福利被削减时，社会救助仍然会继续发展。大抵这就是为什么在 20 世纪 70 年代遭遇危机后至今，福利国家依然在僵持中，像"奥菲悖论"一样，资本主义国家需要一方面从政治上排斥福利，另一方面又离不开福利，福利供给依然无法摆脱僵持的困局。其次，残余收益对减少物资匮乏具有特别强烈的有益作用，特别是在减贫方面起到了"最后一道安全网"的积极作用。在危机反应策略之中的残余性福利模式，更倾向于借助市场的力量和自由放任的社会政策来恢复和发展生产，应对经济危机。自由主义福利模式更倾向于使用残余性模式，故而在经济危机应对之中，社会政策具有明显的市场化取向。它们更倾向于刺激需求而不是像保守主义福利制度与社会民主主义福利制度一样。

2. 选择性制度模式

选择性制度模式和残余性模式类型，两者具有相似之处，但是又不尽相同。既有交叉耦合的福利覆盖面，又秉持不同的发展策略。残余性制度模式是以能不保护则不保护为出发点的，而选择性制度模式则没有这方面的目标。选择性制度模式往往在提供服务和福利的同时，带有一定的选择条件，是为某种政策目标服务的，而残余性模式则没有必须要嵌入的准入条件。这是不同福利国家提供福利服务的时候所遵循的不同福利供给原则，选择性制度模式更贴近现代福利国家的福利供给模式，而残余性模式更多的是在福利供给的初期所秉持的原则。上述现象的原因在于，福利制度在初始发展阶段并没有精细划分准入条件和限制条件。随着福利制度的发展成熟，福利国家逐渐将更多的精细化标准嵌入到福利供给过程中，并将精准识别作为政策科学和工具融入福利供给。

如果说残余性模式把"值得"与"不值得"作为福利服务对象的标准的话，那么，选择性模式类型则是在其基础上嵌入了条件，作为享受福利政策的先导条件，而必要的审核、审查、评估则成为通用的方式方法。选择性政策不仅确定哪些人应该接受服务，还排队哪些人不应该接受服务。人们需要接受准入门槛监测（通常是对收入，有时是对资本的评估）或需求测试评估（例如，残疾评估），符合标准的人员则被选中提供福利，不符合标准的人员被选择排除在外。谁应该获得福利供给的问题不仅仅是针对收入或需求等测试，而且还需实施进一步限制，该限制被称为"条件性"，但该条件涵盖了几种可能的方法，通常包括强制执行用于管理系统的规则，表单规则逐步转向访谈并提供真实信息。虽然这些规则的必要性是有争议的，但通常它们会将管理负担从服务用户转移到其他用户，然后又用于控制潜在需求的资格标准。例如对人们的年龄限制、残疾人或与家庭人数有关的资格规定。同时还有其他条件，即出于道德或政策因素的考虑。例如，关于居所的规则、要求失业人员积极参与、避免道德风险、逆向选择或犯罪行为。

选择性模式通常是一种非常具体的形式，如：其一，为了选中目标，必须精准识别个人，必须对手段或需求进行进一步的审核。这种审核的经验可能是侵入性的、复杂的或有辱人格的，[1] 它将穷人或有需要的人与社会其他人分开。其二，存在着限制和保持极限的边界问题。如果人们因为需要而得到好处或服务，就必须有某种方式来区分那些有权利的人和那些没有权利的人。这可能会产生不公平现象，造成"悬崖效应"，[2] 因为刚好在线下的人可能会比刚刚过线的人更好，而且因为情况变化的人可能会在不公平的情况下获得优势或处于不利地位。这通常意味着如果人们的情况有所改善后，就必须在需求减少时撤销服务。这个问题在社会保障中通常被称为"贫困陷阱"，因为如果他们的收入增加，最终的结果就是穷人需要承受非常高的损失，但这种情况也会发生在其他情境下。一个学会应对

---

① 陈黎：《外来工的社会排斥感探析——基于社会网络的视角》，《社会》2010 年第 2 期。
② 匡亚林：《全景式反贫困安全网治理研究》，《国家行政学院学报》2017 年第 2 期。

残疾状况的残疾人可能会丧失福利，或者像在美国发生的状况那样，在公共住房的租户情况有所改善时，他们可能不得不离开他们的公共住房。其三，选择性的好处和服务往往无法覆盖目标群体中的人。人们通常不会声称受益，其原因包括对服务的无知，没有意识到他们可以接受服务，索赔程序的复杂性以及羞耻感或带有污名化的"耻辱感"等。嵌入如此之多的选择性条件，使得选择性制度模式在社会系统中产生了大量的协作效应，并产生了基于学习效应而协同的福利政策，这种协作效应会产生福利路径依赖的政策网络，最终型塑成选择性的福利制度模式。

选择性福利模式具有条件性，是特定阶层和人群分化的产物，在危机应对的过程中，选择性福利模式会根据不同的行业、阶层甚至是特定的性别进行政策回应，以维持社会的稳定和阶层的稳固。保守主义福利模式更倾向于选择性的福利模式，它们以权利与义务的对等作为福利的入场券，是基于业绩和成就的福利供给方式，让男性劳动力在市场中更具有主导优势，恰好在危机应对的过程中，保守主义福利体制则更加注重选定群体的职业维持，而并非针对所有人群的普遍模式。例如德国，在20世纪50年代的福利制度建设中就将选择条件融入养老保险制度之中，把工资和养老金领域做了关联性挂钩，以增强其制度的激励性，这种制度模式一直延续到今天，形成了德国福利路径依赖的制度载体。

3. 普遍性制度模式

当福利供给模式类型中把具有某种选择性条件作为福利服务对象时，其中就暗含着公平性的缺失。普遍性模式类型相较于选择性模式类型，除去了必要的审核、审查与评估程序，普遍性也通常被视为选择性模式类型的高阶方案。虽然"普遍性"的概念暗示了全面性，但普遍的好处通常不是针对每个人的。它们更有可能覆盖某个社会政策类别中的每个人，如普及基础教育通常意味着适用于儿童，普遍的养老金适用于老年人。普遍性的论点是反对选择性方法的论据，选择的过程是无效的、不公平、难以管理的，而且无法接触到人。相比之下，普遍的社会福利供给可以达到每个人目标相同的条款。均匀程度则简化了管理程序，虽然可能存在这样的情况，基于广泛的指标被证明比更具选择性的替代品更便宜，但普遍性也有其积极的一面：一是每个人都有基本需求的观点，这些需求通常可以通过对每个人的一般性提供来满足，并且这种范式更简单有效，但由于需求是有层次的、无止境的，很难满足每个人不同的需求。二是普遍性被视为建立不同社会的一种方式，每个公民都有获得基本服务的权利，社会生活的基本结构和模式使人们不会遭受不可挽回的劣势，这是普遍性福利模式的根源。

普遍性福利制度类型的福利递送模式更倾向于是福利制度的普遍整合，形成一个社会政策之间的整合治理模式，这种福利递送模式通常把适用于儿童的普及基础教育和适用于老年人的普遍养老金社会政策加以整合，形成一个从婴幼儿到老年人的福利集合，构成了这种福利递送的类型。从覆盖度和公民权利的层面来看，这种福利递送的类型是最令人期待的，其公平性最强。在当下的福利实践领域，位于斯堪的纳维亚半岛的社会民主主义模式类型倾向于这种福利递送的供给方式。在危机应对方面，普遍性的模式类型会倾向于通过更广阔的社会政策进行危机修复，并且会使用一定的激活措施，以维持福利的供给。社会民主主义福利模式接近于普遍性福利模式，选择性类型则更强调效率，普遍性模式类型是相对于选择性类型而言较为公平的模式。

从上述可知，残余性福利模式在现实的福利世界中常对应自由主义福利制度，选择性福利模式在现实福利世界中常对应保守主义福利制度，普遍性福利模式常对应现实福利世界中的社会民主主义福利制度。福利制度的模式选择是一定历史时期福利政策网络的集合，它极具稳定性，而且在福利供给的过程中形成了协同效应并带来了福利递送的路径依赖制度结构。福利制度的路径依赖也来源于结构上福利供给模式的选择，选择不同的福利供给方式具有各自的优势。同时也需要面对其模式选择所带来的弊端。那么福利国家在危机应对的福利政策选择上，具有一套解决问题的优先排序方案，按照解决问题的先后和偏好去调整和制定社会政策。所以说，福利国家制度所面对的社会政策危机问题是相似的，但是却需要从不同的政策角度去面对和解决问题，这是福利供给模式的结构特征不同所导致的政策差异。

二、福利主导思想的路径依赖

福利思想在一定时期内相对稳定，而福利思想的作用范围则不仅限于正式的制度，在非正式的制度之中也非常广泛。在福利国家制度变迁的考察之中，每一个阶段都有其主导的福利思想，而主导的福利思想必须在正式制度和非正式制度被福利对象接受后才能够在历史长河之中站稳脚跟。福利国家的福利主导思想理念在功能和结构上都存在多个特点，这些特质是引导福利国家制度在面对复杂背景或者重大决策时显在或潜在的参考要素和动力来源。

在结构价值上，包含如下三点：

第一，福利价值陈述规定了应该遵循何种福利准则去做选择。从社会保障制度的发端即1601年《济贫法》的颁布看福利国家的理念要素，发现《济贫法》是具备道德理念要素的（院外救济①），而"斯品汉姆兰法案"依然具有（劣等处置②）道德理念要素。虽然法案的前后颁布出现了这样或者那样的调整，但是从制度层面来讲，是存在路径依赖的，这种路径依赖也体现在福利理念上。经济增长上的飞速发展不应该掩盖道德判断的影

---

① 出自济贫法，该法规定任何贫民均有在家请求及接受救济的权利，开启了院外救济（Outdoor Relief）的最低社会保障时代。
② 出自斯品汉姆兰法案，是指游手好闲的人，其福利状态不应明显高于底层独立劳动者的最低收入的处置方案。

响，并且后一部新《济贫法》法律提议认为"Noetic"（意念活动）的信念，这是基于对工作价值和理想行为的看法，比"边沁精神"更为重要。其中一个主要问题是，相信旧的《济贫法》已经成为放纵的和对不负责任行为的刺激，《济贫法》法律专员的关注点是限制"卑鄙"或非婚生的愿望。虽然它不是 1834 年报告中的一个主要因素，但在此后，是否"值得"或"不值得"，在识别贫困对象之间存在着显著的区别，鼓励提供社会保护的守护者区分它们，并将"值得"指向慈善事业，而"不值得"则指向国家。

我们可以通过连续性的假设或者设计量表展开这种"值得"或"不值得"的福利理念。假设你被要求通过每月捐赠 5 元支持一位素不相识的贫困者，你愿意这样做吗？如果此时你知道另一个地处震区的人家住宅被地震严重破坏了，更需要帮助，你的意愿会受到影响吗？是基于谁更需要被救助还是基于其他的救济理念施展救助，这两个问题很好地呈现在了面对现实问题时被回答者所秉持的福利理念，除了在道德方面，公民身份、平等尊重或消除劣势等价值观也难以被证明。人们是否接受取决于其共享的道德情感，其原则理念则是支配其行为的行动指南。

第二，福利主导思想理念塑造了福利行政实践的参考原则。社会福利行政实践区别于经济活动实践，其受到较为明显的理念因素影响。穷人的福利制度可能变得如此复杂的原因，并不是人们试图避免帮助，而是公平和慈善等原则要求有特殊需求的人的需求应该被满足。由于若干原因，各国对残疾人的赔偿都较为复杂，其中很大一部分涉及强烈关注人们根据个人情况应该得到的补偿，并且应该在有特殊不公正的情况下作出回报。例如英国的医疗服务，正是因为他们不准备根据支付能力将人们拒之门外，所以其必须提供服务。如果对规范性理念原则的研究只产生符合实际效益的对策，则理念原则本身就不会引起太多的关注，这可能就是经济政策与社会政策的本质差异。但是，从实际利益或意识形态来看，存在许多无法充分理解的问题。如果像经济政策一般过于关注实际利益，那福利国家社会福利政策就没理由去保护那些在住院机构中的残障人士和为贫穷的老年人提供社会保护，也没有理由去尝试与其家人开展社会工作个案。

第三，社会福利政策深刻关注行动的价值和不同形式道德性质的干预。道德行为是社会福利政策所关注的一个主要领域，因为社会政策与经济政策明显不同，经济政策往往暗含着经济人的假设且把成本收益前置。

福利思想是福利制度在运营初期，基于制度运行初期的认知观念环境中所形成的，它对制度的设定和运行拥有相对清晰的思想内涵和知识边界。在历史制度之中的行动者和参与者在思想内核与知识边界范围内做决策，它们一旦进入大众的视野，即便有更具有效率和更佳的决策依据，也难以被改变。这种变迁的逻辑就是制度变迁的重要依据，为制度的连续性奠定了基础。虽然制度的微观规则可以通过历史发生演变，但是制度的内核还有所坚持的价值观念将会被传承与延续，颠覆性的制度变迁则需要有足够强大的外力作用，或者是认知范式的颠覆性变迁。福利思想是福利制度模式型塑的重要动力来源，本节将深入讨论福利思想的历史孕育。福利思想是构成路径依赖的重要原因之一，并且本节所选取的典型福利制度模式也深受福利思想的影响。

保守主义、自由主义、社会民主主义等思想主张皆为福利制度模式的形成与演化奠定了思想基础，在福利制度模式的型塑过程中起到了潜在或显在的影响作用。在危机应对的时刻，福利制度模式及其主导性福利思想为福利国家危机反应决策提供了思想支撑。福利国家制度模式在塑造过程中受到了不同福利思想主张的影响，为福利实践决策奠定了思想基础。同时，福利制度模式在历史制度主义的分析框架下也受到路径依赖的共同作用，在福利国家孕育过程中显性或隐性地逐渐渗透到了制度构建之中。故而，要深入了解福利国家的制度模式，必须要借助历史制度主义的时间理论将其放置于历史的长河之中，以此来清晰地把握福利国家的思想载体。

1. 保守主义模式下的福利理念

保守主义的福利思想对人性的假设是性本恶的，认为人在本性上是无理性的，其本能上不会利他；保守主义比较重视社会的权利、责任与义务相互关联；人生而不平等，注重宗教情感与政治统治。① 保守主义作为福利国家的思想起源之一，在对待福利的态度上，保守主义倾向于假定人性是好逸恶劳的，那么保守主义的福利态度就可以代表为一种权责利相关联的思想主张，典型的保守主义福利国家为德国和法国。从概念来讲，保守主义是一种社会政治态度、行为和思想。它以当时的统治阶级和阶层占统治地位的利益（例如，旧秩序、贵族阶级）为准绳。保守主义的载体可以是个人、组织（党派、联盟、协会等等）和运动（例如，反犹太运动）。从广义上来说，保守主义可以被看作是一种态度，任何一种使自己的行动同社会和政治制度起着稳定作用的传统、惯例或准则相适应的态度。从保守主义的自我理解来说，它的本质是一种与人的本性俱来的，不分时代的人的价值和德行准则。保守主义要求保存在它看来是具有"永恒价值的"东西（例如，家庭、权威和各种具体福利制度）。西欧的保守主义作为 18 世纪资产阶级启蒙运动的对立面同它一起出现。保守主义是典型的"反运动"，是自由主义和社会主义的敌手，因为这两者都是法国革命以来在大多数国家出现的社会和政治解放运动的表现。与此有关的社会结构民主化和平等化倾向是保守政党的主要攻击目标。由于资本主义经济和社会形态的形成而引起的传统制度（社会化代理机构、企业和家庭中的等级制度）的变革在保守主义看来是现存政

---

① 林少敏、李宗楼主编：《西方政治思想文化、价值观与政治思维的历史》，延边人民出版社 2002 年版，第 289—290 页。

治和社会制度的危险源泉。保守主义在德国从"政治浪漫派"（A. 米勒、F. 根茨、H. 莱奥等人）开始发展成一种特殊意识，这种意识是与 19 世纪的德国历史相适应的。当英国的贵族已经在积极参与资产阶级革命和推动资本主义社会发展时，在支持改革的时候，德国的保守主义却同复辟联系在一起。保守主义作为防御意识形态反对一切现代化。它作为"君主制原则"的政治维护者，把一种反欧洲的民族主义同否定一切政党国家和议会共和制倾向的态度联系起来。保守主义福利思想根深蒂固，从法国的养老保障制度的历史变迁来看，它们至今都无法改变普遍和特殊养老金的制度分离，法国的福利制度中有普通养老金制度和特殊养老金制度之分，而特殊的养老金是针对行业的，如铁路系统等 40 多个行业系统，这些特殊养老金涉及行业的养老金福利相对于普通养老金制度有一定的差距。所以每当法国政界有力量想要改变特殊养老金的时候，法国都会引起罢工运动。迄今为止养老金改革的罢工，保守估计已经不少于一千次了，罢工每每以改革派政府失败收场，最重要的是这种保守主义的福利思想深深地厚植于法国工人和行业利益群体的思想中，难以撼动。时至今日，法国还保留着特殊养老金制度。

欧洲大陆国家有多种方式来抵制劳动力的去商品化诉求，它们具有信仰基督教的传统和国家主义的历史遗迹。路径有三。

其一，商品化与去商品化之间的"你来我往"。这一现象在卡尔·波兰尼（Karl Polanyi）的"双向运动"之间被呈现得淋漓尽致。面对市场机制的商品化趋势，欧洲大陆国家的基督教民主党开启了福利庇护制度的先河，他们在伤残军人以及工作分配领域和养老金领域开展了针对市场商品化的抵制活动，这帮助了基督教民主党派在战后获得民意并且占据了重要位置。这是欧洲大陆福利国家在抵制市场商品化所作出的努力，演化成为了庇护主义。

其二，合作主义。合作主义模式是保守主义最早用以抵制商品化的方法，传统的合作主义依托行业协会用以保证内部的福利，内部成员不从属于商品市场，根据行业协会内部自身量身打造的团体成员的身份来界定标签化。合作主义演变成互助会后，突破了已有的行业协会性质，打破了行业的限制，最后发展成为国家层面的社会保险，这是国家主义的一种发展路径。而对于合作主义而言，保守主义的重要内涵和发展目标是社会整合与阶层维持，其他的一切都是以此为目标的，这也是保守主义的主要思想特征。

其三，国家主义，除了合作主义演化成互助会以后的国家层面社会保险发展路径以外，基督教民主思想与保守主义密切相关，但也具有重要的显著特征。像保守派一样，他们非常重视秩序。但是要实现秩序，主要不是通过国家行动，而是通过道德约束。这些限制主要反映了天主教对欧洲的影响，基督教的社会规制既强调了国家的限制，也强调了家庭和社区中人们对彼此的福利责任，基督教民主主义者倾向于支持国家角色的限制，同时接受社会的道德责任，特别强调福利、团结、社会凝聚力及对穷人的支持，这是一种向国家主义发展的路径。

这三种去商品化的发展路径可以有效地解释，为何福利国家在欧洲和社会民主主义模式国家虽然社会权利的需求度相似，但是为何却发展成为社会保险性的福利模式，这就是由于在福利思想的影响下，保守主义思想渗透到福利思想观念之中并演化形成具有保守主义特质的福利制度模式。

保守主义福利国家制度的典型代表是法国和德国。以危机应对为例，新保守主义则迎合了社会改革的呼声，以哈耶克为首的学者呼吁社会保障制度的选择性模式类型及市场的自由竞争观点，弥补了阶级地位与公民权利之间的鸿沟。所以说保守主义思想是结合了其他两种福利思想的特点而集成发展的一种福利视角。这种福利观跟秉持社会政策三分法蒂特马斯所提倡的工作绩效模式比较接近，把社会福利与劳动者自身的能力、报酬相关联，认为福利都是"论功行赏"的。而保守主义本身就自带一以贯之的理念属性，因为这种福利制度模式的福利国家都秉持阶级地位的分化和群体差异，保守主义福利制度的分层化体现在职业分层比较明显。

2. 自由主义模式下的福利理念

自由主义作为一种理论思潮，在经济领域主张自由放任，最早可以从亚当·斯密（Adam Smith）的古典经济学开始考证。从 18 世纪到 20 世纪，这种放任自由的经济思想都处于支配性地位。随着资本主义经济危机（1929—1933 年）的大爆发，自由放任的经济思想被统治者所摒弃，自由主义的思想主张遭到了空前的质疑和挑战，并被众所周知的凯恩斯主义所取代。当传统的经济学说面对危机所引发的灾难性后果显得手足无措时，凯恩斯在《就业、利息和货币通论》一书中表明了其主张，他强调在市场机制的作用下经济未必会实现自我均衡，认为新古典经济学派的观点是值得再定位的，并提出周期性爆发的经济危机是资本主义经济发展过程中的制度性缺陷。经济危机的爆发不是自然现象，有其必然性，因为市场机制具有自发性、盲目性、滞后性等局限性。政府需要暂时放弃自由的经济思想主张，进一步对市场和经济进行干预与调节，对国家的干预与调节担起重要责任。通过财政和货币等手段、渠道进行经济干预，一改以往放任自由的态势，拉动消费、增进投资并有效地刺激需求，最终实现充分就业。由于凯恩斯和他的政府干预理论立下了功劳，缓解了经济危机造成的负面影响，使得以凯恩斯为首的学派形成了政府干预经济学派，并且在大的政治经济环境背景下该理论不断深化，但是强化"国家干预"的凯恩斯理论也有着其自身的局限性。在20世纪60年代后，国家干预遭遇了认同危机，欧洲社会在国家干预下建立了福利国家，福利国家经过五六十年代的发展扩张后，纷纷陷入滞胀危机中难以自拔。这种新的态势使得信奉凯恩斯主义理论的各国对其产生了怀疑态度，如降低利率和增加内需刺激经济发展的一揽子计划，是应对经济萧条的典型表现，而提高利率、限制投资控制经济发展的速度，是应对经济高涨的典型表现。在经济萧条和经济高涨单独发生阶段，政府的经济干预手段效果明显，收效显著，但是当两者相伴而来的时候，凯恩斯主义将会表现乏力，甚至将国家干预陷入了某种进退维谷的僵局。

新自由主义福利思想导致了对私人和公共部门之间界限的重新定义，并削减了西方福利国家福利提供的范围，这些变化直接影响了其服务提供方式、就业机会和个人生活，并且也对不同城市、地区和社会群体产生不同的影响。新自由主义的福利思想观当中比较重视强调集体利益、个人利益相融合，把集体利益和个人利益相互矛盾的一面中性化了。个人之于集体应该积极奉献，对于个人而言，这算是一种义务，集体有责任应为个人的生存和发展提供相应的福利。对于国家和市场之间的关系，新自由主义主张运用国家公权力去控制和治理市场，以保证其一定的效率；对于社会福利的改善方面，新自由主义要求国家通过再分配的方式重新调度社会财富，以实现福利权利的帕累托改善；并且新自由主义在其经济学领域还充分地论述了市场基础性地位的观念，认为可以在国家的领域主导公平性的控制，在市场的一端提倡效率兼顾的福利观。

在去商品化的过程中，自由主义的福利思想也经历了多重考验，因为自由主义思想往往以一种理想化的状态出现，他们认为市场化以及自由市场才是保护社会福利的最佳机制，在市场的自我调节过程中，劳动者的福利才可以得到最大限度的保护。带着这种理想化的思想，自由主义在现实世界中经历了严苛碰撞甚至挫折，他们带着所有劳动者都可以自由进入和退出市场的假设，在各种危机的环境中砥砺前行。而现实对自由主义是惨淡的，因为很难有人能够在这样绝对理想化的思想下前行，他们接受了来自现实压力下两种路径上的妥协与折中。一方面，他们接受了来自严苛的以家计调查为基础的救助渠道，这种渠道救济了丧失劳动能力的参与者，但是他们却不得不接受被污名化、耻辱化的现实。这种社会保护与市场化之间的平衡旷日持久，唯有通过越发严苛的资格审查以维持社会保护对自由市场化的抵制。另一方面，把个体与集体的责任、权利相连接，通过公民权利连接个人责任，建立起有限的给付以及与其相对应的缴费关联机制。在这种情形下，我们可以看到自由主义福利制度的福利国家范围内衍生了市场保险和较低限度的社会保险相结合的福利样态。

自由主义福利国家制度在应对危机时所表现出的差异化的实践样态，则可以从自由主义福利的思想主张上加以阐释。自由主义福利制度模式的福利国家典型代表是英国、美国、加拿大。其福利思想产生的根源主要为阶级基础和其所秉持的福利价值观念。在阶级关系层面，福利国家较为匮乏稳定的阶级联盟，相较于保守主义福利制度模式和社会民主主义福利制度模式而言，又难以形成跨阶级联盟。其"去商品化"的指数最低，与此同时自由主义福利制度的国家惯以主张通过剩余性的福利模式类型，仅仅为贫困线之下的穷人提供补缺式的安全网，并主张最低限度的国家参与。个体在市场之中的权利，最多通过竞争和市场化的方式去获取，而不是由国家来提供，鼓励国家介入越少越好的福利观念，故而在福利供给的过程中，主张调查低水平且有条件的救助和财政转移支付。自由主义福利制度模式的福利国家总体的特征是就业率高、转移支付低、工资收入不平等差异大、家计调查的救助制度。也就是说政府的福利责任只能最低限度地进入市场失灵的领域，要使市场自由竞争实现最大化。相比较于保守主义，自由主义福利制度思想不鼓励低效率的福利效能，更多地把福利贴上竞争和市场化的标签，它更依赖于市场的福利供给能力。

3. 社会民主主义模式下的福利理念

社会民主主义思想与福利国家的发展有着千丝万缕的联系，甚至经常被误解为福利国家的唯一理想模式。实际上，社会民主主义模式也具有极大的弊端，且其最大的弊端就是对福利效率的忽视，过于重视所谓的不差别的福利供给，就会陷入"福利陷阱"。这种思想在行动策略上、政策制定层面都面临困境，有时甚至四面楚歌，间接加剧了欧洲一些国家在债务上升、经济下滑、失业攀升等问题的严峻程度。

社会民主主义在社会福利领域的作用很大。一方面推行平等的制度型原则，塑造全民福利的思想基础；另一方面，在责任承担方面鼓励国家承担起经济社会责任，完善治理机制，特别是在市场失灵的情景下，充分发挥起主体义务，提供公共物品与社会服务。

三、福利供给主体的路径依赖

依托不同的福利主体，在危机应对路径分化中可体现出主导性力量。依据不同的主体特征，在危机应对过程中也有不同的呈现形式。如，依托国家主体的西方福利国家则更倾向于通过扩大国家社会政策支出来挽救危机；依托雇主主体的西方福利国家则更倾向于通过维持、巩固不同社团和行业协会的群体性力量以维持稳定；依托市场主体的西方福利国家则更倾向于通过市场的力量来挽救危机，那么自由放任的社会政策则更有可能成为危机应对的举措。因为，不同的福利主体需要积极发挥其自身的能动性，并且依据自身的主体特征来制定回应政策，各种主体之间具有其独特的优越性。比如在雇主主体身上，可以看到企业家在福利供给侧也会有积极的贡献；在国家主体层面，可以看到强大的国家控制、运作能力；在社会主体层面，可观测到社会在早期福利供给之中的张力。因此在应对危机时，主体中心不同的西方福利国家会通过各自的主体性重心特点去制定危机应对的社会政策。

福利国家中，福利制度的福利供给方决定了福利呈现的多元化形式。

在福利供给主体中，有具有稳定性的国家、社会、雇主"福利三角"①②，其中不同的主体在不同的福利模式类型中所承担的责任和福利强度是不同的。想要清晰地呈现福利分化的主体是如何形构的，必须要从"福利三角"的福利供给角度去分析。福利分化的主体把"福利三角"作为自变量主体，加入因变量的福利供给强度和福利责任，共同分析了多元福利供给主体何以形成并何以分化福利供给的。福利供给中所侧重的不同福利主体，也形成了三角中的强弱划分，因此，"福利三角"中存在的多个中心主义，反过来也固化了福利供给主体的福利责任。

1. 福利供给中的国家主体

国家中心主义是对社会中心主义理论的发展。随着 20 世纪 70 年代各国福利制度的调整，国家—社会框架中的经济社会结构也相应地发生了变化，由于社会中心主义的解释乏力，斯考切波（Skocpol）、伊万斯（Evans）等历史社会学家③ 开始探寻新的解释路径。他们呼吁"找回国家"，强调国家自主性在福利制度安排中的重要作用。国家中心主义的基本出发点和

---

① 福利三角是指家庭（社会）、（市场）经济和国家。福利三角是伊瓦思（Evers）在借鉴罗斯的多元福利组合理论过程中，把福利多元化的几个部门具体化为三个：对应的组织、价值和社会成员关系。罗斯的观点是，福利多元组合是完全不同的社会制度的三方中的任何一方——家庭、市场和国家的贡献，构成的一个社会中的福利总体。伊瓦思将此观点演绎为家庭、（市场）经济和国家共同组成福利整体，并称为福利三角。伊瓦思认为福利三角的研究分析框架应该放在文化、经济、社会和政治的背景中，他还将福利三角中的三方具体化为对应的组织、价值和社会成员关系。

② Evers A, *Mixed Welfare regimes and Hybrid Organizations: Changes in the Governance and Provision of Social Services*, International Journal of Public Administration, 2005, 28（9–10），pp.737–748.

③ 以国家中心福利供给研究的著名学者包括格兰特·物恩斯基（Geftand. Lemnisci）、弗兰克·J.里查特（Frank. Richter）、约翰·B.威廉姆森（John B. Williamson）、查尔斯·帕里奇（Charles J. Parrish）、菲利普斯·卡特赖特（Philips·Cutright）、佛雷德·C.帕佩尔（Fred C. Pampel）、斯坦莉·德温妮（Stanley DeViney）、布拉斯·维斯特恩（Bruce Westerm）、弗里德里克·杰克逊·图纳（Frederick Jackson Turner）、詹姆斯·M.马罗（James. M. Malloy）等。

核心概念是强调国家在福利制度变迁和福利政策形成过程中的作用。尽管国家的这种作用能有多大或达到什么程度每个人存在不同的认识和理解，但国家应当被看成是一个介乎（或超乎）各利益集团之间的中性组织。正因为这样，国家的影响还不能完全解释各利益集团对社会政策形成过程的压力。① 国家中心依赖于福利制度变迁和福利政策调整的历史渊源，福利政策的制定在本质上就是一个历史过程，强调早期福利立法影响力的延续。②

国家中心主义十分重视国家在福利制度建设和福利政策形成过程中的作用。因为由公务员组成的国家官僚机构往往形成一个特殊的利益集团，这个集团倾向于追求包括福利支出在内的政府预算最大化。公务员以及由此组成的政府官僚机构就成为建设与完善福利制度、推行福利政策的工具。不仅如此，国家中心主义强调，被选举出来的政府官员，也会在福利制度变迁和福利政策的制定过程中发挥十分重要的作用，特别是在某些特殊条件下，拥有领导力的个人甚至会对福利制度建立和福利政策的推行起到关键性的作用。这说明政府官员通常会超前于各种利益集团的压力面而提出新的福利政策。这是因为政府官员一旦认识到福利制度和福利政策工具有实现社会控制潜力的时候，他们就会积极支持这样的福利计划。

在实行社会民主主义福利制度下的福利国家中，国家的主体性作用通过极高的税收加以巩固。国家中心主义则反对自由主义，在再分配过程中，也同样以高福利的形式通过普遍性福利模式的供给渠道进行福利递送，通过国家强有力的再分配能力去协调、化解危机。需要指出的是，国

---

① See Skocpol, Theda and Edwin Amenta, *States and Social Policies, Review of Sociology, 1986. Skocpal, Theda, Bringing The State Back In: Strategies of Analysis In Current Research*, Cambridge: Cambridge University Press, 1985, pp.3–37.

② Heclo, Hugh, "*Modern Social Politics In Britain and Sueden*, New Haven: Yale University Press, 1974.

家中心主义被运用于分析国家福利制度的运行和福利政策的决策过程，特别是北欧地区建设的福利制度、制定福利政策、推行福利计划的过程、性质、特征及其变迁的趋势与规律性，强调国家在福利供给中的作用，并以此形成以国家为中心的福利供给强度特质，是"福利三角"中强度最高的一端。由于国家具有强制力，在福利供给主体中，国家中心是较为普遍的，这也是诸多主体中最强有力的控制变量。国家主体越强，则更容易形成和输送与之相应的强福利。在这样类型的福利国家之中，政府的治理水平和制度协调水平越高，在相应的福利国家之中则会更容易形成福利土壤环境。同时，福利政策的纵向学习对后续的福利政策也有影响。国家主体通过政策学习形成福利制度的路径依赖，即之前的福利政策或者政治遗迹对福利国家的后续社会政策也有普遍而广泛的影响力。

2. 福利供给中的雇主主体

人们往往认为雇主和企业是经济本位的，认为往往追逐企业（雇主）利益是经济经营者的本质，似乎与提供福利不相关。但雇主是福利供给中的强有力主体。保守主义福利制度类型的福利国家中，雇主往往担当了福利供给的中心。以法国为例，雇主在社会保障支出之中所占的比例为总体的 50% 左右，最高的阶段高达 63.7%，且该国福利支出所占 GDP 的比重一直在增加之中，具有福利总支出和福利供给主体的路径依赖特征。

表 3-1　法国福利支出雇主、雇员缴费比例

时间	福利支出占比 GDP	缴费收入占比 GDP	雇主缴费比例	雇员缴费比例
1949	12.18%	10.14%	63.70%	15.78%
1959	14.46%	12.11%	59.65%	17.80%
1969	17.95%	15.42%	59.75%	19.88%
1979	23.58%	20.13%	57.13%	22.90%
1989	26.23%	22.53%	51.72%	28.47%
1994	28.88%	22.90%	49.45%	27.71%

资料来源：OECD 数据库。

第一，雇主中心主义认为雇主在很大程度上替代了国家的角色。也就是说，雇主代替国家成为社会保障的主要供给者。在"国家对抗市场"论持有者看来，代表资本家阶层的雇主与代表工人阶级的雇工之间，两者具有对抗性，其利益博弈是"零和博弈"，这种对抗性要求国家通过协调来调和。埃斯平－安德森就是这种观点的集大成者，他认为只有通过政府提供社会保障才能保证劳动力的去商品化特质，归还雇工基本的社会权利，此举用以防止雇主对雇工的过度"压榨"。[1] 反之，雇主中心主义强调雇主在福利供给中的反市场性，即雇主对外经营上有亲市场的特征，而对内则具有与国家福利层面相似的功能。雇主所代表的资本家阶层，在一定的生产经营条件下，具有自发性的动力为雇工提供社会保障制度，也反映出雇主方对生产系统的商品性与市场性需求的有效回应，以期更好地维持生产系统的稳定和市场效益的获取，这是资本主义、福利制度多样性所决定的。为员工提供可持续生活的动力源和保障，前提是雇主、雇员所在地企业和市场环境要具有激励性，激励与雇员所处的技术条件水平有关，技术水平越高则激励性越强，具体的政策比较分析可能更有助于认识福利国家的发展。[2]

第二，雇主为中心的福利供给在国家和行业间存在差异。首先是国家之间的差异。通过考察比较两种市场经济下社会保障制度发现了其差异性，分别是存在于两种国家制度安排下的自由市场经济和协调性市场经济的差别。国家间差异和行业差异都能够体现出雇主在选择社会保障项目和模式上的偏好。自由市场经济制度下雇主更倾向于降低社会保障制度的投入，只维持基本的社会保障项目，以期激活雇工的内生性动力，强化效率；协调性市场经济制度下雇主更倾向于提升社会保障制度的投入，以期

---

[1]　参见比德·斯温森（Peter Swenson）、伯·络丝谭（Bo Rothstein）的阶级冲突与联盟、工会功能论，这些观点对"国家对抗市场"观点的形成也起到了奠定作用。

[2]　冉昊：《福利国家的类型学分析：基于政府和市场》，《北大政治学评论》2018 年第 4 期。

维持较大范围的公平性。其次是行业间的差异。通过对不同行业的薪酬谈判制度的比较发现，欧洲的丹麦与瑞典等国制造行业倾向于分散谈判，出口型企业雇主倾向于集中谈判；集中谈判制度则会赢得更多的社会保障投入，分散型的谈判则倾向于灵活、多变的支付体制以节约开支。

第三，不同雇主类型福利供给中也存在路径依赖关系。技术型企业相较于非技术型企业偏好更多的投入社会保障；高风险企业相较于低风险企业偏好更多的社会保障投入；企业规模对社会保障供给也有一定的关联。具体而言，① 技术水平要求高的雇主倾向于提供较高的福利保障；社会保障政策风险高、再分配频次高的行业雇主倾向于选择保障与收益相分离的风险转移行为，而风险相对较低的雇主则倾向于抵制高配额的社会政策以降低成本。大型企业与小型企业在社会保障制度模式选择上也出现较大的差异性，大型的企业倾向于选择运行灵活、项目独立的模式，小型企业则倾向于固定、集约化的社会保障制度模式，更多地选择行业协会福利制度以降低成本和提升管理效率。合作主义认为数量非常有限的利益集团也能够参与福利国家福利政策的制定过程，对福利政策的形成发挥主导作用。当然，这种条件下的政策决策过程仍然是强调合作、反对冲突。

雇主应该承担哪些福利责任是一个重要的方面。当其他主体都不愿或不能承担更多的福利责任时，雇主天然地扮演着福利供给主体的递送主体。因为，雇主中心既不像以国家中心视角那样以国家或者政府的统治能力为依托，也不像社会中心主义那样以工人、工厂、工会为中心，雇主中心主义视角更多地以雇主的有益偏好为基础进行决策，哪些社会政策对其有利，雇主就会根据自身的效益进行策略选择。如技术密集型企业雇主偏好于普遍性的社会政策，而劳动密集型企业的雇主则相对抵制社会政策。

---

① Mares, *Firms and the Welfare State: When, Why, and How Does Social Policy Matter to Employers?* New York and Oxford: Oxford University Press, 2001, p.211.

在许多福利国家的国家福利中，福利的提供主体实际上并不由国家主体提供的。然而，主体的差异似乎并没有破坏基本原则和福利实践基础，对社会权利的提及仍然可以确定是福利国家的主要责任之一。因此，雇主中心也是福利供给主体责任中的一支重要力量，扮演着福利供给和输送强有力支撑的重要角色。

3. 福利供给中的社会主体

在社会主体福利供给路径之中，国家扮演着一种中立的角色。虽然国家在维持福利制度的运作之中发挥着基础性作用，但是在社会政策回应福利需求上，国家更倾向于一种社会政策输出的工具和机器，其自主性和社会政策的主要功能尚未充分发挥。

第一，工业社会对福利供给的推动。工业化的发展及其推动的经济增长是福利国家出现的基础。从福利国家产生的时代背景来看，工业化是福利国家扩张的首要因素。① 随着工业社会的不断发展，机器生产和专业化分工的出现，工业社会改变了以往农业社会的生产布局，形成了以城市为据点、工厂为核心的社会化工业生产的鲜明特征。工厂里工人为了生产方便，也纷纷地搬迁到厂区进行生产和生活，大规模的聚集导致了现代社会的风险。吉登斯和贝克对这种现代性的风险做过充分的论述。② 吉登斯（Anthony Giddens）指出在各种现代制度的范围中，风险不仅作为脱域机制的不良运作所导致的损害而存在，而且也作为"封闭性"、制度化的行动场所而存在。风险实际上是由行动的标准认可形式所引起的。③④ 社会保险的产生来源于对经济、生存、安全等风险的防范和对于不确定性的控

① Greve B, *The times they are changing? crisis and the welfare state*, Wiley-Blackwell, 2012. H Wilensky, C Lebeaux, *Industrial society and social welfare*, New York: Free Press, 1965.
② 乌尔里希·贝克、郗卫东：《风险社会再思考》，《马克思主义与现实》2002 年第 4 期。
③ Anthony Giddens, *The Consequences of Modernity*, Leland Stanford Junior University. 1990, p.112.
④ 匡亚林：《"全景式"反贫困安全网治理研究》，《国家行政学院学报》2017 年第 2 期。

制需求，人类出现的各种保险项目和诉求越凸显，对其风险的规避心理就越强烈。积极的政策干预工具组合总是在工具理性、价值理性指引下与社会变迁不断深化发展的，促成社会救助政策的发展在制度设计、模式选择中不断深化、完善发展。[1] 即工人在获取到生产便利的同时，具有同质性的产业结构形构了劳动力集群化，集群化又促成了雇工对工业时代的社会保障需求，现代社会保障便产生了萌芽，用以抵消现代性"压缩饼干"式的风险。从 1948 年英国宣布建成了第一个福利国家开始，福利国家的研究便走入了我们的视野，其中经历了时代的巨变和转换。[2] 发达国家从工业社会切换到以第三产业为主导的后工业社会后，福利国家也进入了后福利国家阶段。工业主义理论是社会中心主义的主要源流，也是从福利国家的福利制度成立之初时就奠定的基础。

第二，劳工组织和政治保守派之间的阶级资源分配与平衡。随着公民权利的不断延伸，[3] 当劳动组织权力与雇主阶层权力出现了上升和下降，都将导致社会保障支出的增加或降低。雇工阶层在工会中的谈判能力越强、作用发挥越充分，福利国家的发展则越快、越好。[4] 通过联系政治、决策、资源、社会等维度，塑造出经济社会结构变迁的新形态，对福利国家多样性模式的型塑展现出较强的解释力。

部分福利国家倾向于使用市场手段去完成相应的制度配置功能，至于福利的递送则让位于社会主体，以社会的力量去运行和输送福利，这与社会中心视角是不谋而合的。如自由主义福利制度，它们就惯常利用市场化手段去推动社会力量维持福利输送，以抵制工人所遭遇到的社会风险。

---

① 匡亚林：《"全景式"反贫困安全网治理研究》，《国家行政学院学报》2017 年第 2 期。

② Polanyi, *The Great Transformation, Boston: Beacon Press*, Policy & Administration, 1994, pp.104–20.

③ Marshall T H, Bottomore T, *Citizenship and Social Class*, Citizenship and social class. 1992.

④ Stephens J D, *Marx's Theory of the Transition from Capitalism to Socialism,* The Transition from Capitalism to Socialism, 1979.

不可否认的是，福利供给主体的路径依赖为福利国家制度的主体结构提供了其中一条解释路径。有的国家在危机到来时，选择更多地从国家主体发力；有的国家则更多地调动各方需求，拉动市场的力量去调整福利的侧重点，以更好地化解危机；而有些国家则强调各方力量和阶层的平衡，维持各种关系的可持续性，充分发挥政府和市场的协调性力量去调整危机所带来的影响。由此可见，这种福利主体责任的路径依赖也是从制度遗迹之中习得的，并非一日可得。

同时，福利供给主体格局是福利递送模式型塑的基础。福利主体的多供给中心，充分说明了福利主体的多元性，无论是雇主中心论、国家中心论抑或是社会中心论，对于福利国家的发展而言，其本质上都是在强调福利制度供给的主导中心，即福利主要由谁来供给。在这其中却传递出了一个非常重要的讯息，即福利供给主体是存在福利依赖的。主体之间存在着相互挤出、挤入的力量关系。上述三种福利主体构成了整个福利国家发展阶段的中心，在福利主体责任分化的过程中发挥着重要作用。具体到各个福利国家时，需要结合该国的福利制度和福利模式类型进行选择和切分，但不管怎样，福利思想、福利供给的模式选择、福利供给主体都深深地影响着一国福利实践的发展。

第二节　福利国家制度变迁的路径依赖特征

一、渐进性

关于制度变迁的进度有渐进性制度变迁和激进突变性制度变迁。从历史发展的阶段考察结果看，福利国家制度变迁路径表现出了明显的渐进性的特质。制度变迁的维度可以根据时间特征分为累积式和突变式。在福利国家制度运行的初始，针对福利制度的供给模式、福利思想以及参与者就形成了较为固定的福利递送模式，形成了诸如自由主义福利制度模式、保守主义福利制度模式和社会民主主义福利制度等模式。福利体系在经历了20世纪70年代的动乱和90年代、21世纪的几次经济危机后，仍然维持原有的福利制度，制度体系不仅没有崩溃，且每逢危机，福利制度都彰显其制度优势，充当着挽救者的形象。福利国家制度变迁是一种渐进式的制度变迁方式，在其他外部性因素对福利制度的更替、变革和冲击下，并没有引起整体福利国家制度的变迁，而是以渐进方式实现了制度的过渡与变迁。

通过对福利国家制度的变迁历史考察，我们可以看出，在20世纪70年代和90年代分别有两次规模较大的改革。改革触及福利制度的支出机制，最终两次改革均达到了短时效果，但长远来看尚未改变福利国家制度的根本。第一次改革以新自由主义的削减为契机，带来了紧缩的发展趋势。第二次改革以第三条道路的改革为契机。两次大型的改革均以福利国家支出的进一步上升为结局，均彰显出一种渐进性的发展态势。两次突变的改革都没有形成激进式的改革，自上而下的改革激进突变的较多，自下而上的改革渐进性的较多，但是前后的改革都给制度发展融入了更多元化的选择，且这些多元化的选择对于既有的福利制度而言，从系统效率来讲，明显是更佳的系统选择。更优化的系统无法进入制度运行体系，是典型的路径依赖作用。制度路径依赖的系统力量又重新把处于改革阶段的福利制度拉回到原有的轨道上，也并未形成激进的改革结果。把这些福利国家群体放置在2008年金融危机背景下，可明显鉴别出不同福利国家所选择的福利政策存在路径上的差异，而这种差异又暗含着更深刻的内涵。这种变迁方式的主要理由之一，不仅仅是它们彼此有一些相似之处，还有就是存在潜在的关系导致它们形成可识别的集群。政策在任何情况下都是在一开始就进行一个"间断均衡"的过程，其中否决点会减缓响应，直到突然事件的出现，这是福利政策的典型发展模式。然而，福利国家的事件和问题（关键否决点）往往是非同寻常的战争、萧条、亢奋、环境灾难等。由于福利国家制度在发展过程中会面临各种各样的影响因素，加之有养老保险、医疗保险、社会救助制度等多重制度，上述的政策变迁类型在福利国家之中，除战争和革命以外，均有发生。政策的变迁较为复杂多样，而制度的变迁较为稳定和渐进。即使遭遇众多的批判，福利国家制度变迁仍旧尚未经历根本性的转变，依然在固定的福利制度运行轨道上运行，未发生较为明显的福利制度崩溃或者更替，在整体上表现为一种渐进性的历史变迁。

二、曲折性

第一，在发展逻辑上，遵循着一种曲折往复性的逻辑道路。从福利国家制度运行的历史来看，福利国家制度处于"危机——发展——再危机——再发展"曲折往复的循环之中。从福利国家运行逻辑中看，其曲折性具体展现为一种螺旋式的"双向运动"。前商品化——去商品化——再商品化、工业化——去工业化——服务取向、凯恩斯主义福利国家（KWS）——熊彼特主义工作福利国家（From work to welfare）、性别差异化——去性别差异化——再性别差异化、家庭——去家庭化——再家庭化、福利系统的生产——福利系统的分配、福利覆盖的普遍型——福利覆盖的补救型。以去商品化和商品化的双向运动逻辑为例，这是福利国家在重塑劳动力商品化的特质中的常用方案。这种策略同样适用于回应危机的举措。一种方案是使价值"去商品化"（De-commodification）的福利国家保护政策，国家通过财政手段在资本主义的非商品化上提供了劳动力主体在逻辑上生存的可能，但是这种商品形式是在国家财政资源那里实现的交换关系，而不是在资本流通中所实现的；另一种方案是实行"行政性的再商品化"（Administrative recommodification）。行政性再商品化方案是政府通过对劳动力素质实行提升计划方案，对劳动者进行职业培训与职业再教育，以此来提升劳动能力市场化的可能性，辅之以价值主体对其本身市场价值与商品关系的积极回归，使得既往退化的劳动力可销售能力迅速融入市场化。与此同时，没有恢复的劳动力及尚未回归的可销售能力，也有可能成为潜在的商品关系的牺牲品。

第二，这种曲折性同样展现在其主导的福利思想之中。从福利国家制度成立之初，凯恩斯主义主导的福利思想到 20 世纪 70 年代新自由主义福利主导思想，21 世纪初福利国家遭遇了经济危机后又循环到改良式凯恩斯式主义的福利主导思想上，其变迁历程凸显了福利主导思想的曲折性。20 世纪福利国家危机遍及各洲后，新自由主义政策在 20 世纪 80 年代开始变得突出，特别是以"新右派"为主导的美国、英国和其他一些国家（如智利），以美国和英国领导人的名字命名的"里根主义"（Reagonomics）和"撒切尔主义"（Thatcherism）主张盛行。相应的其主导福利思想从凯恩斯主义福利思想向新自由主义福利思想转变，而后随着经济危机的发生，福利国家制度的主导思想又转回凯恩斯主义主导的福利思想上，可以看出在主导思想上也存在着一定的曲折性。

第三，从福利国家制度的历史考察中可以看到，各种类型的福利国家制度都经历了变革、转型等曲折的发展之路，在曲折的基础上又体现为福利制度的攀升路线。从福利制度的组织演进道路来看，福利的供给组织从家庭外延向慈善组织、市场组织（保险企业）、社会组织（工会等互助协会）、政府组织（社会保障机构）扩张。① 这样的组织从典型的非正式制度组织向正式的制度组织机构迈进，实现了福利制度的正规化的路径；从这些组织的演进性质来看，当中所蕴含的理念分别为家庭（个体）保障思

---

① 参见郑秉文：《法国"碎片化"福利制度路径依赖：历史文化与无奈选择——2007 年 11 月法国大罢工札记》，《社会保障研究（北京）》2008 年第 7 期；郑秉文：《法国高度"碎片化"的社保制度及对我国的启示》，《天津社会保险》2008 年第 3 期。

维、施舍（个体）福利思维、市场（经济）福利思维、互助（社会）福利思维、行政（制度）福利思维。从福利制度的组织演化主体和观念层面来看，福利国家制度的演化进程则越来越广泛、演化覆盖面越来越全面、演化的强度越来越密集、演化的性质越来越制度化。

三、滞后性

制度变迁是具有阶段性特征的，均衡阶段则会有两种情景：一种情景是生成一种新的均衡，一种情景则会把制度变迁带入瞬时的相持阶段。这种相持阶段的制度变迁是具有方向性的，具体的变迁方向可以总结为如下两种：随着制度收益递增的一种是良性的变迁轨迹；随着制度收益非递增时是一种低效率的变迁方向，甚至循环到一种锁闭的无效率阶段。福利国家制度变迁的方向在 20 世纪 70 年代之前的发展阶段可以理解为一种收益递增的曲线，是良性的，但是由于收益递增曲线增长过快，福利的发展速率超过了经济发展的速率，由此引发了递增困境。进入福利制度的削减时代以后，福利制度的变迁轨迹则陷入一种低效率的循环，对发生的经济危机、福利依赖等问题不能起到良好的排斥作用，并且痼疾难除，进入锁闭的低效率甚至无效率的状态难以自拔。这种滞后性是制度变迁的一种变迁轨迹，一旦临界值达到一定水平后，当制度收益进入非常规的递增阶段，收益递增不能正常发生时，制度的低效率特征就展现出来了。而后制度的路径会向一种更有效的轨迹方向前进，这也是转型期福利国家制度所面临的选择，最终会向制度更有效发展轨迹上前进，只是这个时长的特征是具有历史滞后性的。

制度的滞后性在福利国家制度变迁中也表现在制度相持阶段。在危机变革的后一阶段尤为突出的特征就是制度的滞后相持，这种滞后性使福利国家在 20 世纪 70 年代遭遇危机，时至今日，福利国家依然处于僵持之中。就像"奥菲悖论"一样：资本主义国家需要一方面从政治上排斥福利，另一方面又离不开福利，福利供给依然无法摆脱僵持的困局。福利国家面临奥菲所说的矛盾，福利国家是资本积累的"绊脚石"，这个"绊脚石"不仅仅"绊脚"，而且还不能移除，这就引发了一种福利制度变迁的滞后性，而废除福利国家所带来的影响也将是毁灭性的。这是福利国家的逻辑悖论，即福利国家的发展与资本主义的发展具有矛盾性。这种滞后性在转型期也有一定的体现，对应 20 世纪 70 年代转型期的撒切尔夫人与里根采取的一系列新右派的举措与改革。制度的改革并没有带来真正的福利削减，福利刚性要求福利制度难以作出妥协，但改革的最终成效在 20 世纪 90 年代还是发生了。执着的福利缩减到 90 年代阶段后才在福利制度的支出结构上有了微小的变化。而基于这种假设来看，最近几年内国际形势也发生了一些变化，特别是英国与美国近来的变革被一些专家学者认为是反全球化的一种趋势。美国特朗普上台后的一系列政策以及英国脱欧引起了学者们的注意。我们需要理解这种类型的福利制度的变迁轨迹，在福利国家制度中，美国和英国在一定程度上都属于补救性质的自由主义福利国家的典型代表。这种变化并非一时兴起而出现的应对举措，它一定是针对一段时期的历史滞后性的反应。从历史制度主义角度来看，福利国家有历史路径依赖的特征，并且这种制度的滞后性也伴随着整个福利制度的变迁历程。

第三节　福利国家制度变迁中路径依赖的影响要素分析

从内部因素而论，一个国家的社会和经济状况确定为福利政策所构建的"原材料"。社会因素包括社会结构、社会分裂的要素（如阶级、性别和种族不平等）以及人口结构，即人口的年龄和分布、儿童和老人的数量、家庭组成等。经济发展提供福利服务所依赖的资源，并进一步塑造福利国家运作的社会条件，如城市化和工作关系。回应—制定的政策主要取决于制度发展和政治组织，后者提供了发展福利服务的机制。对影响要素的理解部分基于识别意识形态、部分基于政治过程来调解利益冲突、部分透过重要的文化内涵。例如，宗教在某些方面发挥了相当大的历史作用。当然，不得不提的是，福利政策影响其所发展的社会和经济条件，并且这些政策的影响与政策所依据的传统遗迹之间存在着持续的相互作用。[1] 从外而言，不能孤立地看待福利国家制度变迁的表象。一个国家的社会和经济条件往往与另一个国家的社会和经济条件有关。共同的文化（如全球化）也被认为是识别福利国家发展模式的重要动力源，外部文化可能难以直接识别，因为它们往往反映了历史趋势，例如语言差异。宗教影响经常在区域内发展，斯堪的纳维亚、中欧和周边地区之间的区别在于路德教会、天主教徒和加尔文主义基督教的分布不同。不同国家的福利选择适切自身发展路径的模式以发展本国的福利制度。地理上彼此接近的国家往往具有重要的联系，它们通过共同的历史束缚、文化传播（例如，共享的宗教和共同语言），有时会共享策略并直接模仿彼此，即基于政策学习的福利政策。福利发展模式具有集群特质，其特质不仅仅是描述性的，而且它们有足够的共同点，可以将特定种类的原则或与不同国家的经营方式联系起来。把福利国家的相似特质与其他国家相比，可以明显发现相似或相异的特质。[2]

一、福利国家的制度要素

随着社会的不断发展，福利安排变得较为复杂，人们也随之越来越需要更为正式的福利制度安排。制度还对福利国家的相对政治能力以及政策

---

[1]　Cerny G, Philip, *Public policy and the structural logic of the state: France in comparative perspective,* West European Politics, 2007, 10（1），pp.128–136.

[2]　Spicker P, *The Welfare State*, London: *Sage*, 2000.

过程中所嵌入的普遍规范和价值观产生了长期的结构性影响。福利制度是宏观层面的议题，它是福利体制、福利体系、福利机制的综合体，从第二章福利国家的发展历史可知，福利国家经历了以社会救济、社会保险向福利国家的阶段过渡，其中《济贫法》《贝弗里奇报告》则扮演着重要的角色。以学界认可度较高的福利制度起源法——1601《济贫法》为例，1601年的英国《济贫法》不是组织福利制度，而是第一个国家制度。它从诞生起一直到第二次世界大战结束，以各种形式持续存在并且深刻地影响着各国的社会保障制度。然而，新《济贫法》的发展产生了一条分水岭，新《济贫法》引入了更为严厉的意识形态制度，旨在遏制工业化所产生的问题。从《济贫法》到"福利国家"的运动以残余型和制度型福利模式著称，这种区分的关键要素通常被理解为如下四个方面：

其一，残余福利适用于数量有限的人（"排他性"，无法以其他方式获取的人），而制度福利则适用于一般人群。《济贫法》被理解为针对贫困的人而立，即极端需要的人，这种极端需要体现在他们没有其他可获取的社会资本。然而制度型福利无论经济状况如何，都能满足人们的需求，并为每个人提供社会保护。其二，残余福利是在"忍受"下给予的，根据《济贫法》规定，制度福利基于对相互责任的接受，因此福利被视为公共负担。其三，《济贫法》具有惩罚性，严重依赖威慑来限制债务，制度式福利将接受正常的福利依赖。其四，福利国家成立时，贫民窟被剥夺了权利。

当然，《济贫法》还有其他重要方面继续对当今社会起着重要的影响。首先，新《济贫法》是自由主义的（在 19 世纪的意义上），基于个人主义和最小的国家干预，被称为"自由放任"的原则。旧《济贫法》允许在规定的质量和性质上有相当大的差异。劳动力市场一直存在地方干预，改革者特别批评"轮回"制度，允许雇主将贫民用作廉价劳动力，而"斯品汉姆兰"制度则补贴工资。里卡多的《铁工资法》表明，这些扭曲会导致工资低于维持生计的基本需求。改革者认为这种干预会抑制工资并威胁到独立生存劳动者，这是"较少资格"这一理念的基础，该理念试图明确区分贫民和劳动者的地位。换句话说，其争论的焦点是国家干预是否会导致市场扭曲。从制度层面去看，这取决于经济制度与社会制度在国家制度中哪种制度更占据主动地位。福利制度在不同制度中，也会有不同的地位。如果福利是必要的，它应该与经济运作分开并且有所不同。其次，《济贫法》的论据是经济学的。《济贫法》的倡导者认为他们了解经济如何运作，以及是什么促使人们采取行动。后续新《济贫法》以及各国社会保障法等福利制度相继出台，无不从制度层面规制和进一步型塑福利国家的发展模式出发。既往的研究中从制度、制度变迁层面解构福利国家模式较多，是学界公认的福利国家模式型塑的主要因素之一。

二、福利国家模式型塑的观念要素

福利国家发展模式型塑的背后暗含着意识形态的支撑，不同的意识形态往往是构成不同福利国家发展模式的重要影响因素。既然它是影响其差异化的基础，那么就可以将其理解为福利国家类型化的划分要素。从狭义的意识形态来讲，福利国家模式的意识形态可以区分为社会主义类型的福利国家和资本主义类型的福利国家。从广义的意识形态来讲，福利国家的意识形态选择也取决于福利话语体系与社会福利规制准则。福利政策和战略不是孤立于社会和政治背景而形成的，它们通常根据传统的问题来进行模式选择，思想和价值观是在话语中构建的一套共同的概念。

第一，福利观中孕育了相应的理念要素。这些关于人类能力、需求、需求目的的假设常常涵盖了政府对个人和家庭福利供给的态度以及必要或可能的社会变革类型。从意识形态与社会政策的关系可演绎出福利国家模式：保守的资本主义福利模式、改良派的资本主义福利模式等。① 对意识形态观点的充分描述本身就是多种多样的，但必须有一系列的核心特征，这种核心特征可以让我们快速了解一系列观点和一些主要关系。具体而言，可从自由主义、社会民主主义、保守主义等意识形态及其福利态度角度去理解制度变迁路径依赖的意识形态动力源。主要有：

马克思主义意识形态。占主导地位的阶级（资产阶级）拥有并控制着生产资料，而工人阶级，即"无产阶级"则被资产阶级利用和剥削。马克思主义的福利分析集中在它与权力运用的关系上，国家既可以被视为执政资本家阶级的工具，也可以被看作是一套复杂的制度，反映了其所属的社会矛盾。

社会民主主义意识形态。社会民主思想被描述为一套价值观，同时也是发达的社会福利模式。社会民主主义的福利理念中嵌入了集体行动的思想观念，使人们能够采取行动，并减少劣势。故而，在面对金融危机时，社会政策领域的调整也是以集体行动作为支撑，而非选择性的社会政策。

自由主义意识形态。自由主义② 关于国家角色的保留是"新权利"自由主义的核心。强调传统保守主义的秩序通常意味着国家在维持秩序方面具有明确而强大的作用。相比之下，自由主义者不信任国家，并认为如果消除国家干涉，社会可能会实现自我调节。故而，秉持自由主义意识形态的福利国家，推崇所有国家活动无论其意图如何，都有可能破坏个人的自由，强调社会太复杂，但自由市场的活动是许多人活动的总和，是对每个人权利的最佳保护。自由主义意识形态的福利国家较为推崇上述的治理理念，其福利政策体系、政策工具也往往会整合适切其意识形态而展开。面对金融危机，秉持自由主义意识形态的国家，自然是更倾向于调动市场的力量去挽救危机，而非是调动国家或者社会的力量，那么更加自由放任的

---

① 李明政：《意识形态与社会政策》，洪叶文化 1998 年版。
② "自由主义"这个词主要用于欧洲；在美国，"自由主义"这个词通常用来表示"左翼"或"支持政府支出"的立场。

社会政策和需求刺激是可以预见的。

保守主义意识形态。保守主义传统的右翼主义代表了非自由主义，是保守主义。保守派更加相信社会秩序的重要性，为了尊重传统而强调宗教的重要性，强调不平等的重要性。例如阶级或种姓的不平等，这些是作为结构化社会关系的基础。对其而言，福利是次要问题，但保守派所关注的各种问题有可能会对福利加以限制，因为其意识形态特别强调工作、家庭和国家的传统价值观。①

第二，福利观包含了具有福利国家实践的价值判断。福利发展理念的影响通常被解释为具体的政治术语，福利政策并不是许多人在政治讨论中首先关注的问题。人们从广泛的主题和内容中形成他们的政治观点和价值观，包括例如自身利益、经济危机、国防政策，甚至是提出这些观点的政治家个性。当人们被要求就他们以前可能没有考虑过的主题提出意见时，如要求他们表达对养老金、住房、面对死亡或科学教育的态度时，他们可能会根据可以参考的一般原则、价值观或概念作出评论。例如，如果一个人所持有的是反对国家和私人市场的态度时，就可以很容易找到与这些主题相关的研究，如养老金应该由个人私下安排，家庭改善是家庭成员的个人业务，死亡和教育是私人事务等。相反，相信集体责任的人可以迅速找到相反的立场，如老年人的安全、住房条件和国家需要的教育是一项集体责任，而葬礼是每个人都必须经历的事情，可以投保或由国家提供。而当争论不休且又必须要给出合理化规制建议之时，意识形态往往会发生作用，在决策时将占据主导地位。按照笔者上述的论点，政策安排是需要一系列配套措施的，而既往的制度安排往往就在意识形态的作用下发挥其重要的显性作用。

---

① Sigerist H E, *From Bismarck to Beveridge: Developments and Trends in Social Security Legislation,* Journal of Public Health Policy, 1999, 20（4），pp.474–496.

第三，福利观指导决策行动者参与福利实践。福利发展理念影响人们如何思考问题以及如何对问题采取行动。话语在术语、概念和文化环境中是可识别的，它们构成并塑造对政策问题的理解。人们所使用的语言往往会影响问题的处理和识别方式，并且由于政治论证是建立在沟通和对话的基础上的，人们被迫使用共同的政治词汇。如果没有构建学术共同的话语体系，一方就难以参与另一方的讨论，而"意识形态"正是一般话语中的思维模式，它们是相互关联的一系列思想和价值观，它们塑造了理解问题和采取行动的方式。人们对问题的思考方式取决于他们的客观、主观态势。我们理解金融危机应对的社会政策、家庭责任的方式、理解学校教育的目的或者附加在不同类型工作上的价值，这些通常取决于思想和价值观的相互关联结构。

三、福利国家的环境要素

（一）执政党派和选民内部环境

行动者往往可以从不同党派来论述，资本主义国家之中的不同党派具有不同的福利态度，当某种类型的党派成为执政党时，政治精英和政治党派可以影响福利的走向，成为福利模式型塑的一种动力来源。为了方便理解，我们可以把它们放在某种政治频谱去进一步分辨。

第一，执政党派的左和右。政治立场通常根据从"左"到"右"的频谱来识别。这些描述最初来自法国国民议会中不同政党的所在地，保守党派坐在右翼，左翼是社会主义者。这些术语在政治方面的运用相当普遍，但它们的含义却相当模糊，被认为是"左"和"右"的东西更多地与惯例而不是逻辑论证有关。一般而言，"左"和"右"的一般区别是模糊的。左派包括社会民主主义者、社会主义者和马克思主义者，而右派包括基督教民主派、保守派、自由市场、自由主义者和法西斯主义者。通过表3-2可知，在比例制选举制度中，左派政府执政数量明显高于右派政府执政，并在福利国家改革中实施相对扩张的福利政策；然而在多数制选举制度中的情况则恰恰相反，右派政府执政数量明显高于左派政府执政，并在福利改革中实施相对紧缩的福利政策。

表 3-2　1945—1998 年福利国家选举制度与政府党派类型分布

选举制度与政府党派类型	政府的党派属性				
	类型	左派	右派	左派政府比例	右派政府比例
	比例制	342	120	74%	26%
	多数制	86	256	25%	75%

资料来源：保罗·皮尔逊编：《福利制度的新政治学》，商务印书馆 2004 年版。

在大多数英语国家像英国、加拿大、新西兰、澳大利亚和美国"左派"可能支持福利，而"右派"则认为其已经增长得太多了。笔者做了一些粗略的概括，但这组学术术语必须被谨慎地对待，因为有些国家对"左"和"右"的理解是完全不同的。

表 3-3　"左"和"右"的福利观

派	左翼	右翼
福利态度	支持福利	反对福利
供给方	福利由公共提供	反对福利由公共提供
公私特质	集体主义者	个人主义者
福利模式	制度型福利	残余型福利

资料来源：保罗·皮尔逊编：《福利制度的新政治学》，商务印书馆 2004 年版。

赞成福利的社会主义者可以很好地支持公共供给，作为在实践中提供服务的手段，这是因为社会主义是集体主义的，所以通过政府活动承担集体承诺的障碍很少。集体企业的社会意识也支持将需求视为社会生活的一部分。相反，"新权利"的自由主义者是个人主义者，支持私人市场，不信任国家活动，并希望尽最大可能限制国家的作用。右边有些人想通过私人市场分发几乎所有东西，但左边的人不相信所有东西都应该公开提供。

然而发达国家较少有人会认真对待公共食品或衣物的控制与分配。诚然，所谓的两边并非绝对化，右边的人也不一定是残余主义者，许多人也会赞成对教育和文化的普遍支持。"左"和"右"不是单一的、同质化的思想流派，两者都是非常广泛的利益联盟，他们就某些问题达成一致意见，并对其他问题持不同意见。在特定问题上，"左"和"右"都可以分开。这主要是看人们对待不同问题的核心论点，特别是对自由、平等和社会正义等特定原则的理解以及它们的一般意识形态。

第二，公民福利态度。公民的福利态度可以成为福利国家的发展动力。从"第三条道路"来看，争取中间选民的策略曾经帮助到了不少的政党赢得了选票并获得执政的资格。政治选举往往让政客思考如何能够换取选民的选票，公民的福利态度可以影响到公民投票的行为。从自下而上路径来看，公民福利态度不仅具有政治选举功能，而且公民福利态度具有矫正福利行政的功能。但有趣的是，公民的福利态度往往也存在着不按照常理"出牌"的情况，即结果未必是能够按照政客所预想的那样，可能会呈现出一种反周期的选举规律，路径依赖的滞后性特征就可以给予出充分的解释。另外，互惠也成为调查福利态度的一个主题，那些作出贡献以换取权利的人，试图通过政治承诺来重新设计好的制度以尽可能多地融入群体，从而使对普遍主义的承诺与应得和不值得的贫困之间区别的现实相协调。有的政治家为了扩大选民基础，建议将税收抵免扩展为公民中低收入者的有效收入，并将重点放在社会贡献上，包括加强对低收入租户和房主补贴的综合住房收益，还将国家保险体系中的贡献和权利之间的感知相联系，旨在将福利理念扩展为更具包容性的社会参与主题。在拟议的制度中，雇员的权利将依赖于社会参与的公民福利态度，特别是包括对儿童、体弱的老年人、残疾家庭成员等弱势群体的调查，调查还包含无偿社会照顾、志愿工作和培训等内容，以便为其参政议政做好基础准备。在公民福利态度方面，互惠已成为福利政策的核心观念。大多数政客把全职照顾孩子、体弱的老人或病残和残疾亲属等弱势群体作为构建包容性福利国家的基础。这就容易形成一种政策的"扭曲"，因为一方面，公民的福利态度成为获取选票的重要支撑，以便政客能够获取执政的可能；而另一方面，政客一旦上台后，在其达到政治目标后，是否能够发挥和延续其福利政策也可能打上一个问号。但不管从何种角度来看，公民的福利态度也是影响福利国家制度发展路径依赖的一个重要因素。

（二）全球化的外部环境

当前福利国家处于全球化的环境之中，在全球化背景下所开展的国家福利需要充分考虑到全球化对福利环境所带来的机会和影响。经济合作与发展组织（OECD）认为经济全球化是市场分工协作的进程，也是以各个国家为单位相互融合的过程。市场经济是经济全球化的基本原则，利用较为先进的技术和手段为本国获取利润，具体的实现方法为贸易手段、投资生产、专业化劳动、跨国合作以及生产要素的有序、合理流动等。经济全球化不仅仅是经济的互动，更是文化的渗透和融合，多边合作对世界经济的影响作用越来越大，国际货币基金组织（IMF）认为经济全球化增加了各国之间的相互依赖程度。全球化（Globalization）最早作为一个单词，于 1944 年出现在英文词典之中，[①] 但把全球化作为一个名词或学术概念，最早是由西奥多·莱维特（Theodre Levit）于 1985 年在其《市场的全球化》一书中提出的。[②] 最早提出全球化问题并对其进行研究的，则是 20 世纪 60 年代末 70 年代初由"罗马俱乐部"提出的有关全球问题或整个人

---

① 马俊如等：《全球化概念探源》，《中国软科学》1999 年第 8 期。

② 坎特罗：《日出日落：向工业废弃的神话发起挑战》，John Wiley & Sons 出版公司 1985 年版，第 53—68 页。

类问题的研究报告。① 对经济全球化在福利国家领域影响的研究主要遵循两套逻辑：一方面，经济全球化过程中，各国成本、收益日趋显性化，形成激烈的竞争局面，这种局面会给各国带来潜在的压力，也会对各国的社会福利、社会保障在规模上和强度上造成"挤压"效果，导致福利紧缩；另一方面，全球化的程度越深，越会形成社会不公平现象，当不平等加剧时，为避免规模性社会运动，国家也同时在寻求补偿性的回应措施，隐性的或潜在的对社会再分配的强度和规模造成增加的局面。上述"挤压""挤出"的全球化效果共同作用于福利国家的演进过程中，形成复杂的交互作用。其本质上反映了两类学者对全球化所持有的不同态度，即积极态度与消极态度，当然如果细分的话，也包括对全球化持中间观望态度的人群。

第一，从"挤压"的福利环境中看，从 20 世纪 70 年代以来，布雷顿森林体系的打破是资本开放与流动的绝佳时期。但是，福利国家面对快速流动的资本和市场时，他们在经济上表现出不敢"懈怠"的态度，纷纷转向不那么慷慨的福利政策以获取更多的经济发展筹码，形成了"逐底竞争"（race to the bottom）②。当然，数据表上福利支出在 20 世纪 80 年代期间与 20 世纪 70 年代间相比略微下降，并且在福利国家的总体支出一栏中，福利支出的趋势既不是收敛，也不是扩张。这种情况下出现了全球化给福利国家带来了一定压力和影响的结论，但是在国别支出大小以及福利支出后的反映效果上是存在显著差异的。

第二，从"挤出"的福利环境中看，"福利国家的危机"作为政治口

---

① 参见类·佩香：《世界的未来——关于未来问题》，王肖平等译，中央编译出版社 1998 年版，第 91、124、100 页。

② 这一现象也被形象地称作"向谷底赛跑"。在"竞次"的游戏中，比的不是谁更优秀，谁投入了更多的科技，更多的教育，而是比谁更次、更糟糕、更能够苛刻本国的劳动阶层，更能够容忍本国环境的破坏。

号被广泛传播。实质上的福利国家不是在危机之后才走向瓦解的，而是在危机刺激下走上了新的路程。经济全球化的渗透会造成有人获益、有人亏损，失败者面对不断增加的国际竞争会有焦虑和恐惧，而福利国家的发展理念中所展现的正向作用就会显现，以此来对冲压力和焦虑，具有一定的缓冲效果。经济全球化会对福利国家的扩张具有正向作用，特别是在政治选举中对社会民主党的支持方面，展现出其独有的政治魅力。此外，产业结构转型（从工业产业主导向服务业产业主寻）的结局，加之老年化加剧和就业适龄人口的减少，对财政制度形成了一定的腐蚀。从本质上来讲，积极者更愿意相信这是由于市场化的程度造成的影响，越具备自由主义特征的国家，越容易受到市场和资本流动的侵袭与影响，而像北欧那样具有社会民主主义特征的国家，越不容易受到市场和资本流动的侵袭与影响。除了本国福利制度的发展，在全球经济一体化发展的大趋势下，社会保障与福利的国际合作日益增多。通过召开国际会议，制定有关社会保险的国际公约和共同纲领，阐述普遍适用的原则、标准和行动方案。而作为国际组织，国际卫生组织、国家社会保障协会、国际社会工作者协会以及国际社会福利协会等在社会福利方面也有所贡献，尤其是国际劳工组织，从1919 年制定《国际劳工组织章程》起，提出的有关社会福利事务的国际劳工公约和建议书就有几十个。由此看来，社会组织和国家组织的发展壮大也为福利国家制度未来的型塑奠定了坚实基础。

第三，福利国家之间将越来越重视国家间的合作，并且也会越来越重视资源环境与社会福利的重要性。把非物质消耗占比国民生产总值作为重要的考核维度，且在政府、社会、公民之间形成一种新的自我调节机制。随着社会老龄化的进一步深化，福利国家支出面临巨大压力，福利国家的可持续性也将受到威胁。只有以一种共同体的身份更多地去承担社会健康卫生战略和敢于承担更多的社会责任才能够实现可持续。在此过程中各方主体也需要通过积极的社会政策来激励个体、社会和国家共同面对。政府有责任增加人民的福祉，基于社会阶层角度来看，要让所有阶层的人感受到发展带来的幸福。

综上，福利国家制度的动力来源为各国福利政策提供了实践上的张力，在福利政策选择和决策过程中，福利国家显在或潜在遵循了各自的规制，受到了内部和外部动力来源要素的影响，对福利国家制度路径依赖奠定了基础作用。这些要素的存在，在根源上充分地解释了不同福利国家制度在面对共有的危机或者决策时，在社会政策领域所呈现出的路径依赖特质。

* * * *

结合福利国家制度的发展历史，在结构载体上，本章以历史制度主义为框架，分别从福利供给结构、福利指导思想以及福利供给主体角度，以结构模式、观念、行动者的三大结构要素为依托，进一步分析福利国家制度变迁过程中路径依赖的结构。正是因为福利的中心结构特质，才可能产生福利国家制度变迁中的路径依赖载体，形成了福利主体责任承担的多中心并列的格局。侧重"福利三角"中的任何一方，则构成了不同强度的中心主义格局。基于福利供给模式与福利思想基础的特质与差异，共同助力形成了分化而迥异的福利国家制度，而这种制度的张力，带来了结构上的路径依赖。在结构变迁特征上，彰显了福利国家制度变迁的渐进性、曲折性和滞后性，在结构核心要素上，有内部的制度和思想观念影响要素，也有外部的影响要素。从结构层面去了解福利国家路径依赖的表现、特征和影响要素，有助于我们对其有一个轮廓上的认知，帕森斯（Parsons）曾把认识客观对象的"结构"比喻成人体的骨骼，而将"功能"比作人的血液，因此我们还需要从功能的角度去探讨福利国家制度变迁路径依赖演进的动力机制。

第 四 章

福利国家制度变迁路径依赖的演进机制

　　本书的研究以历史制度主义为视角，突出对福利制度路径依赖的结构功能分析，探寻其系统演进的动力机制；借鉴布莱恩·阿瑟所论述的路径依赖演进机制分析框架，进一步分析福利国家制度变迁过程中的三种路径依赖运行机理，即报酬递增机制、自我强化机制和序列事件链运行机理。鉴往知来鉴，福利国家制度变迁的过程可为我国社会保障制度发展提供有益经验与失败教训，促成以人民为中心的美好生活发展共识，并实现以人民为中心的共同富裕战略目标。

　　路径依赖在系统之中是一个正反馈机制体系。当系统之中的正反馈机制确立以后，则系统演进的路径由系统的初始状态决定，而后是均衡——锁定——退出锁定等一系列变迁过程。在任何一个系统之中，都是正反馈机制和负反馈机制共同作用的结果。正反馈机制的作用效果是维持现有的系统运作，负反馈机制则起到了削减系统阻力的效果。本章进一步讨论福利国家制度变迁路径依赖的系统演进机制，探究福利制度不断变迁的发展动力。研究结果表明：福利制度的变迁轨迹上存在着两种显著的力量：一种正反馈功能对福利国家制度变迁发挥有效作用的推力；另一种力量是具有负反馈功能的拉力。这两种力量共同发挥作用，为福利国家制度变迁的路径依赖提供源源不断的系统演进动力。

第一节 福利制度"刚性"的正反馈机制

一、福利支出"刚性"分析

在福利国家研究中对其社会支出的考察是必要的，我们可以根据实际支出看出福利国家对于福利维持的大致状态，通过研究公共支出目的来衡量福利国家的福利供给强度（welfare effort）和慷慨度。费用支出的方法起源于勒博和威伦斯基的研究。在社会福利体制学术研究的初期，对社会福利支出的研究方式曾经起到过引领性作用。此方法可衡量一个国家福利支出的总量，并在一定程度上表明该国福利供给制度的量化输出强度。来自欧盟统计局和经合组织关于费用的数据逐渐细化，包括行政费用分类和其他费用分类（例如医疗保健，养老金，贫困，失业）以及区分总支出和净支出。

图4-1考察了36国的数据，数据包含28个欧盟成员国、8个其他国家从1960年到2013年动态数据下的福利国家平均支出，其目的是展示福利国家的福利支出规模的历史变动。从数据的动态性呈现来看，福利支出保持了较高的平均水平。[1] 随后的发展从数据"量"的角度上来看，从70年代开始直到1993年一直都处于一种平均上扬的状态。90年代的缓步下降到2008年，相持过后又是一个上涨的阶段。且可以说从量的整体上来看，福利国家整体支出上是处于发展阶段的，总量上路径依赖的特质十分显著。36国平均值的数据考察能够较为普遍地反映出西方福利国家的福利水平，因为单独去考察一个国家的数据是难以进行比较的，而考察多个国家的绝对值，也会出现有的国家数值高、有的国家数值低的现象，这些

---

[1] 林健久、心欣：《中国的财政制度：运行与问题》，《经济研究资料》1990年第1期。

都很难反映出平稳的发展趋势。利用绝对值去取平均值可以在宏观上看出整体福利国家的发展趋势，有一个大致、精准的判断。也就是说，虽然福利国家在政治上是"紧缩"的，或者说是不情愿的，但是在福利实际的支出上来看，公民群体起码还是受益的。近些年福利国家在福利支出方面呈现出一种路径依赖的发展状态，为各国的福利发展奠定了转移支付的量化基础。

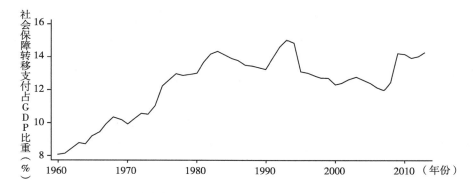

社会保障转移支付占GDP比重（%）

图 4-1　西方福利国家社会保障转移支付占 GDP 比重平均值（1960—2010 年）

数据来源：根据 Comparative Political Data Set 绘制，36 国包含 28 欧盟成员国 8 个其他国家。（数据为英国未脱欧前）

数据的"静态"与"动态"考察从一个角度可以投射出福利支出的"刚性"特征，这种"刚性"特征证明了福利制度发展存在正反馈支出机制。在福利支出的正反馈方面，能够在一定程度上展现福利国家制度的发展变迁状态，在质的呈现上，同样可以寻找到历史制度主义制度变迁中路径依赖的正反馈机制的"轨迹"。

二、民生福利观的连续性

从民众的社会心理角度来看，公民在民生福利观领域的期望值是不断上升的，对民生福利的议题较为关注，因为福利与民众生活休戚相关。福利待遇的下降和削减都会引起民众的强烈反感。形成福利待遇降低的心理预期后，所产生的民生怨恨远大于福利上升带来的幸福感及感恩情愫。这种民生福利观放置在福利制度安排中，使得社会民主主义福利制度比保守主义福利制度的福利"刚性"更强，保守主义福利制度比自由主义福利制度福利"刚性"更强。而福利制度也在一定程度上依赖于民生福利观的稳定和连续，福利制度需要稳定和连续的民生支持，需要在连续的民生观之中增强信任，获得良好的福利关系。因为，首先，激进的变革很难实现，而且代价沉重。许多制度都有否决权并且设置了高昂的成本，政客们需要在短时间内展示其业绩和成果，在在野期间需要获得良好的民众支持以期获得执政甚至连任的可能，这就使得政客们不会破坏自己已取得的一些民众支持而选择采用激进的变革方式。其次，现有的制度设置塑造了公民、政治家和压力团体的期望和行为，这可能意味着激进的福利改革会遭到各利益集团的反对，唯有通过连续的民生观政策才能够获得民众的支持和信任。此外，多样性决定了不同的制度环境也可以带来比较的制度优势，这些优势是复制现有制度的强大诱因，路径依赖理论在其中的核心是：基于其制度根源可辨认出许多路径依赖的福利特质。

三、福利政策的制度惯性

福利政策的制度惯性体现在福利政策的连续性和政策博弈层面。下面的分析以英国为例。

第一，政策连续性。英国作为传统的福利国家在欧洲是极具代表性的，英国社会保险主要是通过税收。福利政策系统既包含高质量的大众医疗保健、适度水平的养老金、教育，又涵盖了相对广泛（但成本高昂）的住房政策，以及对低收入、技能有限或因其他原因而易受伤害群体的保护政策。跨度介于满足大众人口（医疗保健，教育和养老金）共同需求的普遍服务与针对贫困少数群体（失业、病残和残疾人、单身父母）的普遍服务之间。对享受低薪工作福利权利的家庭，往往通过严格的加急调查和规制加以监管。英国在面对危机时采取的政策，是证明福利国家制度中的政策惯性的典型案例。英国对经济危机的反应非同寻常，因为 2008—2009 年经济衰退是自 1929—1933 年资本主义世界经济危机以来最严重的一次危机。2010 年英国政府将本国经济设定为在 2014 年之前取消预算削减目标，由于经济增长未能恢复危机之前的速率，2012 年又修订为在 2017—2018 年之前取消该目标。

第二，政策博弈过程中的制度惯性。由于考虑到福利政策的惯性，故而在削减策略选择上，需要避开民众最关心的养老、医疗和教育领域，否则削减会遇到大规模的抵抗。相比之下，政府选择保护大规模福利国家服务（健康、教育和养老金），这些服务占国家支出的 60% 左右。削减占预算和税收增长（2005—2010 年）所需资源的六成，其中包括 2%—3% 的纳税人支付的最高税率上涨 50%（2013 年降至 45%），收入超过 15 万英镑，所有员工的国民保险费增加 1%，加上银行征收资本收益税（后来被撤销）以及酒精和燃料税的增加。① 英国大约三分之二的政府支出用于提供福利，按规模排序：医疗服务、养老金、教育、其他现金收入（包括住房福利和残疾人福利、社会关怀和社会住房），剩下的部分用于军队、警察和监狱以及其他地方政府（除了教育、社会住房和社会护理）交通运输和环境政策。支出结构是一种复杂的互动机制，其约占国内生产总值的三分之一，是该国一年内产生的所有经济活动的"大块头"。在涉及项目结构方面，削减的目标通常是远离大多数选民使用的最昂贵的和最受欢迎的项目，例如医疗服务、教育和养老金。相反，他们专注于削减相对较低的支出，比如削减低收入工作年龄人群中不太受欢迎的项目和服务以及低收入、失业和残疾人、家庭和儿童以及住房项目。

---

① Hall, P. A. and Soskice, D. (eds), *Varieties of Capitalism: The Institutional Foundations of Comparative Advantage,* Oxford: Oxford University Press, 2001.

第二节　福利制度"黏性"的负反馈机制

一、制度路径依赖的低成本约束

从过往的历史来看，福利支出的增加与选举周期相吻合，即往往在选举前福利支出有比较明显的增加。执政党在选举前积极推动福利立法，其目的在于提高选民的支持率，增强其连选连任的可能性。因为，增加福利支出不仅可以直接增加福利制度受益者的利益，而且还可以刺激经济的增长，收获选举前的短期效益。初始的福利制度选择会为后续制度发展输送强化和固化的动力，让原有的福利制度沿着既定的轨道前行。这种方向性的路径，要比另辟蹊径的制度路径可提供更多的便利。这是因为制度路径依赖的改革成本是最低的，在一种低成本的诱导下，无论是制度的行动者还是参与者都会主动或者被动地参与到抵制高成本改革的队伍中来。任何新制度或者新政策的启动都需要较高的制度成本，在此过程中伴随着产生了大量的学习效应，同时也会产生协作效应和适应性预期。既有的制度是低成本的强大诱因，而低成本的诱因也造成了制度的稳定性和持续发展。随着制度时间成本的增加，行动者在既定的制度之中，其退出成本也会随之增加。

在福利国家的改革实践上，以里根的改革为例。里根政府曾试图彻底裁减公民稳定的福利安排。事实证明根据其过去的政治承诺、福利选区的政治影响力及其福利制度安排的历史惯性，这些因素所共同产生的一种路径依赖现象，解释了里根改革所遇到的改革阻力，为改革带来阻力的是福利制度的"黏性"特质。皮尔逊也强调负面政策反馈的重要性，"任何理解福利国家紧缩政策的尝试都必须从承认社会政策仍然是战后秩序中最具弹性的部分开始"。① 一国民主水平的高低对福利支出具有重要的影响，民主水平越高往往会导致福利支出的增加，② 同时，中央政府的集权程度与福利政策和福利支出约束密切相关。中央政府集权程度较高的国家，比如实行单一制政府体制的瑞典等国家，约束成本较低，往往会建设更为完善的福利国家制度，推行更为慷慨的福利政策和福利保障计划。而中央政府集权程度较低的国家，约束成本较高，比如实现联邦制政府体制的美国、加拿大等国家，它们建设的福利制度往往是较为松散的，履行福利供给的责任往往被分割为中央政府、州政府和地方政府等几个层面。无论约束成本的高与低，都会受到成本约束的影响，因而在较高的新制度启动成本面前，均倾向于选择低成本约束的路径依赖政策框架。故而，制度的这种重要黏性通常被用关解释对路径依赖削弱力量的抵制。

二、福利思想观念的根深蒂固

行动者自身具有维持自身利益目标的行动特征。研究选举行为和政治心理学的学者在研究中发现了一个有趣的政治现象，即选民表现出的"否定倾向"（negativity bias），如果选民感知到由于福利政策的变更而带来了利益上的受损时，具有否定倾向的投票反应则较为明显。这种利益上的损失带来的激烈反应强于同等程度上的利益递增。因此，福利制度的选举基础不仅庞大，而且还专门惩罚那些提出不得民心政策的决策者。③ 这说明福利制度具有黏性的思想观念较为根深蒂固，并且福利制度黏性对那些尝

---

① Pierson P, *Fragmented Welfare States: Federal Institutions and the Development of Social Policy*, Governance, 2005, 8（4），pp.449–478. Pierson（ed.），*The New Politics of the Welfare State*, Oxford: Oxford University Press, 2001 pp.238–264.

② Pampel, Fred C. and John B. Williamson, *Welfare Spending In Advanced Industrial Democracies, 1950–1980,* American Journal of Sociology, 1998, pp.1424–1456.

③ 保罗·皮尔逊：《福利制度的新政治学》，商务印书馆 2004 年版，第 413—414 页。

试着打破路径依赖或者尝试着削减福利制度的力量具有强大的削减作用，也试图把可能会偏离福利制度的路径拉回到原有的轨道中来。人们已经从心理预期上依赖了福利并接受了福利不可逆的福利思想预期。以法国为例，在 1995 年左右，其福利支出占 GDP 比重高达 28.88%，在其中雇主则承担了福利支出的 50% 左右，保守主义福利制度之中的雇主是承担福利支出的中心载体。详见表 4-1。可以从列表中看到，在长达半个世纪的时间里，法国的雇员缴费为 6%，且在雇主和其他主体缴费增加的前提下，雇员的缴费比例一直维持在 6%。当 1995 年法国开始进入转型期而迫不得已进行福利改革时，遭遇了半个世纪以来最大的工人罢工。罢工持续一个月，以政府终止改革而结束。这种制度所展现出的强大黏合力，受到了行动者福利思想观念的巨大影响，在福利接受者的思想之中，福利是必不可少的且需要由他人（政府、社会或者雇主）为其买单。

表 4-1　法国养老保险、医疗保险制度雇主与雇员缴费比例

时间	医疗保险、养老保险缴费比例			家庭补贴	加总合计		
	雇主	雇员	合计	雇主	雇主	雇员	合计
1945.04	10%	6%	16%	12%	22%	6%	28%
1947.10	10%	6%	16%	13%	23%	6%	29%
1948.03	10%	6%	16%	14%	24%	6%	30%
1951.10	10%	6%	16%	16.75%	26.75%	6%	32.75%
1959.01	12.5%	6%	18.5%	14.25%	27.75%	6%	32.75%
1961.01	13.5%	6%	19.5%	14.25%	27.75%	6%	33.75%
1962.01	14.5%	6%	20.5%	13.5%	27.75%	6%	33.75%
1996.01	15%	6%	21%	13.5%	28.5%	6%	34.5%

资料来源：OECD 数据库。

虽然人们在整体上是不接受福利递减的，并且对此已经形成了一种根深蒂固的观念，但是在具体的福利制度之中，每种福利制度的福利思想观念也略有不同，这种差异往往与更深的制度和文化紧密相连。这种观念非

常重视秩序，但是秩序的实现，主要是通过道德约束来实现而不是通过国家行动。这些约束要素就是负反馈机制之中的拉力，当有越轨行为产生时，这些观念就会发挥作用。福利指导思想虽然在各个国家、各个发展阶段均有不同，但是相同的是福利制度黏性所具有的拉力作用。有任何试图削弱福利的力量出现，福利思想都会扮演着一种负反馈的机制，尝试削弱福利削减的张力，将福利制度转回到既有的轨道上来。

三、利益集团的"抱团取暖"

福利的发展是社会中不同权力集团之间冲突的结果。福利国家制度的社会关系是由资本主义经济的组织所塑造的，福利的提供则必然反映了权力的结构。福利制度服务于资本家的利益，而福利是劳资运动与资产阶级冲突所获得的让步，也可以说社会福利反映了社会发生的矛盾和权力斗争。试图进行政策改革的各方力量不仅需要与选民博弈，而且还要面对相关利益集团带来的阻力，其中最大的负反馈机制的阻力也来自项目受益人的利益集团，这种利益集团渗透在制度黏性之中，可以阻挡绝大多数强化或激进性改革的支持者，造成选举障碍。各利益集团相互间的竞争对福利支出也具有重要的影响，竞争越激烈往往就会导致福利支出也越多。由于欧洲的政治制度之中强调所谓的民主，所以不可能忽略选民力量，并且在选民之中还有庞大的、复杂的利益集团。利益集团具有规模效应，他们的制度否决票使得每个改革项目都需要"穿上"制度报酬递增的"新衣"，否则改革所遭遇制度黏性的负反馈机制将会彰显出格外的制度拉力，破坏改革进程。

在国别实践上，法国和意大利福利制度在 20 世纪 90 年代经历了制度的适应性转型，在转型期法国和意大利的养老金改革都经历了漫长的政策博弈。因为养老金各个行业尚未统一，所以法国至今都没有能够完成特殊养老金的碎片化改革。虽然法国每次新的领导人上台执政后都希望能够进行福利制度的改革，但每次都以失败告终，其中最主要的原因就是法国的福利制度相关者罢工意识强烈，工会集团力量比较强势。他们在与政府谈判的过程中几乎没有"失手"的经历，这也是为什么法国的福利制度改革步履维艰（至今仍然碎片化）的重要原因。据不完全统计，法国20世纪大概有1600次罢工，其中与福利制度改革的罢工次数起码有一半以上。在政策改革中，那些试图压缩更普遍的社会保护制度的改革将面临着利益集团群体的抵制，这些利益集团（参保人员、工会、公司及其所属的协会）动员起来，阻止了改革进程。

第三节　福利国家制度变迁路径依赖的演进动力机制

在布莱恩·阿瑟所论述的路径依赖演进机制中，将制度的路径依赖通过三种技术路径加以分析：一是福利制度报酬递增中的路径依赖；二是福利制度自我强化中的路径依赖；三是福利制度序列事件链中的路径依赖。

一、福利制度报酬递增中的路径依赖

有些情况会导致路径依赖，其关键就是报酬递增机制。它鼓励行为体聚焦于某个单一的选择，并且在起步之后继续沿着某个途径走下去。巨大的启动成本或者固定成本可能会使得对现有技术所亟须的投资产生递增报酬，从而刺激个体具有巨大的热情和心理预期维系某种路径。路径维系带来了大量的学习效应，福利国家制度之所以能够被福利国家所接受，就是通过学习效应而来的，通过学习效应带来了报酬递增的效果，并且这种报酬递增也通过学习后产生了协作效应。最后个体收益有作出正确行为选择的心理预期后，针对潜在的备选策略存在的缺陷时是具有适应性预期（adaptive expectation）的。此时，新的制度或者政策的实施又需要较大的

启动成本，伴随着大量的学习效应，导致协作效应和适应性预期。既往的制度路径就会产生强大的诱因，这些诱因是维系制度稳定性和持续发展的动力和源泉，借助其所遍布的社会网络、文化网络等各个系统要素向周边延伸，这种相互依赖的网络构成了巨大的报酬递增，从而使得路径依赖成为制度演化中的共同要素。

福利制度的报酬递增现象发生在福利国家制度这项新的制度出现以来，它对战后的秩序恢复和经济调解发挥了显著的积极作用，从而使资本主义国家获取的显性与隐性收益增加，引导其他国家纷纷加入福利国家制度建设中来，还产生了协作效应，并在此基础上通过历史变迁习得了心理上的适应性预期。福利制度的报酬递增机制与经济制度的报酬递增机制略有不同。其中经济制度追求的目标较为单一，即利润目标的最大化，然而福利制度的目标却较为复合，既有较高层次的满意度、幸福度等较为主观感受目标，又有较低层次的维持基本生活的可持续发展目标，在复合多元目标下，它的报酬递增机制就与经济制度的报酬递增机制产生了分歧。故而，在福利制度领域的报酬递增，既可以是高层次目标满足感的增加，也可以是低层次目标的基本维持。它们的相同点是，两者都符合报酬递增的发展规律。当制度变迁产生行动轨迹时，制度变迁具有方向性的（矢量），具体的变迁方向可以总结为如下两种：随着制度收益递增的，一种是良性的变迁轨迹；随着制度收益非递增时，则是另一种低效率的变迁方向，甚至循环到一种锁闭的无效率阶段。两种变迁的轨迹都会进入制度路径依赖的轨迹之中，只是前者更加积极，后者更加消极。积极的福利制度报酬递增阶段发生在福利国家制度遭遇危机之前，消极的福利制度报酬递增发生在福利国家遭遇危机之后。

第一，福利制度报酬递增顺利发生时的良性变迁轨迹。由于不同的制度赋予不同的经济和工业优势和劣势，因此福利国家通常选择利用其特定系统所赋予的特定优势来回应所遭遇的问题。从社会历史观角度看，每个社会都创建了一个紧密联系、相互依存的制度体系。而后，由这些系统作为一个整体运作，即使决定建立新制度或从不同系统复制现有制度，但最终结果还是仅仅发生了微小的变化，又抑或是发生新旧制度相互交织的现象。不同的制度会给福利国家带来不同的优势和劣势。例如，德国的保守主义福利制度赋予了德国制造公司的高技能、高薪劳工并以严格的劳动法保障，而美国自由主义福利制度赋予了美国制造商的低技能、低薪制造的劳动法保障。因此，当外部危机袭来时，不同的国家和福利制度会以非常不同的方式（社会政策）加以应对，而每种制度之中，实则蕴含着不同的发展制度理念的，这些制度理念镶嵌在不同国家的福利体制、福利体系、福利机制之中，对于福利国家殊途异路的形成起到了型塑作用。这是因为制度路径依赖的改革成本是最低的，遵循旧的发展道路是容易且不用花费过多精力的，相对于采用新制度和启动新政策所产生的一些新的制度成本和高额沉没成本而言，并且在此过程中伴随着大量的学习效应、协作效应和适应性预期，国家并不倾向于选择非路径依赖的道路的。

结合上述研究可以看到，无论是福利理念还是福利实践，在路径尚未被特殊的历史事件（历史关键节点）所打破的前提下，它们都是具有连续性的，即使被打破也是需要区分情况的。况且，迄今为止，福利制度尚未经历大规模的巨变，时至今日它也依然有效。在福利模式研究中，也具有明显的福利制度路径依赖的特点。这就说明，福利国家无论是福利制度、福利体制还是社会政策发展，都可以从中找到制度路径依赖的"轨迹"，而路径依赖则为福利国家的发展提供了强有力的制度支撑。

第二，福利制度报酬递增不能顺利发生时的变迁轨迹。报酬递增不能顺利发生时，会因为福利制度路径依赖的制度惯性，把制度发展变迁的方向带入一种无效率的阶段，相持阶段的福利制度发展阶段就是这样一种相应状态。制度报酬递增不能顺利发生时，并不是发生路径脱轨，它表现出的更多的其实是一种恶性循环。福利国家目前陷入的困境在经济学家看来就是一种低效率甚至是无效率的阶段。他们从心理预期上排斥高额的福利支出，却又无能为力扭转局面。但对于福利制度而言，并非完全是经济学所遵循的效率至上原则。福利制度在政策领域更多地贯穿于社会政策之中，在分配层面更多考虑的是第二次分配甚至有可能还包含第三次分配。故而在福利制度之中，依靠的是路径而非依赖（路径打破）超越先行制度的政策范式，后者是较难取得良好效果的。收益递增不能寻常发生时，也并不会影响制度路径依赖的发展方向，而是会形成效率低下的锁闭恶性循环。很多福利国家都有过尝试着突破现有的制度瓶颈去发展福利，甚至这种尝试至今也没有停止，但在福利制度尚未遇到可以打破福利制度均衡的关键节点之前，制度还是会沿着特定的轨迹而发展。每个社会都有其自身的一套完整的社会、政治、经济制度，这些制度会随着时间的推移而缓慢发展（制度叠加、制度代替或取消、制度合并、制度漂移等）①。

二、福利制度自我强化中的路径依赖

第一，自我增强序列。自我强化是路经依赖，方法通过序列中的第一选择会产生积极政策反馈的循环，从而说玥某些制度配置的弹性。例如，当决策者发现在决策时间点 T1 作出特定选择 X 是有益的，则决策者将倾向于继续选择 X，只要认为 X 是有帮助的，并且只要具有这样做的能力即可。在福利国家的发展之路中，具有殊途异路的选择和自我强化的发生

---

① 林闽钢、霍萱：《中国社会保障的制度变迁——以 1997、2008 年经济危机为关键节点的考察》，《武汉大学学报》（哲学社会科学版）2019 年第 6 期。

机制，如发生在政治体系的重构或市场重构的危急时刻。在这样的时期，随着参与者试图找到应对危机的方式，制度体系就会变得更加灵活，因此也就发展了一种特殊的制度体系。一旦危机过去了以后，这种积极的结果被正确或错误地归功于新的体制环境，并且一直持续到下一次危机发生。此外，由于任何制度设置都可以帮助特定群体保留或获取权利，因此这些制度将按照自我强化的逻辑，尽最大努力使这些制度保持平稳运行。同样，出于类似的原因将重点放在一个关键决策点上，产生了积极的政策反馈循环，实现了制度路径依赖的自我强化。制度分析在有关具体福利制度的全面假设中吸纳了各种具有一致性和完整性的因素，并认为当前的变化（发生的事情）是每个国家或社会所遵循道路的必然结果。福利国家在分配系统领域，由政府主导的二次分配自 20 世纪 60 年代福利国家改革以来不仅没有减弱，反倒加强了。可见，路径依赖是基于历史制度主义强调国家作用以及政府在国家社会关系中扮演的重要角色。政府的角色是在扩张的，国家的二次分配功能也是在扩张的，从而实现更有效的社会保障，福利国家的基本社会公平也由此得以确保。[1] 福利制度可以帮助福利体制特色鲜明地型塑其政策路径，而政策路径又在一定程度上强化、巩固了福利制度。以上是来自制度路径依赖的解释。

第二，逆向强化。逆向强化是路径非依赖，是否也支持上述考察结论呢？根据美国医改以及智利的改革路径来看，这种制度路径非依赖（路径打破）也存在于现实中。而从其违背制度发展规律、逆向打破制度依赖路径的结局中去看，福利制度被关键节点打破，制度也依然会带着之前的制度特征形成新的"间断—均衡"体系。依然不能否定的是，在新的制度中会带有一定的先前制度特质，但是这种间断性的打断似乎又可以区分为几种情况：其一，福利制度的间断发展在遇到不适合其制度特征的新政策

---

① 冉昊：《福利国家的危机与自我救赎》，北京大学出版社 2017 年版。

时，需要与福利制度本身有一定的磨合期，在磨合期间，新政策需要有一个调试的过程；其二，福利制度的间断被较大的历史事件所打断，如世界大战性质的战争，那么福利制度的断裂则需要一段时间恢复，而恢复常态后的福利制度则依然在发挥着其自身所带的特质；其三，经过被打断的制度，可能会衔接、适切新体制发展趋势的新特质，而新特质之中依然会夹杂着原有福利制度路径中的特征，形成一种新的自我强化的福利均衡。

　　第三，福利制度之中存在显著荆轮效应[1]。以福利国家制度的养老金政策改革为例，在现收现付养老金制度的福利国家中，现有领取养老金的老年人和正在服务的劳动者之间，出现了工作中的劳动者双层计费的问题。他们既要承担正在领取养老金老年人的一部分支出，又要承担支付自己未来养老金储蓄规划的一部分。这种代际支付的福利制度是很难改变的，从现收现付制度到基金制度的路径超越在路径依赖的作用下，形成了难以跨越的"代际联盟"[2]。一方面，老年人很擅长利用政治权利的投票规则，他们如果感受到福利削减，就会明显地提出反对。老年人之间与下一代人之间基于契约关系所形成的代际联盟，会选取对其领取养老金有利的福利方案和政党作为执政党；另一方面，代际联盟之间的劳动者，他们也不希望从现收现付制度中打破制度的稳定性，因为劳动者由于制度的路径依赖无法改变双层支付的现状，故而，他们也只有期盼等待退休的一天能够享受到既定的养老金待遇，去享受基于法律保障的养老金契约待遇。

---

[1]　经济学家杜森贝利提出的，是指人的消费习惯形成之后有不可逆性，即易于向上调整，而难于向下调整。尤其是在短期内消费是不可逆的，其习惯效应较大。这种习惯效应，使消费取决于相对收入，即相对于自己过去的高峰收入。消费者易于随收入的提高增加消费，但不易于收入降低而减少消费，以致产生有正截距的短期消费函数。在福利制度之中，也存在这种效应，福利是刚性的，福利的调整方便于向上调整，而不是向下，如果向下的话，则会遭遇社会运动和抵制。

[2]　参见刘骥：《阶级分化与代际分裂：欧洲福利国家养老金政治的比较分析》，北京大学出版社2008年版。本书中是指由于某种养老金的利益分配关系，形成了中生代和老一代之间的代际联盟合作关系。

按照上述论述，福利制度的路径依赖会被"技术锁定"① 在一定的路线内。福利制度模式的型塑则是"技术锁定"的重要单元，福利要素之间的差异和分化则"技术锁定"了福利制度的发展之路。在制度的作用下，社会政策发展路径想要在其他福利模式类型下行得通也很难，福利国家的福利制度在未遇到能够打破现有制度强大的力量之前，会一直在自我强化机制下按照既定的道路和轨迹发展下去。

三、福利制度序列事件链中的路径依赖

第一，时间顺序和因果关系的事件链。历史制度主义者最广泛地使用路径依赖的解释，福利国家历史的偶然性和偶然因素被整合为福利制度的动力，并被认为会导致相似或相异后果的路径，而这些后果又在经验上表现为制度的相似性和差异性。社会科学家把对路径依赖的另一种阐释放置在时间、事件的因果链条之中，属于序数效用论的洛桑学派。② 该解释试图通过事件的特定顺序来解释特定的结果。这些解释将路径依赖视为时间顺序和因果关系的事件链，其中序列中的每个事件既是对先前事件的反应，也是后续事件的原因。因此，在社会科学研究之中，尽管不完全遵循自然科学的逻辑，但反应性顺序的解释提出了一个非常强烈的主张，即事件的特定路径相互作用，从而导致特定的结果：（1）事件的进展取决于过去事件在定序和反应定序中的路径，事件在特定的链中彼此跟随（并相互

---

① 技术锁定（Lock in Effect），阿瑟（Arthur, W.B.）最先作出关于技术演变过程中路径依赖的开创性研究。阿瑟认为，新技术的采用往往具有收益递增的机制，先发展起来的技术通常可以凭借先占的优势，实现自我增强的良性循环，从而在竞争中胜过自己的对手。学者诺斯（North, D. C.）认为，在制度变迁中同样存在着收益递增和自我强化的机制，这种机制使制度变迁一旦走上了某一条路径，它的既定方向会在以后的发展中得到自我强化。

② 洛桑学派是数理经济学派的主流，他们运用数理方法于经济研究之中，强调社会经济诸因素之间的相互关联。产生于 19 世纪 70 年代。因其创始人里昂·瓦尔拉及主要代表人维尔弗里多·帕累托都是瑞士洛桑大学教授而得名。

依赖）；（2）每个事件都取决于进行此事件的事件，尽管在反应性排序中这要清楚得多，但在两种情况下都是如此，因为特定的事件序列会导致特定的结果；（3）最终结果取决于事件的整个链（即路径）。

第二，福利制度的序列事件链。不仅仅在理念上可以将福利制度研究一以贯之，而且在不同福利体制模式的福利国家实践上，依然遵循这样的规律。通过福利国家的实践考察则进一步验证了，不同制度模式类型的国家是遵从其各自的制度惯习来应对所面对的危机与挑战的，进一步证实了不同类型的国家遵循其各自福利制度的发展轨迹，沿着其福利制度的历史惯习发展前进。以 2008 年的英国为例，英国面临紧急危机，由于资源急剧减少的缘故，服务业重组面临着支离破碎的私有化困局，政策带来了真正的政治、经济的风险。因为服务供给失去了有价值的服务，投资减少无法恢复经济增长，同时也可能无法提供既定标准的服务。出于政治原因，对工作年龄较短、收入较低群体的福利实施最严厉的削减，其中对妇女和儿童的影响最为严重。福利紧缩也遭遇了不同行动者之间的力量博弈，而博弈的赢家则是最受大众欢迎的福利国家服务如医疗金、养老金和教育金，它们摆脱了最严厉的削减，但仍然面临着真正的压力，政府在以一种加深群众与较弱势群体之间分歧的方式来解决眼前的危机。长期的压力来自人口老龄化，在工资持续增长和其他因素导致的长期压力推动下，人口老龄化主要涉及医疗以及养老金领域的压力。随着时间的推移需要更多的资源来维持既有标准，由于公共服务受到更高的重视，额外支出的需求加剧了对工作年龄穷人利益的挤压。显然，英国政府已经决定通过削减而不是投资来应对危机，特别是对脆弱的低收入群体进行最严厉的削减，不平等和分裂的要素正在加剧发酵中。因此，也可以看出，自由主义福利体制具有天然的优势去依靠市场和加强不同制度主体之间的竞争以维持其制度模式道路。反观社会民主主义福利体制模式国家以及保守主义福利体制国家的实践依然符合其各自的福利特质，这种福利实践也不仅仅是福利体制模式所导致的，在更深处的制度力量则是导致模式型塑的本质。用殊途异路的事件链去解释就是，由于英国选择的是自由主义福利体制的福利制度，在遭遇经济危机的时刻，英国会根据其福利体制和福利制度特质去应对危机，自由主义福利体制惯用削减的手段，故而，英国的社会政策反应策略是以需求刺激和支出削减作为政策回应的。

第三，序列事件链的颠覆性排列。伴随着知识经济和信息时代的开启与发展，人类社会的财富积累也达到空前规模，似乎人类社会已经摆脱了贫困、疾病、失业、年老等工业化社会带来的各种社会问题。但是现实情况却恰恰相反，在实际生活中这些问题不但没有解决，而且还有加剧的趋势。那么，有没有不尊重路径依赖事件链规律，想要制度路径打破和超越制度路径依赖的事件链呢？这种探索在福利国家的实践中也比比皆是，但其结局也是令人担忧的。例如，在美国的社会保险中，国家不对工薪阶层提供医疗保险，而是由雇主和雇员承担责任，附加雇主通过向私有商业保险机构购买医疗保险来提供给员工补充商业保险，但这种医疗保险模式因为其具有的"高支出、低效率、欠公平"等问题长期困扰着民主党人。奥巴马政府 2010 年 3 月签署的医保法案也奠定了美国民众社会保障全覆盖的基础，实现了突破。这种突破可以被理解为福利制度在美国的"路径打破"或者是"路径超越"，但是美国政府的这一决定给美国的福利制度带来了不小的挑战。美国的医疗改革是举步维艰的，经过测算，按照奥巴马政府所签订的方式去实施医改，美国将会在 2035 年使得财政彻底破产。实行自由主义福利体制的美国，其医疗体系具有了典型和鲜明的自由主义特质，私有化、垄断化在所难免。在这样的一个前提下，医药定价在私有化和垄断化迷雾之中难以透明。不仅仅发达国家会有这样背道（制度）而驰的案例，同样的案例也出现在经济不那么发达的智利。独树一帜的智利社会保障模式，其养老保险私营化的模式在许多社会保障专家看来，属于逆潮流而上的失败的模式。福利制度在运行之中所产生的问题，按照既往的惯例，可以通过制度方向性的改革去解决。依此来看，另辟蹊径是不可取的，要重视在因果事件链中的反应顺序，因为福利制度一直都在，且一直在发挥重要作用。因此，历史制度主义者不是将人类选择福利制度视为受静态制度的约束，而是受历史本身约束和影响的选择。这是因为在任何特定的福利制度中，行为者的制度都是由过去构成的。沿着历史的道路分析，可以发现作出某些选择的原因以及作出的这些选择如何影响后续轮次的政策选择。

＊＊＊＊

本章主要关注的是福利国家制度路径依赖的功能性，分析其系统演进的动力机制。如果制度路径依赖本身就是带有方向性的循环，在制度路径依赖里的演进就是从 a 到 a+ 的演进机制，方向一致，循环但不重复。路径依赖是通过报酬递增机制进入轨道，通过自我强化机制和序列事件链来维持路径。在福利制度变迁过程之中，恰好有两种看不见的系统力量，这两种力量演进成为两种显著的制度变迁的动力机制，如果以两只"看不见的手"作为隐喻的话：一只"手"是具有正反馈功能的"制度刚性"，它对福利国家制度变迁发挥了有效的推力功能，当制度常规运行时，助力在路径依赖的轨迹上发挥正反馈机制；另一只"手"是具有负反馈功能的"制度黏性"，它对福利制度变迁发挥了有效的拉力功能，当制度非常规运行遇到阻力时，它可以起到削减阻力的功能，将福利国家制度重新拉回到制度运行的轨道上。这两只"看不见的手"共同发挥作用，为福利国家制度变迁所形成的路径依赖提供演进和变迁动力。

第 五 章

多元福利国家模式的危机应对路径
及其路径依赖分析

　　本章立足于对 2008 年福利国家遭遇金融危机的分析，试图找到福利国家不同制度模式应对危机的类型化反应策略。2008 年发生的金融危机对德国、英国和瑞典所产生的影响大致相似，也导致欧美所有国家的GDP 突然严重下降。2007 年，经过多年相对稳定的经济发展，这 3 个国家的实际国内生产总值增长率约为 2%，而到 2009 年平均下降约 5% 至6%。同时，失业率也表现出类似的趋势，各国失业率在 2006 年第一季度之前都有所不同，但在 2008 年第一季度和第二季度则表现出较为一致的趋势。2008 年第三季度，所有国家的失业率都在上升，一直持续到 2009年第三季度。① 其中，特殊情况是德国，德国的失业率没有出现显著的上升。这可以归因于其反应性政策所起的作用，其反应政策的目标就是让人们维持工作，体现其制度的惯习和优越性。尽管存在一些偏差，但显然所有国家都面临着危机以及需求急剧下降和大规模裁员等问题。根据类型学的划分，我们将按照福利国家制度模式的类型加以分析，以此来考察不同模式类型在应对危机时社会政策反应中的路径选择，通过各国应对 2008年金融危机的反应政策的比较分析，研究发现它们不仅在反应策略存在差异，而且还存在制度主义路径依赖的显著倾向。

---

① 　Greve B, *The times they are changing? crisis and the welfare state*, Wiley-Blackwell, 2012.

第一节　德国模式：保守主义福利制度模式的危机应对路径

作为世界上最早进行社会保险立法的国家，德国的社会保障模式被称为俾斯麦社会保险模式，强调福利与义务之间的捆绑，类似于蒂特马斯所谓的"工业—成就"型模式，该模式对世界范围的各种类型福利国家都起到了积极的示范作用。

一、德国模式特点

第一，通过保险计划维持和巩固社会阶层。与瑞典的社会民主主义福利制度的普遍主义不同，保守主义福利国家的社会保护权与就业紧密联系在一起。它根植于保守的民族主义传统和社区社团主义（例如熟练的手工业协会、行业协会）。公共的社会保险旨在保护工人免受市场风险，并保持阶级和职业地位的差异。该模式基于用人单位与工会之间就劳动力安排达成的劳动力市场协议，以涵盖失业、疾病和养老金领域的福利，而劳动力市场之外的人则需依赖当地的公共或私人慈善机构。在战后的大部分时间里，高工资、高生产率的经济体会支持供给，正是基于这样的假设，全球竞争和失业加剧了减少税收和非工资劳动成本的压力。较高的失业率也意味着更多的人已经脱离了与就业挂钩的福利计划。通常，以德国为典型的保守主义福利国家提供覆盖全国的、以就业为基础的社会保险计划，这些计划覆盖了大部分劳动力，还为特定行业的工人提供了一系列单独的保险计划。从保守主义传统来看，公共部门的工作人员（公职人员）享有特权，这些特定的保险计划可以维持其特权和巩固其社会阶层。社会保险的覆盖面和需求的改善是广泛的，尚未建立就业记录的社会群体（例如，单身女性母亲）通常也会获得低保或安全网。除此以外，保守主义福利国家还提供相对慷慨的福利。受社会基督教的影响，保守的福利国家已经在"家庭工资"（即允许工人实质性支持家庭单位的就业和社会保险收入）的基础上发展了起来。相对较高的福利上限（以及福利与工作生活水平的共同联系）也促进了中高收入工人的收入保障（并消除了对私人保险的需求）。替代率约为净收入的40%至85%，但对于有受扶养人的已婚工人而言，替代率通常更高。社会保险计划反映了保守主义的传统和福利国家的职业基础，将国家行政指导与分散的行政结构结合起来，有效地融合了工商业者和劳工以及非营利组织。保守主义福利国家还以现金收入转移使用不当以及公共资助和提供的社会服务水平较低为特征。卫生保健主要由政府资助，但与社会民主主义模式福利国家不同，后者由准公共和私人行为者提供。通常，基督教在限制大型公共社会服务部门的发展方面发挥了重要作用。在保守主义福利国家，基督教思想的两个社会原则扮演着重要作用：首先，辅助原则强调通过家庭、教会和自愿慈善组织提供私人社会服务的优先性；其次，基督教徒制订计划，吸引了一大批妇女加入劳动力大军。

第二，通过协调的劳动力市场政策追求一种劳资关系的和睦。保守的福利国家在协调的市场结构中得以发展，这些经济体在两种意义上是协调的：首先，它们至少表现出适度的劳动和劳资关系系统的集中化水平；其次，经济是由企业在工业部门内对基本活动的高度协调构成的。在州法律法规框架的支持下，商业贸易协会、行业金融公司和其他合作组织通常会协调研发活动、出口营销策略、进行职业培训、制定生产标准以及在竞争和定价方面形成一个网络。作为世界上最早进行社会保险立法的国家，德国的社会保障模式被称为"投保资助型"模式。这种模式强调了公民参与社会保障的强制性，并且定期缴纳社会保险费从而享有申请保险待遇的权利。国家在福利制度中发挥积极作用，通过不断优化制度环境、完善治理体系，促使劳资关系融洽和睦。社会保险、社会赡养、社会救助和社会补贴是德国主要的社会保障制度，社会保险中的失业保险、养老保险、事故保险和医疗保险是德国社会保障体系的四大支柱，德国是典型的工业—成就福利国家模式，并且家庭对福利保障的作用也发挥了一定的作用。

二、刺激与稳定就业，维持劳动力市场的稳定

第一，积极实施以男性为主导的劳动力市场维持计划。面对危机，德国的反应政策可以被解释为旨在通过积极的财税经济政策、社会政策进行国家干预，保持劳动力市场内部人员的技能，并为公司提供技能维护。通过利用国家补贴大规模短期失业来应对危机，确保了内部人员、技术工人留在他们的工作岗位上。维持就业和保持公司或部门特定技能在德国等社团主义国家中发挥着至关重要的作用，这样就保持了其在全球市场上的竞争优势。同时，德国为老年雇员实施分阶段提前退休计划，该计划旨在为新人提供空间，而无须内部人员承担任何费用。此外，实施的减税措施通常是保守的，因为削减社会政策支出（削减主要存在于医疗保险和社会福利捐款中）为雇主和已经就业的人提供了救济，他们是劳动力市场的内部人员。通过提供主要针对在职职工的培训，积极的应对危机计划也有利于劳动力市场维持其内部市场的稳定。①② 因此，危机期间的失业主要是发生在边缘性的就业群体中，特别是临时劳动力市场领域。德国的计划主要针对男性主导的部门，而没有制定国家计划来防止女性就业率下降。

第二，稳定就业的刺激计划。激活成为德国就业政策的一个基本要

① European Industrial Relations Observatory（EIRO），New Allowances for Short-Term Work in Bid to Offset Economic Crisis, 15 June 2009, EIRO.

② European Industrial Relations Observatory（EIRO），New collective agreement in metalworking sector, 15 June 2009, EIRO.

素，①② 此外，德国通过实施家庭政策来刺激女性就业，从而摆脱了男性养家模式。③ 尽管德国早期的经济发展态势良好，但由于依赖出口，受到全球需求下滑的严重影响。从 2008 年 9 月起，基督教联盟（CDU／CSU）和自由党（FDP）的中右翼内阁转向积极的应对战略。最重要的政策是2008 年 10 月实施的，其中包括减少税收负担，稳定社会保险缴款和投资家庭措施的一揽子计划以及两项经济刺激计划。第一个刺激计划是通过经济发展以保障就业，政府投资 310 亿欧元刺激了经济。其主要目标是支持金融部门的可行性，但它也包括凯恩斯主义对长期公共产品的投资和对制造业的支持。第二个刺激计划，即"德国就业与稳定协定"，约为 500 亿欧元，用于减轻税收负担，恢复消费者需求和刺激投资。④ 由此可见，德国的主导性恢复计划包含了保守主义特质。在家庭关系中依然强调男性主导的劳动力市场关系，维持了既定的社会等级与社会地位，并在制度惯性作用下依靠职业与阶层的政策计划以维持国家与社会的合作，女性往往在男性主导的市场条件下处于家庭照顾者角色。

三、短期工作保障，职业维持政策

德国在失业措施方面的主要战略是通过积极的国家干预来保持内部人员的工作，以维持他们的职业技能，并且采取了一些措施来实现这一战略。

---

① Seeleib-Kaiser, M. and Fleckenstein, T, *Discourse, learning and welfare state change: the case of German labour market reforms,* Social Policy & Administration, 2007, 41, pp.427–48.

② Seeleib-Kaiser, M. and Fleckenstein, T, *Discourse, learning and welfare state change: the case of German labour market reforms,* Social Policy & Administration, 2007, 41, pp.427–48.

③ Lewis, J., Knijn, T., Martin, C. and Ostner, I, *Patterns of development in work family reconciliation policies for parents in France, Germany, the Netherlands, and the UK in the 2000s,* Social Politics, 2008, 15, 3, pp.261–86.

④ Greve B, *The times they are changing? crisis and the welfare state,* Wiley-Blackwell, 2012.

　　第一，短期工作保障计划，维持男性主导的制造业的就业机会。现有的关于短期失业的三方协议计划得到延长和修改。[①] 该协议规定，如果订单暂时短缺，雇主可以通过减少员工的工作时间和工资来降低劳动力成本。其中降低的工资由政府部分填补以保证失业救济金的领取，因此工人的工资没有显著减少。这项措施使雇主能够维持其训练有素和技术熟练工人的工作，同时作为回报，雇员的工作得到了保障，有时甚至还得到了额外的培训。短期工作津贴包括无子女雇员 60% 的替代率和有子女的 67% 的替代率。在 2008 年经济危机之前，短期工作津贴是作为失业救济金计划的一部分由社会保障缴款支付的，然而，作为危机措施的一部分，工作津贴是从一般税收中支付的。此外，计划时期从 6 个月暂时延长至 24 个月，直至 2009 年。[②③④⑤]2009 年，超过 3% 的员工参加了短期工作计划。这种广泛使用的短期补贴计划是德国整体失业率没有像欧洲其他国家那样显著上升的主要原因，特别是在 GDP 增长所显示的需求总体下降的情况下，依然奏效。该措施对保留男性主导制造业的就业机会方面大有裨益。[⑥]

　　第二，为内部人员提供救济的第二项措施是延长分阶段的老年雇员退休计划。该计划旨在促进 55 岁以上的员工逐步过渡到国家补贴的退休生

① International Labour Organization (ILO), *Protecting People, Promoting Jobs,* Geneva: ILO, 2009.

② European Industrial Relations Observatory (EIRO), New Allowances for Short-Term Work in Bid to Offset Economic Crisis, 15 June 2009, EIRO.

③ European Industrial Relations Observatory (EIRO), New collective agreement in metalworking sector, 15 June 2009, EIRO.

④ European Industrial Relations Observatory (EIRO), New agreement after brief bargaining round in retail sector, 10 August 2009, EIRO.

⑤ European Industrial Relations Observatory (EIRO), Working time accounts and short-time work used to maintain employment, 23 December 2009, EIRO.

⑥ Eichhorst, W., Feil, M. and Marx, P, "*Crisis, what crisis? Patterns of adaptation in European labor markets,*" IZA Discussion Paper, 2010, No. 5045.

产岗位，以产生新的工作职位。当一名 55 岁以上的员工将其工作时间缩短一半时，雇主将减薪，支付员工 70% 的工资并为养老金计划作出贡献，额外费用由联邦政府承担。①

第三，德国通过大幅度降低失业保险费（从 2010 年 12 月 1 日的 6.5% 降至 2.8%，之后降至 3%）和健康保险缴款（从 2009 年 7 月开始，15.5% 降至 14.9%），减轻了雇主和雇员的负担。德国还就若干补充政策达成了一致意见。为了刺激激活，第二个刺激计划包括在职培训和从工作到岗位的社会投资。此外，低薪阶层的税率从 15% 降至 14%，个人免税额从 2009 年起增加到 7834 欧元，以减少失业陷阱。最后，它采用了一系列家庭政策作为整体计划的一部分。例如，普及儿童福利和免税政策，儿童津贴提高了 4.3%，② 父母获得了 100 欧元儿童奖金。总体而言，德国的社会政策回应策略彰显了显著的保守主义模式的特征，因为其战略具有维持劳动力市场传统地位关系的底层逻辑。

第二节　英国模式：自由主义福利制度模式的危机应对路径

英国政府在对经济危机的反应方面处于领先地位，所推行的政策旨在超越现有决策的重大削减计划，涉及重大的经济、政治和实际风险。削减的几乎所有都是与主要政府活动领域彻底重组相结合的政策，这样做的目的旨在改变服务的交付方式，并确保在未来的福利供给模式中永久性地实施削减。对于英国福利国家而言，重组的内容包括：一是大型国家服务的

---

① European Industrial Relations Observatory（EIRO），Young workers to substitute for older employees, 16 September 2009, EIRO.

② Greve B, *The times they are changing? crisis and the welfare state,* Wiley-Blackwell, 2012.

分解，以便责任从中央政府转移到地方政府或非国家主要商业提供者，使得群体和地区之间提供更多的多样性服务，包括那些仍然属于国家的服务，并更加重视激励措施的使用以动员人们从事有偿工作；二是实施改革计划，包括同时重组医疗服务（2012 年 NHS 和社会关怀法）、地方政府（2011 年地方主义法）、工作年龄（2012 年福利改革法案）、就业服务、高等教育、社会住房、养老金和公共行政，以此希冀能够在众多遭遇危机的西方福利国家的恢复方案中脱颖而出。英国仍然可以被描述为国家社会保护程度相对较低的残余型模式福利国家，其危机应对也具有典型的自由主义福利制度路径依赖的特征。

一、英国模式特点

英国作为传统的福利国家在欧洲是极具代表性的，英国社会保险支付主要是通过税收来实现的。其福利主要由公共组织通过固定费率低的社会保险进行资助，同时搭配私人慈善所构成。社会保险特点是从中等到低等都具有的固定费率。自由主义福利模式国家的福利是需要经过广泛的经济状况调查而获取的，私人的社会保险和政府相对较少的公共承诺所提供的社会服务发挥着重要作用。福利系统既包含高质量的和相对便宜的大众医疗保健、适度水平的养老金、教育，又涵盖了相对广泛（但成本高昂）的住房以及对这些低收入、技能有限或因其他原因而易受影响的弱势群体的保护。跨度介于满足大众人口（医疗保健、教育和养老金）共同需求的普遍服务与针对贫困少数群体（失业、病残和残疾人、单身父母）的普遍服务之间。对低薪工作享受福利权利的家庭，往往通过严格的家计调查和规制加以监管。英国从贝弗里奇开始转变为一个以选择模式为特征的"残余福利国家"，在福利供给上，优先市场化，国家福利才是最后的选择。英国也已转向以扩大低薪服务工作和放松管制为基础的快速增长模式，从而导致不平等现象加剧。这是英国的福利制度所设定的，在制度设计上，自由主义福利模式就是通过用效率来换取公平性的，所以不平等现象加剧也是其制度应有之义，但是公平不应该是无限度被替代的，保留有最基本的社会公平是福利国家的底线。

2007年开始出现的金融危机引发经济衰退，直到2008年，金融危机失控，并蔓延到其他经济领域，形成经济危机之后，美国、加拿大、日本、英国、法国、德国和意大利 GDP 的持续下降，显示了经济衰退的态势。除英国外，所有国家已恢复到2007年的产量水平。经济衰退导致的一个影响是大多数人的实际生活水平下降，因为工资未能跟上价格上涨的步伐，对于中等收入的人来说，2009年至2013年间的工资水平约为7%。就福利国家而言，欧盟国家在2010年的反应是从根本上削减国家支出，尽管英国支出已经达到七国集团的平均水平，但是仍然远低于其他欧洲主要国家或欧盟平均水平。在21世纪初，数据显示社会支出已经大幅下降，并且根据目前的计划，即使经济复苏它也将会继续下降，同时大多数国家更倾向于稳定接近或略高于衰退前的国家支出水平。在英国，福利支出进一步低于欧洲支出水平，在2014—2015年降至七国集团之下，在2016—2017年降至美国同等的水平。相比之下美国是以市场为中心，所以它只占用了较少比例的国家资源用以提供公共服务，而英国选取的则是参数改革和结构改革计划相结合的发展战略。

二、削减福利待遇，减少福利依赖

第一，福利待遇参数的削减。2010年，上任后的卡梅伦首相主张进一步缩减福利以缓解压力。规定了家庭最高领取福利的配额，如果是单身群体的话，不得高于家庭的70%。欧债危机之前，英国社会救助制度的领取水平是随着物价上涨指数而增加的，危机来临以后，政府规定不再随物价上涨指数而增加，且涨幅不得超过1%。2010年以来英国政府不断在削减公共支出中大做文章，政府想借此来缓解压力。2010年公共服务中被削减的 1050 亿英镑中的约 18%，涉及贫困人口福利、住房福利、失业和家庭福利以及残疾人预算的。2012 年，削减福利的目标被提高到 22%。但是相比之下，政府选择保护大规模福利国家服务（健康、教育和养老金），这些服务占国家支出的 60% 左右。①

第二，福利结构的私有化、市场化改革。20 世纪福利国家危机发生后，新自由主义政策主张盛行，包括自由放任、减少政府活动、依赖市场和市场化以及创造商品和市场机制，发展和鼓励市场化福利政策，将政府管理的活动私有化的一系列主张。例如银行、能源、运输和社会关怀市场，以社会政策学习的名义由世界银行和国际货币基金组织引入其他国家。机构改革也包括银行、贸易和公共部门的变革。促进市场发展的政策，包括私有化、自由化，终止补贴以及使用价格激励措施来优化公共政策。自由化和放松管制可能导致新的垄断，造成对穷人和调整过程中对其他伤亡人员提供的保护不足，这些政策被视为取代结构调整的外部强加政策。其关键点在于，以国家为主导的减贫战略，尽管有时并不完美，但也已经将平衡转移到了建立关键政策和优先事项的国家。虽然福利改革不断地调试，但探索改革的"新出路"却不断地型塑着自由主义的发展模式与前进道路。②

三、社会政策自由化，政府干预最小化

社会政策领域，透过 2008 年经济危机，我们观察到了政府最低限度的干预和社会政策削减计划，并且在福利程度已经相对很低的情况下，仍实施进一步的自由放任和削减计划。

第一，自由放任的失业政策。虽然英国政府是金融业危机的积极管理

---

① Taylor-Gooby P, *The Double Crisis of the Welfare State,* Ssrn Electronic Journal, 2013.

② Taylor-Gooby P, *The Double Crisis of the Welfare State,* Ssrn Electronic Journal, 2013.

者，但它在社会和失业危机政策中选择了一种高度自由放任的策略，它甚至不愿意改善其支持性失业政策。① 英国政府所采取的反应措施都是以需求为导向的劳动力市场措施来刺激、激活市场。最重要的是，自 2009 年 1 月起，雇主在招聘失业时间超过 6 个月的人后可获得 2500 英镑的补贴。除了高收入群体之外，通过所得税减免来鼓励激活市场，同时政府也为重新开始工作的失业者提供资金。二是增加培训机会。2009 年，政府在"培训就业中心""培训计划"和"本地就业合作伙伴关系"等计划中投入了 30 亿英镑。此外，它还为私人提供学徒制培训计划，并试图向失业人员提供更多的培训机会。② 三是最低限度的参与。在劳动力市场计划方面也观察到最低限度的政府参与，中高收入人群的最高法定裁员薪酬略有增加，为 60 岁及以上的养老金领取者以及有子女的家庭额外发放 22 英镑补贴，同时也增加了临时儿童津贴。

第二，依赖市场体系和需求驱动的政策。一方面，积极的劳动力市场政策有所增加，积极的劳动力市场政策用以刺激其工人就业能力的发挥。③ 此外，国家在制定新的家庭政策和增加用于这些政策的公共投资数量方面发挥了积极作用。④ 补救措施重点放在了税收减免和刺激需求两方面。英国是首批受全球危机严重打击的欧洲国家之一，⑤ 实施了一系列

① Taylor-Gooby P, *The Double Crisis of the Welfare State,* Ssrn Electronic Journal, 2013.

② European Industrial Relations Observatory（EIRO），Unemployment hits young and older workers the hardest, 05 January 2009, EIRO.

③ Dingeldey, I, *Between workfare and enablement: the different paths to transformation of the welfare state: a comparative analysis of activating labour market policies, European Journal of Political Research,* 2007, 46, 6, pp.23–51.

④ Lewis, J., Knijn, T., Martin, C. and Ostner, I, *Patterns of development in work/family reconciliation policies for parents in France, Germany, the Netherlands, and the UK in the 2000s,* Social Politics, 2008, 15, 3, pp.261–286.

⑤ Hodson, D. and Mabbett, D, *UK economic policy and the global financial crisis: paradigm lost?Journal of Common Market Studies,* 2009, 47, 5, pp.41–61.

的额外政策，如购买银行股票为应对金融危机对实体经济造成的负面影响。2009 年预算报告中许多措施都旨在刺激经济，包括对基础设施的投资，对制造业和严重受影响的住房市场的支持以及对企业或消费者的临时税收减免，其中最重要的措施是将消费增值税（VAT）暂时从 15% 降至13.5%。[①] 政府采取这种自由放任的需求刺激做法，引发了社团主义者的参与。社团主义者签署了关于减少工作时间和相应工资以保存工作的集体协议。[②]2009 年，薪酬结算中位数降低 1%。此外，受影响最严重的部门已经削减了职业养老金。[③] 英国社会的失业被动政策战略可以通过以下几方面来观察，如被动地依赖市场力量、低度的政府干预和有针对性的剩余社会政策。因为英国政府不愿意改善其低支持性失业政策，所以导致公司层面只能制定出减少工时、削减工资和大规模裁员的计划。政府所实施的唯一被动的劳动力市场计划，都只能够适度增加中高收入者的法定裁员薪酬，以及获得仅针对养老金领取者和有子女家庭的边际性奖金。

第三，养老金制度的市场化改革取向。英国福利国家制度在这一阶段实现了制度叠加，从原有的自愿型养老金制度发展到强制性的养老金制度，通过立法改革增加了养老金的覆盖面，并且叠加了第二支柱和第三支柱养老金，形成了养老金制度体系。第一支柱保留了原有的养老金制度，第二支柱增加了个人养老责任，并且鼓励养老对象增加个人储蓄，向着市场化的改革方向发展。同时，进一步增加了英国延迟退休的时长以抵御现时的危机。另外，在医疗保险制度领域设立了医疗服务委员会，引入了私营机构参与福利供给服务。这种私营化的改革取向也是循着自由主义福利

---

① Clegg, D, *Labour market policy in the crisis: the UK in comparative perspective,* Journal of Poverty and Social Justice, 2010, 18, 1, pp.5–17.

② European Industrial Relations Observatory（EIRO），Surveys highlight impact of recession on pay, 13 July 2009, EIRO.

③ European Industrial Relations Observatory（EIRO），Trade unions mobilise against pay and pension cuts, 5 October 2009, EIRO.

制度模式的路径而来，具有明显的路径依赖特色。

综上所述，几乎所有英国政府实施的政策都可以被描述为需求刺激，这种市场体系依赖和需求驱动的政策，以及其残余型的福利国家方法，可以被视为典型的自由主义模式应对危机的破解之道，反映了路径依赖的惯习模式。

第三节　瑞典模式：社会民主主义福利制度模式的危机应对路径

北欧福利国家型也可称为斯堪的纳维亚模式，其高福利的社会保障为公民提供了"从摇篮到坟墓"的一切福利。其特点是具有全面、普遍和平等的收入维持计划，以及相对较高水平的、公共提供的普遍社会服务。传统上，北欧福利国家以一般性重新分配税收和强有力的工作导向（即在计划结构和经济政策方面）为支持，并在先进的市场导向型国家中产生了最高水平的收入和性别平等的福利国家。本节以瑞典为例予以分析。

一、瑞典模式特点

瑞典是典型的社会民主主义福利国家模式。瑞典通常是全面保护的，保护其公民免受一系列社会经济风险，并且几乎普遍覆盖处于危险之中的人口（例如老年人、残疾人、病人）。它还以相对慷慨的支持提供了全面而普遍的保障，涵盖了基本保障（即基本福利的最低水平相对较高）和收入保护（即与收入相关的福利替代率相对较高）。此外，国家财政和相对综合的社会保护方案的国家福利已成为常态，准私营和国家监管的职业福利计划相对较小。瑞典拥有较为全面的收入维持计划以及对工作有着高度重视的态度。积极的劳动力市场政策为培训、安置、重新安置和相关的就业服务提供了相对较大的预算，并且在收入维持体系中嵌入了相对较强的工作激励措施（例如，对失业救济金期限的限制）。瑞典在社会服务方面也很不同，与保守主义福利体制模式不同的是，政府为老年人、残疾人家庭、儿童和弱势群体提供广泛的社会服务。斯堪的纳维亚福利国家最鲜明的特征是政府在社会服务（包括就业服务）上的支出增加，以及高就业率，特别是妇女在卫生、教育和福利部门的高就业率。在这种情况下，社会政策倾向于强调相对平等地对待男女作为多数人。瑞典的社会保障程度覆盖面和涉及领域众多，是通过税收进行再分配的福利典范。社会民主主义福利制度模式在资本、工会和国家之间存在高度的普遍性和一致性，而且还提供了积极的就业政策以及合理化的技术变革战略。其中社会保障的水平高，而且强调均等化，社会保障基金主要由国家和企业来承担，依靠高额的个人所得税来维持这种高福利支出的财政需要。[①] 在2008年全球金融风暴中，瑞典模式深受影响，工人阶级的购买力和商品与服务的价格之间出现了较大的差距、信贷工具也带来了经济膨胀问题、实体经济相继萎缩严重、债务短时间内急剧攀升、就业低迷。危机伊始，瑞典推行就业激励计划，雇用长期失业人员，并给予就业税减半的激励政策。在2008年12月宣布的危机一揽子计划中，政府专注于推进就业，实施劳动力市场刺激与激活的混合方案，为金融危机期间的劳动者提供了较为充分的收入保障。

二、积极的政府干预，激活劳动力市场

第一，政府实施积极的就业激励政策。增加就业的激励措施使雇用长期失业人员的就业税减半。

第二，政府干预行动响应及时。从北欧福利国家模式变迁历程看，北欧模式惯常以激活化等手段来进行福利改苴，以福利削减、激活劳动力、

---

① 谢冰：《社会保障概论》，武汉大学出版社 2011 年版，第 121 页。

充分就业等积极的方式促进福利国家的改革进程。最初是在经济金融领域
上进行调整，支持金融部门和实体经济的发展，社会政策领域的应对政策
则尾随其后，最后在教育、基础设施和研发方面也得到了相应支持。

第三，工作优先的失业救济政策。与其他国家案例相比，瑞典在采用
失业救济政策方面也相对积极。其战略包括努力争取充分就业，同时提供
收入保障和缓解临时失业策略，瑞典政府通过降低工资税和提供失业保险
金为雇主和雇员提供救济和就业奖励。

三、慷慨的社会政策，保障就业收入

第一，慷慨的社会政策，降低养老金领取者的税收。除了激活、激励
措施外，政府还试图通过扩大已经相当慷慨的劳动力市场计划来缓解临时
失业。通过缩短资格期限和完全取消工作经历要求，放宽了领取失业救济
金的条件。通过税收优惠的变化为劳动者提供了收入保障，减少了在职税
收，同时提高了所得税减免额度，还提高了州所得税的下限，以增加个人
免税额。此外，进一步降低基于收入的边际养老金领取者的税收，该举措
对瑞典养老金领取者的波及范围达到了 90%。[1][2]

第二，保障就业收入，避免裁员。虽然瑞典积极促进就业，同时为个
人提供收入保障，但它并没有像保守主义模式代表国家德国那样直接干预
劳动力市场关系以保护就业和工资。关于瑞典就业和就业条件的谈判是双
边的，而且往往是部门性的。在社团主义者之间的这些谈判中，已经在
2008 年和 2009 年达成了历史性协议。具体而言，虽然没有正式提供全面
的临时裁员作为雇主的管理调解工具，但社团主义者已就许多部门的临时
解雇达成协议，以避免大规模裁员。例如，2009 年在制造业达成了一项

---

[1]　Swedish Ministry of Finance, *Government Guarantees to Banks and other Ordinance*, Stock-holm: Ministry of Finance, 2008.

[2]　Ministry of Finance, *Swedish Ministry of Finance*（*2009*）*Budget Bill*, 2010.

协议，即在订单减少的情况下可以削减工资和工作时间，以换取没有或更少的裁员，有时还增加了员工的培训机会。此外，还在地方就削减假期津贴、奖金和工资冻结等方面达成了协议。①

综上所述，瑞典为了激活劳动力市场，通过削减收入和就业税，以此来保持劳动力市场中的劳动力，在维持市场活力的同时也增加了市场的活跃度。再加上收入保障的提供。为社会提供了较高水平的福利制度，此外，它还扩大了慷慨的公共收入保护计划和普遍的社会政策，使得瑞典的福利处于较高水平。虽然瑞典政府非常积极地提供收入保障计划和刺激措施，但它并没有像德国政府那样直接保护员工的工作和薪水，因为其通过双边部门的协议，所以会经常发生裁员、工作时间削减和工资削减的情况。瑞典提供慷慨的全民收入保护和通过公共部门提供就业的同时，注重激活的这种方法，可以被理解为是典型的社会民主主义模式的危机应对方法。故而，社会民主主义福利模式在社会政策激活方面所作出的努力正符合波兰尼所谓的"双向运动"。虽然在福利国家遭遇危机的大环境下，各个国家都在积极地探索削减和延迟退休等办法，用以激活并维持既有的制度模式，但在均为削减、激活的同时又展现出对原有福利制度模式颇为明显的强化。

第四节　三种不同福利制度危机应对策略及其路径依赖分析

通过对不同福利模式类型国家的危机反应政策进行比较，得到的比较结果表明，德国、英国和瑞典的反应策略不仅存在显著差异，而且还存在

---

① Greve, *The times they are changing? crisis and the welfare state,* Wiley-Blackwell, 2012.

制度主义的路径依赖特征。

一、类型化视角下的危机反应策略

2008 年的这场席卷全球的金融危机，其波及范围之广、破坏性之大都达到了较为空前的状态。2009 年前后，全球金融危机期间各福利国家纷纷出台政策以应对危机。福利国家在应对经济危机的政策上，往往具有较大的差异性。虽然面对的是共同的危机，但是所采取的却是异质化的危机应对政策（简称危机应对，下文同）。

一是德国的危机反应策略。德国的反应政策可以被解释为旨在通过积极的国家干预、维持劳动力市场内部人员的技能现状、为公司提供技能保持政策，来应对经济危机所产生的影响。这是通过利用国家补贴的大规模短期失业来实现的，并确保了内部人员、技术工人留在他们特定的工作岗位上。劳动者就业和公司或部门特定技能维持措施在德国等社团主义国家中发挥着至关重要的作用，保持了其在全球市场上的竞争优势。德国还为老年雇员实施了由国家补贴的分阶段提前退休计划，该计划旨在为新人提供工作空间，而无须内部人员承担任何费用。此外，实施的减税措施通常是保守的，因为削减支出（主要存在于医疗保险和社会福利捐款）为劳动力市场的内部人员、雇主和已经就业的人提供救济。通过对既有工作职工提供培训，积极的危机劳动力市场计划也有利于内部市场的维护。因此，人们已经注意到危机期间的失业主要是在就业群体的边缘人，特别是临时劳动力群体。此外，"一揽子"计划主要针对男性主导的部门，但没有制定国家计划来防止女性就业率的下降。总体而言，德国的社会和失业率反应政策策略显示出保守的特征，因为其战略具有维持劳动力市场传统地位关系的深刻倾向。①

---

① Greve B, *The times they are changing? crisis and the welfare state*, Wiley-Blackwell, 2012.

　　二是英国的危机反应策略。英国的失业政策战略可以通过被动地依赖市场力量、低度的政府干预和有针对性的残余型社会政策来概括。英国政府不愿意改善其低支持性失业政策，导致公司层面参与制定减少工时和工资的协议，最终是以大规模裁员的方式结束。其所实施的唯一的被动劳动力市场计划，也就只有适度增加中高收入者的法定裁员薪酬，以及针对养老金领取者和有子女家庭的奖金。英国政府所能干预的福利政策范围十分有限。几乎所有英国政府实施的政策都可以被描述为需求刺激，例如雇主对新雇员的刺激以及增值税减少对消费者的刺激。这种市场体系依赖和需求驱动的政策，以及其残余型的福利国家社会政策策略，可以被视为典型的自由主义策略工具，这充分反映了其对过去制度的路径沿袭。

　　三是瑞典的危机反应策略。瑞典的反应就是强调激活，再加上收入保障计划。瑞典通过削减收入和就业税，积极为公共部门的临时工作创造场所，以保持熟练的劳动力，从而刺激了劳动力市场的活跃。由于瑞典使用的双边部门协议，所以经常发生裁员、工作时间削减和工资削减的情况。瑞典提供慷慨的全民收入保护、公共部门就业，同时注重激活的这种普遍型福利制度方法可以被理解为典型的社会民主主义方法。

二、危机反应策略中的自我强化机制分析

　　通过对德国（保守主义模式类型）、英国（自由主义模式类型）和瑞典（社会民主主义模式类型）三个福利国家的反应性政策战略分析可以看出，各国基本都习惯遵循历史制度来采取反应举措，一般不会使用、也轻易不会尝试使用其尚未使用过的福利政策组合。但各国福利制度各有千秋，拨开福利制度类型的面纱可管中窥豹。三种危机的反应策略，无论从思路还是改革侧重点上都各具其显著性特征。德国、英国和瑞典作为三种典型的福利国家制度代表，对其危机反应性政策战略进行的分析，填补了短期政策反应分析研究的空白。尽管危机给三个国家的经济带来了同样严

重的问题，但三国的反应性社会政策战略却截然不同。通常，福利治理的水平和性质往往是路径依赖和历史遗产的结果，而不是对提供资助服务的最有效的规模进行深思熟虑地考察。据此，逻辑、结构与福利特质大相径庭的典型三种福利制度变得清晰起来。自由主义制度模式"去商品化"程度最低，以英美等盎格鲁－撒克逊国家为典型。保守主义制度模式以维护既有的社会阶级地位差异和传统的家庭关系为政策指向，在家长式的国家主义与等级森严的合作主义制度共同作用之下，定位于不同职业与阶层的社会保险计划形成传统，劳动者依据职别地位和工作业绩获得相应的社会权利（女性基本上留守家中从事无偿家务劳动，被劳动市场排除的同时也被社会保险排除在外），其"去商品化"程度居中，并以传统的欧洲大陆国家为典型。社会民主主义制度模式将普救主义原则和生产主义要素有机注入社会福利体系，其福利提供的"去商品化"和"去家庭化"程度最高，以斯堪的纳维亚国家为典型。

尽管危机给三个国家的经济带来了严重的问题，但三国的反应性社会政策战略却均为各自福利制度的自我强化。通过梳理分析，特别是不同福利国家制度模式视角下，不同福利国家的反应政策策略具有较大差异，且这些差异在很大程度上可以通过三个国家的不同制度遗产① 来理解。德国的战略通过保持传统的地位关系，以及专注于维持拥有关键技术的男性劳动力的工作，显示出保守主义的特征。英国选择了一种自由主义战略，依靠市场力量，同时为目标群体提供"残余型"政策。瑞典则采取强有力的激活措施，结合慷慨的、被动的劳动力市场计划，以提供普遍的收入保障，这通常具有社会民主性。此外，通过文献的追溯考察与历史分析相结合的研究表明，各国政府采取的反应性政策基本上不是新

---

① Kolberg J E, Esping-Andersen G, *Welfare States and Employment Regimes, International* Journal of Sociology, 1991, 21（3），pp.3–35.

的，它们可以被视为是现有思想和范式从其历史制度遗产中继承或延伸出来的。因此，在直接的政策反应中，它们的政策创新程度有限，三个国家的案例已经比较明确地呈现出，福利国家会通过使用最熟悉的政策工具来规避风险。这些都可以被理解为福利国家制度变迁中危机反应策略的自我强化。

三、不同福利国家制度模式危机应对的路径依赖

路径依赖框架可以应用于反应策略：第一，由于反应性政策被用于在短时间内解决紧急危机，因此根本性变革可能更难实现。第二，公民、雇主和雇员组织等压力团体可能会有某些回应。例如，可能需要一些政策使社会能够尽可能多地按部就班。各国在危机时期通过使用现有或以前使用过的政策工具保持接近其原有的制度路径，它们在反应性政策战略上存在显著差异，但这些并非政策创新。从路径依赖的角度可以推导出国家反应政策策略的具体假设。德国将采取保守的策略，强烈倾向于维持传统的地位关系。英国则遵循自由放任的危机应对策略，其特点是依赖市场力量，只留下"值得"的残余性福利模式参与社会政策。而瑞典，一种社会民主模式类型的应对策略正在探索之中，提倡一种普遍性的福利制度，这种模式类型的应对策略在目前受到了全球的关注。

反应性政策策略的这些差异在很大程度上可以通过三个国家的不同制度遗迹来考察。德国依赖于保守主义福利模式来应对危机，推出了劳动力维持计划和基于阶层和职业维持的男性主导的社会政策来抵御危机。英国选择了一种自由主义战略，刺激需求并依靠市场力量，为群众提供保底性质的安全网策略。瑞典强调激活的同时，结合慷慨的被动劳动力市场计划，以提供普遍的收入保障来应对危机。三种福利国家制度的应对策略展现出其对原有制度的路径依赖。此外，各国政府采取的反应性政策基本上不是新政策，它们是对其制度遗产的继承或延伸。福利国家案例充分说明

了其常用的政策工具是无法规避的惯习。由于所采用的国家反应性政策战略可以在很大程度上由各国的制度惯习来解释，因此它也可以表明路径依赖理论适用于被动政策。当我们考虑到瑞典的中右翼内阁使用社会民主战略这一事实时，这一结论表现得甚至更为显著。而英国的工党在很大程度上依赖于自由主义理论。[1] 此外，笔者通过考察发现，反应性政策受到了长期政策的结构性发展动态影响，虽没有证据表明在被动政策战略中有进一步趋同的趋势，但福利国家在其长期的制度发展中已经注意到结构性政策的制定，以及正在逐渐地关注支出的缩减和就业能力被削减等问题。[2] 这表明各国在社会政策、失业危机管理的危机回应阶段，表现出的是对其制度路径习惯的一种回归。

＊＊＊＊

福利国家危机应对研究具有跨国别的普遍性，但是在福利实践模式上，不同国家和区域的福利改革存在结构和模式上的较大差异。而福利国家的普遍性与特殊性差异，正符合模式类型学的研究和解释目标。基于西方福利国家的理论与实践，把福利国家的路径选择作为分析对象，以2008年金融危机的福利国家应对策略为例切入研究议题，触发了值得思考的学术问题：为何福利国家在面对全球金融危机这一共性问题时，社会政策领域所选择的福利应对措施却截然不同，是什么原因和什么力量促成了这种差异和分化。对不同福利制度模式的危机应对做历史考察与梳理，可以比较明显地发现，是福利制度的分化导致了不同的危机应对路

---

[1] Arts, W. and Gelissen, J, *Three worlds of welfare capitalism or more? A state-of-the-art report*, Journal of European Social Policy, 2002. pp.137–158.

[2] Dingeldey, I, *Between workfare and enablement: the different paths to transformation of the welfare state: a comparative analysis of activating labour market policies*, European Journal of Political Research, 2007.

径。通过对三种典型福利模式的危机应对进行考察，再次印证了西方福利国家制度的路径依赖。保守主义模式类型、自由主义模式类型和社会民主主义模式类型的福利国家，它们的反应性政策战略能够在制度遗迹上，观察到福利制度路径依赖的结构性力量。由于福利制度的差异，形成了福利制度的分化，而福利分化又导致危机应对差异的形成。因此，"开弓没有回头箭"，一旦政策沿着特定的路线开始，就很难再从头开始了，如社会保险制度或国家干预一旦开始实施，就很难停下来了。但很明显，在新政策、制度约束、应对环境和压力下的行为建构是"历史制度主义"考察的关键节点。从行动者角度来看，福利国家所采用的国家反应性政策战略在很大程度上可以由各国的历史制度遗产来解释，它表明路径依赖理论适用于被动政策。福利制度模式之间的对比，其发展经验在新时期对我国社会转型过程中各种矛盾的处理具有宏观理论意义与现实意义。

第 六 章

研究建议及启示

第一节　福利国家制度向何处去

以三种福利制度模式在 2008 年遭遇危机后的政策反应为例，在实践上证实了不同制度模式类型的福利国家具有制度路径依赖的特质，形象地展现了福利国家制度模式的类型化特质。本章在上一章的基础上，进一步将研究推进到福利政策的应用领域范畴。既然不同类型模式的福利国家遵循制度变迁的路径依赖规律，并且在危机出现的这一关键时间节点，也依然可以通过类型学的思维去破解，那么在福利政策改革的领域，也依然可以探索福利国家危机改革的类型学破解方案，为进一步推进全球领域的福利改革而作出努力的探索。福利国家制度在路径依赖的作用下产生的制度变迁，将向何处去？同时，对于福利国家制度的历史变迁，中国社会保障制度在发展的型塑期应该汲取哪些经验和教训？这些问题都值得思考。

一、福利国家制度路径依赖下的政策优化

1. 德国

在 21 世纪的德国，综合保健服务（即医疗、牙科、住院医院护理、药品、家庭护理、康复和有限的预防保健）通过普遍的社会保险计划得到

保障。该系统建立于一个多世纪以前，由疾病基金管理，即准公共、准私人医疗保险组织，并由联邦政府劳动和社会部门监督相关事务。所有养老金领取者都受到这一制度的保护，免受疾病的财务风险。疾病基金代表患者与医疗保健提供者打交道，收取与收入相关的保费。医疗保健服务本身通过混合的公私系统提供。医院大多是由州和地方政府、大学或慈善机构管理的公共机构。医生在医院和门诊均参与护理实践，门诊护理医生，其中许多人专注于初级保健，通常担任医疗专家和医院提供服务的守门员，他们通常被限制在医院实践中。患者可以自由选择疾病基金和办公室初级保健医生。医院、医生和其他医疗服务提供者由疾病基金支付（根据地区协商的费用表或费率），但也有某些项目需要个人参与支付（受最大自付金额限制），如住院、药品和康复服务。三个主要问题（财政压力、正规服务供给不足、民众抵制制度变革）迫使德国在1994年颁布立法，制定全民社会保险计划，其中就涵盖了长期护理保险。该计划称为社会依赖保险（SDI）。社会依赖保险通过强制性和与收入相关的保费来提供资金。该系统优先考虑在家中使用照顾机构进行护理，于1995年4月（家庭护理）和1996年7月（机构护理）开始运作。受益人可以以实物服务、现金或两者的组合形式获得所需的家庭护理福利。这项重大改革遵循历史制度主义的路径依赖，其组织原则、资格标准和保险方案依然保留了保守主义模式的路径特质。但是既往德国的长期护理保险制度仍然存在着碎片化的问题，亟须进行福利政策的优化。首先，医院和医生的护理整合不佳，出于质量和成本效益的原因，这一点一直受到政策制定者、供给方和保险基金的关注；其次，长期护理特别是家庭和社区服务，仍然没有得到充分的协调；再次，健康和社会关怀，特别是全科医生和其他社区护理提供者之间的联系往往是很薄弱的，而且没有系统性。

这种普遍的护理模式碎片化就隐藏着保险模式的发展障碍，这种碎片化的存在是亟须政策优化的。一方面，德国的"权利文化"加强了监管机构、保险公司和提供商的影响力。因此，它主要强调保险范围的标准化和合并，而不是寻找医疗服务的提供或使提供的服务更具响应性和个性化的方法。服务虽然通常可以从广泛的非营利组织和营利组织获得，但长期都是以相对不灵活的组织方式提供。另一个障碍是档案管理显著缺失。即使在长期护理保险计划下，行政层面仍旧缺乏需求群体的倡导机制，如根据需要定位和分配资源，或提供信息和转介到住房、医疗保健或其他社区服务，协助老年人作出护理选择。因此，福利政策融合是德国背景下的一项重大挑战，尤其是针对体弱的老年人群体需要相应配套的政策优化与整合。

虽然长期照护保险的改革细节存在重大差异，评估其长期影响还为时尚早，但一些共同特征为长期照护保险改革提供了改革的"抓手"，值得引起关注。首先，所有长照服务都得到了额外资助的支持，虽然不是"免费商品"，但公众支持这项计划。其次，这些计划都没有给工作人员和雇主带来巨大负担，所有计划都要求养老金领取者参与投保。此外，在奥地利、日本和卢森堡，大部分费用通过一般或专项税收分摊到所有年龄组。如果要在老龄化社会中维持这些计划，所有年龄组，包括老年人群的贡献都很重要。再次，所有计划都使用现有代理人的专业知识来实施健康保险或社会服务。负责管理德国的医疗保险计划部门以及日本的市政机构，大多具有评估和向公众提供利益的经验，并且使用有助于新计划实施和运行的工作机制。最后，引入全面的公共计划不一定要以减少私人长期护理保险的覆盖面为代价。在德国，随着公共长期护理系统的建立，自愿补充长期护理保险的市场也应运而生，为了满足额外增长的未被公共计划涵盖的费用，通过支付另一笔费用使其成为可负担的保险计划项目。

从长期照护保险的发展来看，德国、日本、卢森堡、荷兰等典型的保守主义制度模式纷纷探索了危机破除的"新抓手"——长期照护保险制度，而非保守模式的福利国家则纷纷建立了相应的长期照护体系或者是长期照护津贴制度，这在一定程度上可以说路径依顿起到了重要作用。

2. 英国

遵从自由主义福利模式的福利国家，本身就要面对不可逆的削减和服务重组。自由主义模式的福利国家面临巨大的挑战，而社会投资则可以把有限的资源汇集在最需要的领域，以便为其发展积聚力量。面对英国的削减和服务重组，自由主义模式福利国家需要进行怎样的福利政策改革呢？以社会投资国家的建设为例，去探索自由主义模式福利改革路线，这样做的理由是社会投资与自由主义模式的削减和重组服务较为契合。社会投资国家这一计划最早是由吉登斯提出的，经过几十年的发展，作为新自由主义的一种政策探索正得到越来越多的国家青睐，改革的普遍趋势是倡导积极福利和投资型社会保障政策。强调投资具有倾向性、效率性，而这与自由主义发展模式的理念不谋而合。当然，这里并不排斥其他模式采取社会投资的改革出路，一味地以政府和国家增加支出可能会使得福利模式单调且缺乏效率，有"父爱主义"的倾向。一般而言，自由主义模式的福利国家更推崇社会投资战略的构建。社会投资的战略是积极视角的调整，其更有利于盘活、激活效率低下的被动式福利、补救式福利，改变福利配置的状态，激活后的福利为主动的、积极的工作福利。也就是意味着社会保障不再仅仅是"社会支出"，还应该积极进行"培训和教育性的社会投资"。尤其是在失业保险领域，国家资金支持的重点不应只是简单的发放救济金，提供失业保障，而是要促使被保险人能通过培训掌握新技能，提高就业能力。[1][2] 但是，在已有的社会投资推进过程中，自由主义模式的福利国家，仍需要突破其社会投资的角度和方向，分别在生命历程等视角去拓展其发展的局限性。自由主义模式福利国家迈向增长和凝聚力的社会投资

---

[1]　王亚萍：《评瑞典福利制度模式——兼论其对中国建立社会保障体系的启示》，《世界经济与政治论坛》2004 年第 4 期。

[2]　周沛、易艳阳、周进萍：《社会保障概论》，武汉大学出版社 2010 年版，第 81 页。

必须以更连贯的方式解决性别劣势问题，包括女性贫困率较高、活动率较低，兼职工作和性别工资差距大等。所以，自由主义模式的福利国家在生命历程视域、代际视角和性别视角等方面大有可为。

第一，在代际视角方面，主要指社会投资策略如何通过横向再分配服务于代际合约。此外，还涵盖社会结构变化何以形成更多不同的时代与（经常性）代际生活事件，特别在家庭、教育和劳动力市场轨迹中，促使生命阶段之间进行代际转换。从本质上讲，首先，世代之间的社会契约依赖于这样一种观念，即每一代人都尽力而为，获得并保持生产所需的技能；其次，使用这些技能并拥有保持比例所需的子女数量。社会投资战略的目标是帮助实现工作与非工作之间的均衡性。

第二，在生命历程方面，生命历程作为一个新的视角为社会投资策略提供了议题方向。社会投资的生命历程观点解释了不同的生活事件、生命阶段和过渡的政策和回报的特征。根据生命历程的观点，自由主义模式福利国家的福利改革应该在早期阶段采取社会投资措施，分代际、分性别、分生命历程的不同角度应对福利国家的危机，并对包容性增长、无责即无权、具备自主性自由、多中心治理等发展理念一以贯之，以更好地分享护理和家务工作，在劳动力市场中建立平等机会，以更健康的方式生活和工作。①

第三，在性别方面，当前社会投资战略和大多数关于社会投资的学术研究中，对性别方面的研究视角相对稀缺。矛盾的是，尽管许多研究人员强调性别也是该战略的重要方面，并且也拥有大量的性别研究，但社会投资战略的性别问题仍旧较少受到关注。性别视角往往容易得到忽视，但是其实这是在自由主义福利模式类型下的福利国家，较为适合的社会投资。

---

① Kai M. de la Porte, Caroline, und Elke Heins（Hrsg.），*The Sovereign Debt Crisis, the EU and Welfare State Reform. Work and Welfare in Europe Series,* Politische Vierteljahresschrift, 2016, 59（3），pp.643–646.

其一，性别视角可以帮助自由主义福利国家激活现有福利制度中的劳动力，从而盘活劳动力市场；其二，在整体福利趋于收缩的时代和窗口期，性别视角可以帮助弥补现有社会投资的方向性缺陷，可能会收到意想不到的效果；其三，自由主义福利模式强调需求带动和需求刺激，在需求刺激下的女性劳动力减少的同时，可以进一步缓解劳动力需求紧张的危局，获取长期收益，这也符合自由主义模式的发展观律。

3. 瑞典

无条件基本收入（Universal/Unconditional Basic Income，简称 UBI），顾名思义，以保障贫穷人口获得足以生活的基础为目标，每个公民都可以定期从政府领取到一笔现金，且没有任何附加条件。[1][2] 在 19 世纪，杰出的哲学家和经济学家约翰·斯图尔特·米尔（John Stuart Mill）在 1848 年出版的《政治经济学原理——及其在社会哲学上的若干应用》中对基本收入的概念持肯定态度。1977 年诺贝尔经济学奖得主的经济学家詹姆斯·米德（James Meade）在 1930 年发表的文章中谈到有必要引入"社会红利"作为消除贫困和提高经济效益的手段。1970 年左右，著名的经济学家、1976 年诺贝尔经济学奖获得者米尔顿·弗里德曼（Milton Friedman）就提出"负所得税"（Negative income tax）的观点，他的倡议至今来看，就是无条件基本收入的初始萌芽形态。按照已有激活实验的进展来看，无条件基本收入实验可以明显改善并提升接受者的幸福感，缓冲就业对接受者形成的工作压力，是社会保障模式促进社会公平、提升福利制度优越性的一次有益尝试。按照其政策，可以将其理解为一种社会政策的扩大。那么从本质上而言，这就是一种社会民主主义福利体制模式的社会政策实验。故而笔者将其作为社会民主主义模式福利政策优化的策略实验，并对其实施

---

[1] Halpin D, *Utopianism and Education: The Legacy of Thomas More,* British Journal of Educational Studies, 2001, 49（3），pp.299–315.

[2] 参见托马斯·潘恩：《常识》，北京大学出版社 2015 年版。

了考察和前瞻性的思考。在过去的 40 年中，中下阶层的收入增长停滞不前，经济不平等显著增长。早期的自动化、工会的减少、公司税收的变化、经济的金融化和全球化，许多福利国家的去工业化以及贸易都推动了这些趋势。但是，较新的自动化和数字技术／人工智能（AI）的变革性作用是额外的，并且可能有着更强大的力量削弱了工人在经济中保持立足点的能力。这些变革驱动因素正嵌入日益增长的生产性实际资本的先进技术中，推动着生产率的发展。然而使问题更加复杂的是，工业化国家针对环境问题提出的许多解决方案都依赖于高效技术，这些技术如果得到充分实施，可能会进一步导致高薪工作机会的流失。无条件基本收入倡导框架可包含：

第一，无条件且定期以现金形式的普遍性供给。烦琐复杂的社会保障体系，不仅申请与管理困难、行政成本高昂，而且会诱导社会公众行为改变。无论是倡导制度型福利的北欧国家，抑或是选择残余型模式的美国，福利国家的福利项目往往较为烦琐，且每个烦琐的项目背后又连带着众多程序、政策、规章，庞大的机构与烦琐的项目背后，往往隐含的是低下的效率。不如以政府保证一定金额的基本收入取代。此外，福利国家的福利捆绑特征十分明显，加之以贫困券、食物券等作为发放条件，此举容易滋生各种腐败问题，但是这些情况的发生也为无条件基本收入计划的实施孕育了生机。

第二，不基于社会保险的劳动分配，而是基于所有个人而形成稳定高效的社会安全网。随着社会风险的逐步扩大，劳动力的工作岗位被人工智能计算器、机器人等设备替代的概率增加，失业风险显著增强。经济专家詹姆斯·米德① 早在 1964 年就指出，科技进步可能会大幅拉低劳动力需

---

① Meade J E. Efficiency, *Equality and the Ownership of Property*（*Routledge Revivals*）, Journal of Political Economy, 2012, 32（2）, pp.81–83.

求，促使薪资降到难以忍受的程度。高科技的发展，为部分人士创造了难以想象的财富，却威胁到了其他人。在这个计算机可以淘汰某个职业的世界，努力工作不见得就能得到良好的生活，或许，更慷慨的国家补助确有必要。

第三，不区分收益领取对象的阶层。社会保障体系的受益对象不明，福利项目虽然繁杂，但是它们与目标对象经常擦肩而过，贫困的底层群众往往是边缘性地获取福利，社会底层与高层做的贡献往往资助到了中间阶层。中间阶层具有阶层优势，可以为自身的团体争取到更多的利益，导致福利涌入中间阶层。发放基本收入的方式能够做到全覆盖，确保穷人领取到津贴。

第四，"去劳动化"的分配原则具有人道主义的气息。既往的福利国家收入分配法则是遵循着"去商品化"的分配原则，在一定程度观测政府与市场关系的亲疏来判断其福利的供给强度。但有了基于"去劳动化"原则的基本收入后，摆脱了工作福利的枷锁，经济弱势群体不必屈服于恶劣的劳动环境，或为了生计身兼多职，也允许更多人投入创业、创作、志愿者、或符合兴趣的低薪工作，为社会注入活力，同时逆转了不断恶化的贫富差距，平息了阶级对立。我们只能在更广泛的人道主义基础上反对制裁，同时主张基本收入，不仅要求对他人的平等关注，而且在人类发展方面要求平等的尊重。同时，那些照顾家中老弱病患的家庭妇女，能够获得基本报酬，符合人道主义原则。

无条件基本收入这个带有实验性的社会政策的想法得到了各行各业人士的赞许，马克·扎克伯格、罗伯特赖希、伊隆马斯克、比尔格罗斯、理查德布兰森、塔－奈西希·科特斯、诺姆·乔姆斯基以及其他许多人支持该计划。而作为一种政策实验，无条件基本收入需要一定的"福利土壤"才能够孕育出茂实的花果。我们应该清醒地认识到，不是所有的福利体制模式都适合用以发展无条件基本收入的，就像全球政府之间的政策学习一样，有的国家只是单纯的政策模仿，而忽略了本身的制度模式特质，盲目的政策学习和政策模仿是会导致施政失败的。而相对于其他两种福利体制模式，社会民主主义模式的福利理念、福利供给方式、福利环境以及福利主体等方面，可以为无条件基本收入提供肥沃的"福利土壤"。这是因为，自由主义福利体制模式似乎更关注放任自由的社会政策，有着天然的亲市场趋向，自带削减的体质，而保守主义模式福利体制貌似又更加喜欢权利与义务的统一，业绩与工作之间的强关联。像无条件基本收入这种无条件的给付条件更适切"一揽子"福利模式类型的国家，在所有的福利国家中，只有社会民主主义福利体制模式的福利国家有条件、有基础去试运行无条件基本收入的福利试验，当然区域性的抑或是小范围的试验则另当别论。而为何无条件基本收入有众多支持者，笔者认为这无非是行动者（大众）对福利理想状态的追求罢了，在很多公众的视野里，福利的无条件供给是令人所向往的，是缓解生活、工作压力的理想福利供给模式。

不可否认的是，基本收入（BI）的概念已经以多种不同的形式提出，并支持根本不同的福利模式国家。它获得了高度不同的支持者群体以及不同的反对者群体。例如，自由主义福利模式的福利国家最普遍赞成负所得税（NIT）的概念，这种方式深受自由市场的拥护者喜欢，而左派则更接受普遍支付的方式，在无条件基本收入的领域则有着它自身适切的福利体制模式。实际上，基本收入将逐步实施，先只覆盖选定的个人群体，并随着时间的推移扩大接受者的范围。作为一项扩张性的社会政策实验，与典型社会投资尝试的盎格鲁–撒克逊模式不同，代表了福利覆盖水平模式最高的无条件基本收入成效尚未彰显，但不能否定其为福利国家中斯堪的纳维亚模式（一揽子福利供给模式）作出了一种有益探索和尝试。作为福利国家中福利供给强度最高的组别，社会民主主义模式福利国家依旧可以遵循着历史制度主义的道路，探索其危机的消弭方案，并为福利制度的发展模式贡献社会民主主义模式的方案策略。

综上所述，本文在实践上证实了不同制度模式的福利国家具有制度路径依赖的特质，并以三种福利国家制度模式在 2008 年福利国家遭遇经济危机后的政策反应为例，形象地展现了福利制度模式的类型化特质。各国在危机时期通过使用现有或以前使用过的政策工具保持接近其原有的制度路径，并且在反应性政策战略上存在显著差异，而非政策创新。我们可以从路径依赖的角度推导出国家反应政策策略的具体假设，德国将采取保守的策略，强烈倾向于维持传统的地位关系，这意味着其主要关注点是保持内部人员的工作，以保持他们在工业生产和公司工作的特定技能，同时激励其参与生产工作。英国则会遵循自由放任的危机应对策略，其特点是依赖市场力量，只留下"值得"的残余型福利模式参与社会政策。对于瑞典，一种社会民主模式类型的应对策略正在探索之中，其特点是注重激活，同时通过普遍和慷慨的社会福利以确保其收入。不同模式的存在，意味着危机的形式和时机以及对危机的反应都有差异，但无法避免。各福利国家具体的福利制度型塑了福利体制模式，从其根本上讲，具有制度主义路径依赖的特质。那么，在危机应对的福利实践领域是如何运用的？借助类型学的思维去完成哪些政策方案的探索？是值得深入研究和应用的研究方向。面对福利国家的共有性危机，不同模式的福利国家类型具有不同的应对举措。如俾斯麦模式的保守主义国家习惯于社会保险的发展轨迹，自由主义模式类型的国家往往采取进一步刺激需求、削减投资的战略举措来挽救危机，而制度主义和斯堪的纳维亚模式类型的福利国家往往受到历史制度主义路径依赖的影响，展开激活政策或者更为广泛的福利模式探索——无条件基本收入。这大抵是因为，通常福利治理的水平和性质往往是路径依赖和历史遗产的结果，而不是对提供资助服务的最有效的规模进行深思熟虑的考察。这是不同模式类型福利国家应对危机的举措，其政策改革趋势也凸显其模式特征，改革可以沿着制度历史的"遗迹"和"车辙"前进，从而起到良好的成效。反过来，这种政策实践与之所对应的福利国家制度发展之路，又形成了一种相互强化。

二、福利国家制度变迁中的经验教训

福利国家发展变迁所呈现的如上特征以及不同模式的福利国家在破解危机时所采用的政策组合，反映出了怎样的发展变迁规律？这些变化可以放置在较为宏观的社会背景中去理解。福利国家从工业社会中崛起又在后工业社会中转型发展，需要在不同的社会背景、社会风险中去调试自我、发展自我。这些福利国家发展的自我强化机制、拓展机制并不影响福利国家自身的发展，因为福利制度具有其稳定性的一面，也有其自身的历史沿革，且变化本身也并没有从根本上改变其制度变迁规律。纵使福利政策的选择是混合的组合形式，但是究其根本，福利模式作为福利制度的一种类型化呈现，依然在某种道路上遵循已有的发展模式与规律。虽然福利国家被认定为是在资本主义制度下产生的，但从社会和国家视角看，福利供给的程度和强度，特别是福利的支出、规制、目标是不区分福利制度所在国别的意识形态的。历史制度主义也有关键节点，这些关键节点可能会间断福利国家的平衡发展，造成其"间断均衡"式发展。故而探寻、挖掘其发展规律。

笔者认为，福利国家的政策计划成功推进必须符合三个条件：其一，政策必须具有慷慨和包容性，并且在对未来政策走向上，必须创造有助于引导公众舆论气氛走向集体而非个人的环境条件，否则该计划将不会走向建立集体性质的福利国家。其二，福利国家政策计划本身必须是可行的，因为计划需要维持其方案所必要的选举支持，否则其前途堪忧、执行乏力、运行多阻。其三，政策必须满足人民的需求，取得合理结果，否则将失去实践意义。

上述三个条件，其中的单独每一条，则为福利国家的必要条件。但三个条件放置在一起，则构成了一个三难问题：满足任何两个条件就排除了第三个条件，每一条都可行，但构成一个整体则成为新的难题。具体去看，每两条所组合成的要件。第一种是有效、慷慨和包容性服务的组合情况，但这种组合未必受到欢迎。以英国为例，英国选民通常厌恶税收，而更好的服务则需要更多资源，同时这些服务还必须面对许多人对"不值得的穷人"的怀疑，因此，在政治上不可行。第二种组合情况则相反，可行的、慷慨的、包容性服务可能是无效的。因为它们必须削减纳税人所能接受的水平，并施加相当严格的权利条件，以确保只对相对有钱的穷人有利，一些真正的弱势群体则被排除在外。第三种组合情况，同样，可行的服务也难以慷慨。这就造成了福利国家计划实施中的内在矛盾，这种矛盾是福利计划成功实施的一种动力，同时也是一种阻碍，但这仅仅只是福利国家危机矛盾中的表象。战后福利国家的发展是一种自相矛盾的现象，究其根本，以马克思主义理论来分析，不难看出其危机具有必然性。第一，制度性功能悖论。资本主义国家的存续，有赖于两个矛盾的功能发挥，①积累（Accumulation）功能，以满足（私人）资本成长的需求；②合法化（Legitimization）功能，以维持社会秩序。福利国家制度之建立，基本上发挥着使资本主义国家合法化的功能。在该制度实施初期，由于促进了充分就业，故也能同时促进国家积累功能的发挥；然而，当福利国家扩张到某种程度后，它逐渐变成妨碍国家发挥增进民间资本积累功能的重要因素。第二，国家干预范围的扩大。从危机的内涵来看国家干预的出现，危机中的福利国家对共同趋势的另一种描述强调了福利国家的"危机"。"危机"概念的四个主要用途：①危机是转折点，危机可以被视为长期存在的问题，而后，展现为特别严重或恶化期。②外部冲击带来的危机，可能包括战争和国际经济问题，就像20世纪70年代的"石油危机"。③危机是长期存在的矛盾，这引起了人们的关注。④危机就像任何大规模问题一样，即"危险""危害"，但从中也蕴含了发展的"机遇"。其中，这四点都说明，是时机需要国家干预或者不干预，而危机的出现往往作出前者的选择。当国家的干预范围扩大，公共支出也必然随之增加，来自民间的社会税收也必然越来越多。由于在民主政治制度下，福利国家扩张且公共支出成长的速率总是快于税收的成长，故而，福利国家的财政危机也必然会出现。[①] 第三，根本性的经济衰退。福利国家的财政危机只是福利国家危机的表面，福利国家真正的危机则还表现在福利资本主义经济的衰退上。当福利国家扩张到一定程度后，其施加于民间企业上的负担，使其在国际经济活动过程中长期地处于不利位置，并且还弱化了其抵抗经济逆境的能力。此种结构性的弊端，终将使之陷于长期性经济不景气的困境，这也是福利国家的危机所在。

三、福利国家制度的发展取向

第一，长期福利紧缩背景下的积极福利政策取向。20 世纪 70 年代，福利制度遭遇了经济危机的影响，各个国家开展了紧缩的政策议程，但真正的紧缩并没有马上来临，这表明制度路径依赖具有滞后性的特质。当制度报酬递增不能寻常发生时，制度会进入一种低效率的均衡，而后制度会进入一种更加有效的路径。真正的紧缩发生在 20 世纪 90 年代期间，传统福利国家认为公民身份地位与雇佣地位（私人契约）相对立，是一种不带任何附加条件的社会契约，[②] 所以就直接赋予公民福利资格。新右派和新社群主义者对权利义务关系重新进行定位，认为福利的提供要建立在权责平衡的基础上，责任既包括对福利制度或工作的贡献，也包括对特定行为的要求。这意味着政策制定者不仅要关注福利的提供，还要把福

---

① 胡威：《社会保障制度及其政治价值原则研究》，吉林大学博士学位论文，2005 年。

② Tambini, Damian, *Review of Citizenship Today: The contemporary relevance of T. H. Marshall,* Sociological research online, 1996.

利政策当作一种工具手段，将公民从被动接受者变成主动承担者，同时要转变其态度和行为。① 这种现实性的考虑将福利资格的获得理由从无条件的权利变成有条件的权利，并通过调节受助者的行为影响其最终获得的福利结果。② 与注重市场化改革的 70 年代相比，90 年代的转型则更多地集中于社会化改革，福利国家制度趋向于增加个人责任和导向积极的福利政策。福利制度所做的参数改革和结构调整是福利制度与经济发展现状僵持不下而进行的一种政策优化选择。政策优化使得福利制度产生了制度叠加，众多国家的养老金开始使用多支柱的形式，但这种改革并未触及福利制度的根基，福利制度的发展轨迹依然是路径依赖的，只是路径依赖的领域被拓宽了。虽然 21 世纪以来，福利国家制度面对着复杂的外部环境，如经济波动、社会风险增多等各种各样的挑战，因为制度的路径依赖具有强大作用，福利制度会与势不可当的时代变革一路发展，共同进步。福利国家的执政党面对福利制度的发展是持批判态度的，是一种不情愿的心理状态，但是他们又没有想要废除福利国家制度，因为福利国家制度在维持社会稳定方面的作用是无可替代的，一旦废除，欧洲资本主义则面临毁灭性的灾难。而关于福利国家发展程度的争论以及关于 21 世纪福利的命运则展现出一片生机勃勃。福利的未来备受争议，但关键趋势可以确定：其一，普遍主义不再是基石原则；其二，接受残缺主义、目标和选择性；其三，促进福利的混合供给。在这些趋势中，可以确定两者的重要连续性，以前的新权利政策和福利形式嵌入现代性，以及新兴的形式和不连续性。然而，一个明确且统一的主题是社会风险，社会政策和福利制度会随着时间推移而采用不同的方法。紧缩是指以最低限度进行管理，与将

---

① Alan Deacon, *Perspectives on welfare:ideas ideologies and policy debates,* Buckingham: Open University Press, 2002.
② 岳经纶、程璇：《新中国成立以来社会福利制度的演变与发展——基于社会权利视角的分析》，《北京行政学院学报》2020 年第 1 期。

责任转移到私营部门不同，几乎没有理由认为缩小公共部门的规模可以刺激经济发展，并且有很多证据可以反对该观点。从短期来看，减少开支只会减少经济活动。从长远来看，公共支出与经济之间没有直接关系，如果有的话，福利支出往往是积极的而不是负面的，是与更好的发达经济相关的。

第二，社会投资的社会服务转向。回到了福利国家制度顶层设计的原点，英国在宣布建成第一个福利国家之前，依托《贝弗里奇报告》建立了福利国家制度。依然可以回到起点，因为在报告中的初衷就是试图建立一个"社会服务国家"。在福利国家遇到危机阶段之后，社会福利服务则有助于资本主义经济制度高效地运行，有效的社会服务可以对社会稳定起到积极正面的作用，在调解阶级矛盾与冲突方面发挥着调和作用。这种社会服务动力来源于支配阶级本身的能动性，是支配阶级本身，采取国家干预或社会福利服务的供给，以期能够有效调解阶级冲突和阶级矛盾来解决社会问题。但往往福利国家的社会服务功能只能通过部分地调解冲突维护社会稳定，同时这种服务也引发了新的问题，也是因此而产生动荡不安的主要因素。社会服务区别于社会保险，由于其"量"的影响强度低于其"质"的影响强度，并且在福利行政实践中其收效往往难以及时显现或者难以通过量化结构进行反映，所以在福利国家的建构过程中往往被忽视。社会服务可以弥补自由主义模式福利国家的发展缺陷，因为在同等社会支出规模强度即"量"相同的情况下，"质"就显得尤为重要。那么在福利强度（welfare effort）类似的情景中，嵌入社会服务的发展理念，其福利改革的推进过程中将会减少诸多阻力、破除信任隔阂，增加社会融合力。随着福利国家的不断发展与演进，加之福利国家遭遇的诸多危机，相比于俾斯麦模式的福利国家强化保险的发展路径，自由主义模式的福利国家亦可通过社会服务或者是社会服务国家的发展路径消解其发展道路上的危机。

第三，向社会关系激励性上的调整。我们从福利国家的历史考察之中可以看到，福利国家制度的约束条件之一就是福利依赖问题。福利国家的本质就是缓解贫困和解救生活无法满足的最低生活保障人群的需求。然而发展至今，福利国家制度在"养懒汉"方面依然没有更好的对策，反而成为制度发展的一种约束，这些与最初的设想是相违背的。那么，如何激励其摆脱福利依赖需要从社会关系激活层面多做努力。在福利国家运行危机发生之前，在资本主义社会中，人的工作和生活受追逐最大利润或者积累资本的逻辑所支配。因为社会资源的分配主要是根据有效需求而非人的需要，所以不利于社会福利理想的实现。当只有根据人类需要来分配社会资源并以此来调整人的工作和生活条件时，才能真正实现社会福利的理想。此外，经由劳工阶层的集体行动，虽可以推动某些社会福利方案，有助于改善被剥削阶级的生活状况，但从长久而言，这些改良仍然作用甚微。只有生产工具社会化以及废除私有财产制度，才有可能实现。因为在有阶级区分的社会里，政府和国家作为支配阶级的利益服务者，资本主义社会中的政府推动福利方案或者福利制度模式，只不过是支配阶级确保其合法化或者维持其支配地位的手段与工具。从那些希望推进更加人性化的福利国家的观点来看，有效性要求改革导致未来支持更具包容性的条款，而不是加强那些将自己视为净贡献者的人与他们所依赖的人之间的分歧。同样，一个人道且慷慨的福利制度必须满足并被视为满足大多数纳税人的需求，而不只是排除少数低收入群体。有效的规定必须既满足需求又解决成本不断上升的问题。从自由主义的角度来看，其本身并没有要求慷慨和包容，但由于自由主义的特性，就要求自由主义必须推崇市场的包容性理念。福利必须旨在维持对支持者的供应，并尽可能地提高工作激励。福利供给的有效性不是通过慷慨和包容来衡量的，更多的是通过有限的干预主义来衡量，以此来促进社会关系，满足可能支持该计划群体的需求。

表 6-1　福利国家制度的变迁趋势与调整策略

	保守主义福利制度	自由主义福利制度	社会民主主义福利制度
公众福利态度	较满意	适中	满意
改革阻力	高	适中	较低
调整策略	削减 + 维持	削减 + 再商品化	削减 + 激活
共同趋势	福利国家制度发展路径的不可逆 + 积极地国家干预 + 激励责任共担（选择性）		

第二节　民生导向的制度发展与道路选择

我国从新民主主义革命时期开始，至今都在发展民生的道路上不断地向前进步。特别是在 2000 年以后，我国社会政策研究者观察到大量的社会政策领域出现扩张现象。这种扩张让我们在近二十多年的发展时间里，见证了社会保障制度的飞跃发展，很多政策制度层面经历了从无到有、从有到全的过程，直到如今，我国在民生发展道路上不断在做福利制度的叠加。

一、坚持中国特色的社会保障制度

对于中国而言，从新民主主义革命以来，一直到今天，我党都一直致力于民生的改善与提升。依此而言，这是受到了我国既往福利制度建设路径依赖的影响，这种民生建设的发展方向也必然一直是我党所追求的目标。我党一直把提升民生福祉作为社会建设的重要目标。新民主主义革命后，中国共产党依据具体革命道路实践，紧密结合马克思主义，开创性地探索出马克思主义关于社会保障的民生改善之路，致力于解放生产力、推进民生建设；发展生产力，促进民政事业；提高生产力，增进人民福祉。在深入推进马克思主义道路中国化的进程中，进一步推进社会主义民政事业的发展，从中央到地方政府都把人民的利益和需求作为社会政策制定与实施的重中之重，通过推进经济量化发展、构建政治生态文明、助力文化建设、建设社会民生，进一步提升人民的获得感、幸福感、安全感，即民生"三感"。故而，历史的发展以及福利国家的建设经验证明，制度具有路径依赖的特质，而另辟蹊径（路径打破）是不可取的。我国需要增强民生福祉的这条道路，未来需要进一步向民生的发展道路迈进。笔者将在社会保障政策、社会保障体系以及宏观社会保障制度顶层设计方向等三个层面做思考和探讨。社会保障制度的总体逻辑就是围绕着保障公民基本权利所展开的，从而实现制度保基本、人群全覆盖、发展可持续、机制有弹性与体系多层次的总体目标并遵循顶层设计原则。新时期，我国社会保障体系的建构需要遵循怎样的原则和目标，是值得关注和研究的顶层设计议题。

1.社会保障体系中的价值目标

一是保基本、兜底线。保基本就是要通过制度的形式保证社会公平的社会再分配，兜底线体现的是"底线公平"① 的思维。一方面，依靠完善的社会保障制度兜底。2014 年《社会救助暂行条例》的实施助推社会救助体系的逐步完善，目前，我国已经形成了社会救助体系的"8+1"结构，需进一步衔接扶贫扶智、慈善事业、商业保险等项目，建立与经济社会发展水平相适应的社会保障体系，实现人群的全覆盖与制度项目的全覆盖。② 另一方面，围绕"底线"展开维持基本需求的兜底责任，包含基于生存温饱需求的满足、基础教育需求的满足，以及基于生命安全、公共健康的基本医疗、住房等需求的满足。这一部分需要公共财政进行兜底性支撑，以确保当制度运行资金失衡时国家财政能够承担起兜住底线的经济财政保障责任。

① 景天魁：《底线公平与社会保障的柔性调节》，《社会学研究》2004 年第 6 期。
② 邓大松、薛惠元：《社会保障如何补短板、兜底线》，《中国社会保障》2013 年第 10 期。

二是健全机制、法制。在法律机制的建立方面，2010 年我国公布了《社会保险法》、2012 年公布了《军人保险法》、2016 年公布了《慈善法》，但目前在法律机制的建立与完善上，依然没有"社会福利法"以及"社会救助法"。其中社会救助法酝酿历时最久，人大曾经两次计划为社会救助立法，但目前只是以 2014 年的暂行条例为参考，尚未完全定型。法律机制的尚不健全，对社会保障体系整体的优势发挥起到了一定程度的阻碍作用。相比之下，"社会福利法"目前依然未能走进立法程序。新时期依法治国的基本方向不会变，建立社会保障体制机制，健全社会保障法制，使我们各项制度建设都有法可依。增强制度运行效率，国家治理体系和治理能力现代化的有力推进与健全社保机制、完善法律保障体系密不可分。

三是促公平、增效率。新时代社会保障体系建设顶层设计目标需兼顾公平与效率。不同历史时期、不同学术流派、不同利益联盟对平等、公平、效率①都有不同的理性选择和相应制度安排。经济学家更推崇效率基础上的公平，社会政策学者偏好公平基础上的效率。从全世界已经建立社会保障制度的近 180 个国家来看，基本上都是奉行效率主义的。诚然，新时期我国社会保障体系呈现出发展层次甚至是发展程度上的差异性，我国需要兼顾效率与公平，实现两者并重发展。如养老保险的账户设置，制度理念是在社会统筹层面保障基本公平原则，在个人账户层面发挥激励机制作用。在国外也同样有类似的选择，如福利资本主义的三个世界，埃斯平－安德森笔下的自由主义模式与社会民主主义模式，再如威伦斯基和勒博所描述的补缺型模式抑或是制度型模式，都是围绕着公平与效率原则所展开的，不过自由主义模式与补缺型模式的国家更侧重效率，从而追求的是底线公平，社会民主主义和制度型模式的国家更偏好保障绝大多数人的平等、公平，从而追求最低限度的效率原则。然而其在多大程度上促进了

---

① 潘锦棠、张燕：《社会保障中的平等公平效率》，《国家行政学院学报》2015 年第 6 期。

公平，又在多大程度上增进了效率，[①] 学者莫衷一是。新时期我国社会保障体系不仅要继续遵从公平与效率原则展开建构，更需要在多层次的领域下对平等、公平与效率原则进行再考察、再测度、再优化。

2. 社会保障体系中的功能目标

一是补短板、织密网。从社会保障制度来看，新时代社会保障体系建构中存在的短板，主要集中于失业保险和工伤保险以及相关配套的社会服务领域的缺位。基本养老保险覆盖了城乡居民、城镇职工、央地机关、事业单位，基本医疗保险也基本实现了项目领域的全覆盖，但依然未实现全体人群的全纳入、全覆盖。灵活就业人员、农民工以及自营职业者、自主创业人员（个体）、非正规就业人员等依然是未参保的主要人群。虽然制度上建构了资格准入的保障机制，这部分群体有资格参与居民基本养老保险和居民基本医疗保险，但失业保险在项目覆盖该人群方面仍然存在短板。社会保障的安全网尚未网罗非正规就业人员等非企业、事业单位职工人员，这部分人依然徘徊与游离于失业保险保障体系门外，紧要的是这部分人才是面临失业危机、风险较为高发的就业不稳定群体。工伤保险利益相关者尚存低参保率、事故责任边界不清、工伤保险认定争议等问题与体系短板。毋庸置疑，这将是新时期社会保障体系建设补短板、织密网的着力点。

二是扩投入、可持续。我国在计划经济时期，社保体系建设责任全部承包在了国家和企业主体身上。在市场经济时期为了激活劳动者个体的工作效率和积极性，加入了个人的缴费责任和义务。进入新时代我国社会保障体系建设的可持续性要依托于三个基本：第一个基本就是要保持平稳地增加社会保障资金的投入，"欲速则不达"，在保证社会保障待遇水平与国

[①]　奥尔森、陈郁、郭宇峰、李崇：《集体行动的逻辑》，格致出版社、上海人民出版社2014年版，第15—45页。

家经济增长水平相适应的程度上，增加社会保障体系建设中关于民生方面的投入。我国近些年公共财政支出的社会保障民生领域支出逐年增加，且占比 GDP 的比重也逐步提升。党的十九大明确提出社会保障水平适度，故而需要平衡好体系建设支出的增量改革与存量优化。第二个基本就是要保证社会保障基金的资金保值、增值以及资金来源渠道的多样性。值得一提的是，资金渠道来源的多样性与保障体系的多层次性是相关联的，我国多种社会保险项目运行模式均为统账结合，这种模式可以促进权利与义务的统一，同时可推动形成社保发展水平与生产力水平相契合、公共服务均化等与制度环境共建共享相融合的理想状态。第三个基本就是要深刻认识到我国当前社会主要矛盾发生变化的客观存在，人民对美好生活的需要和民生领域地区之间发展不平衡、发展不充分之间的矛盾，对不同区域之间协调发展能力的平衡将是未来一段时间内我国社会保障体系可持续性建设的挑战，我国要继续秉持全覆盖、保基本、讲平等、促公平、增效率的可持续发展目标。

三是全覆盖、全民享。我国社会保障制度设计、体系选择以选择型模式与普遍型模式相结合。在不同的层次、不同的保障体系项目内施以全覆盖、全民共享的功能目标，且以不同的原则和标准分阶段、分层次具体开展实施。在总体发展目标上，是以标的人群全覆盖的研究方案、以全民共享的顶层设计一以贯之的。随着"社会保险法"的颁布，我国新型农村养老保险制度和城镇居民养老保险制度的建立，社会保障在制度顶层设计上实现了全覆盖，保障了全民在社会保险资格上的可进入性，实现了划时代的从无到有的突破。如养老保险实现了从单一覆盖城镇职工为资格准入到多层次、具有一定流动能力的可覆盖全体城乡居民的根本性转变。实际上社会保障体系的建设依然尚未有能够更好地吸纳部分人群整合进入制度设计的框架，如失业保险、工伤保险等社会保险子系统与养老保险和医疗保险在参保人数和参保规模上具有较大的差距，因而社会保障体系的建设尚需进一步增强其体系的吸引力。①

二、新时代社会保障体系建设的框架整合

立足当下，在中观社会保障体系建设层面，结合党的十九大报告内容，思考如何在新时代建设社会保障体系，型塑我国的社会保障制度。党的十九大明确提出，新时代要聚焦新发展，社会保障体系建设要不断加强，需把民生福祉的增加与进一步扩大作为改革设计的一个根本性取向。

1. 统筹城乡社会救助体系，完善最低生活保障制度

一是健全社会救助法制。党的十九大提出要筑牢、织密安全网，补齐民生短板、增进人们福祉。最低生活保障是公民基本生存权的最后一道安全网，社会救助体系的正常运作需要在一个透明的法律环境下开展与实施。依法救助是统筹城乡社会救助体系的核心要素，在已有的《社会救助暂行条例》基础上，进一步推进"社会救助法"的颁布实施。城乡最低生活保障制度的完善需通过以法制的形式为城乡的贫困户提供社会救助与基本生活的保障，这不仅是依法治国的要求，也是新时代社会救助体系完善的核心议题。

二是完善规范的社会救助体系监督机制。社会救助体系监督管理的加强有助于规范社会救助行为，实现社会救助目标，整合社会资源进行合理配置实现社会保障体系的再分配中的平等与公正原则。监督机制的建立与完善是对弱势群体与贫困人群获得救助权利的保障，同时也将对城乡最低生活保障制度中的人情保、关系保等错保、漏保问题予以有效规避，发挥其监督、纠偏、惩错功能，是织密网的客观要求。

三是推动城乡社会救助的区域均衡发展。我国城乡之间的社会救助分

---

① 匡亚林：《新时代聚焦新发展：我国社会保障体系建设研究》，《行政管理改革》2018 年第 5 期。

割碎片化是较为明显的。无论从待遇给付、资源配置、服务供给、项目递送，还是从低保、教育救助、住房救助等制度结构上，抑或是东部和西部、民族地区和非民族地区，连片的贫困山区等都存在较大的横向差距。实际上农村的社会救助需求和急迫程度都要远远高于城市，这是新时期社会救助体系可持续发展所要优先解决的非平衡的城乡一体化议题。未来，需在城乡社会救助项目上进行有效衔接，把救助资源适度向农村倾斜作为突破点和抓手，增强地域性整合治理，畅通救助信息渠道，对口支援城乡间、东西部间救助以此来实现各项资源的有序流动和分工协作。

2. 提高统筹层次，实现养老保险全国统筹

"横向不到边""纵向未到顶"是目前我国养老保险全国统筹面临的一大亟须突破的难题。无论是公共服务信息平台，抑或是社会服务都尚未实现有序衔接。为此需要尽快实现养老保险的全国统筹。在纵向上提高养老保险的统筹层次，实现全国统筹的一体化城乡基本养老保险体系；在横向上需整合养老保险的制度资源，将第一、第二、第三支柱加以整合，构建权责清晰、衔接有序、层次分明、发展平衡与充分的养老保障体系。

全国统筹是分阶段、分层次、分步骤实施开展的，终极的统筹应该是统一预算，各省对账户进行分账治理。考虑到各省份的具体省情，一时全部实现全国统筹是较为困难且阻力重重的，可先实现基本养老保险中的省级统筹，然后再过渡到全国统筹。养老保险的收支情况以及替代率在各个省份的差异较大。整体上东部地区还有经济发达的省份，养老金替代率低，而中西部地区养老金的替代率高。即使是同一省份内的不同县市差距也是较大的，一般而言省会城市和其他城市之间也有一定的差距。实现养老保险的全国统筹，区域间发展不平衡、不充分的矛盾将被缩小，这与社会保障制度再分配性的原则和理念十分契合。而如何尽快实现全国统筹，新时期应该先着眼于省级统筹，省际费率、待遇标准一致，规范养老保险缴费政策，实现缴纳主体的保费同一性，为进一步的全国统筹奠基。在全

面实现全国统筹之前，采取过渡性质的中央基本养老保险调剂金制度，可缓解调剂个别省份收不抵支的现状，均衡横向的省际负担，缓解地区压力。不过这也只是过渡之策，根本上还是要在全国层面推行统一费率，加强其刚性约束力以最终实现全口径的统筹。

3. 构建多层次医疗保险体系，实现健康中国战略

一是构建多层次的医疗保险体系。当前我国的发展脉络已较为明晰，就是在构建多层次社会保障体系的前提下，医疗保险体系也以城乡基本医疗保险为基本，大病医疗保险为有益补充，同时赋予特殊人群——重度残疾人、未成年人、留守儿童、低收入家庭老年人等贫困家庭——以医疗社会救助作为辅助性政策兜底，加之社会保障体系模式中的两条支线——商业健康保险与慈善事业，形成新时期多层次社会保障体系下相互联通的医疗保险体系。

二是统一城乡居民基本医疗保险制度。将城镇基本医疗保险与新农合医疗制度进行有效整合，形成统一的城乡居民医疗保险。在统一和整合上需要进一步推进制度对接、政策连接、机构并接、给付待遇衔接、基金融合等逻辑道路并积极回应整合实践难题。本质上统一的城乡居民医疗保险制度是对城乡医疗资源的有效再配置，将医疗保障体系中的碎片化加以整合，避免条块分割，降低制度运行成本，为构建新时期社会保障体系理清体制、机制思路。

三是完善大病医疗保险制度。大病医疗保险基金来源是基本医保中划拨出来的一种对于基本医疗保险制度的拓展、补充和延伸，是织密网的现实需要。其功能在于避免"悬崖效应"，对因病致贫、因病返贫起有效遏制作用。大病医疗保险制度的实施处于起步阶段，尚未能够解决保险基金潜在压力大、筹资渠道单一、报销烦琐且比例较低等问题。未来需要进一步优化和完善其支出结构与资金筹集等问题，以期更好地为人民提供全方位、全周期的健康服务，以及确保健康中国战略的顺利实现。

4.社会保障体系中的服务体系建构

一是建立全国统一的社会保险公共服务平台。社会保险信息服务目前是属地化管理模式，尚未真正联通更高层次的统筹机制。国家层面虽然推广了很多年的养老保险"金保工程"信息服务平台的建设，地方的数据库也较为成熟，但是依然面临许多问题。一方面信息记录不够完备，另一方面地方与地方执行属地管理，标准和形式尚未统一。这种差异性给劳动者社会保险业务的转移接续带来障碍与潜在的记账风险。在劳动力流动性逐渐增强的新时代，亟须建立全国统一标准的社会保险公共服务平台。在"金保工程"基础上融合医疗、救助、住房、工伤、失业等系统社会保障信息的大系统，并且在商业保险系统（大病医疗、健康、教育、养老等模块）进行不涉及公民隐私只涉及社会保险项目必要的信息共享，实现全国网络联通，为社会保障体系提供信息化发展的动力支持，同时给其他的项目提供参考和公共服务。

二是构建老有所依，弱有所扶的社会服务体系。进一步健全完善涉及留守儿童、妇女、老年人、残疾人等"幼""弱"群体的社会服务。新时代社会保障体系中的社会服务对象人群较为广泛，有社会优抚安置的人员，有留守儿童、妇女，有残疾人还有老年人，扶老、携幼、救孤、助残等"弱""幼"特征较为明显。社会服务的构建与完善离不开社会工作，社会政策的理想发展模式需要外化为社会服务来实现，社会服务体系的建设，特别是"老有所养""弱有所扶"中所涉群体——留守儿童、妇女、老年人、残疾人——的社会服务体系应依托于社会工作的专业性的技术、手法与知识，才能达到理想的服务品质和效果。同时，单以残疾人社会服务为例，由于致残因素、残疾类型等差异较大，且残疾人均为以家庭为聚居单位，并不会与其他残疾人共同生活在一起，其社会服务需求的多样化与个性化要求非常明显。为残疾人提供社会服务的社会工作者除了要掌握基本的社会工作理论与实践外，还需要专业化的知识、技术，甚至是辅助器具的使用方法、康复医疗常识等。以此来看，构建"弱有所扶""老有所养"的社会服务体系也同样需要建构多元化、多层次的社会服务体系。

5. 社会保障体系政策协同，从脱序断裂到有序衔接

一是编密织牢社会救助反贫困安全网。在社会保障建设过程中，协调好不同类型的社会保障政策，避免政策之间的重复建设，如转型期扶贫和社会救助作为反贫困领域的两个重要组成部分，由于在功能发挥、覆盖对象、审核程序等方面有交叉、重合，在一定程度上降低了国家治理的效率。未来，强化保障、有效衔接、编密织牢安全网络是发展方向。两者的有效结合应坚持功能分化、制度整合的总体性原则。社会救助政策较之精准治贫政策范围要小，两者的衔接、整合不是要"大鱼吞小鱼"，而是要把功能单一的政策适切整合为高效的反贫困安全网络。两项政策的有机结合好比两项制度的自助与他助，形成了激励、协调的补差机制，并以反贫困安全网作为两者衔接的范式转移（Paradigm shift）。亟待进一步畅通与统筹相关部门与相关制度的政策衔接，将发展体制、运行机制和制度模式进行协调优化，整合反贫困政策的运行平台，使得扶贫与救助和预防等不同领域的政策工具在反贫困组合中无缝衔接，增强弱势群体抵御社会风险的承受能力以期发挥制度合力。

二是避免"叠加效应"。如，把附着在低保制度中的各种福利"捆绑"去除，让两项政策在反贫困安全网中各自形成协调统一的网络体系。为社会救助反贫困安全网"瘦身"，把制度附着的内容净化、优化，然后再分层、分类整合各项社会救助制度，扫除重复部分，避免叠加效应，去除附着在低保制度上的老年人福利、残疾人福利等内容，让社会救助回归本有的功能和属性。避免福利叠加、效率缺失，需要将两者进行政策衔接、程序顺畅、制度整合以加快社会保障转型期的制度定型。

三是形成梯度阶梯衔接有序整合治理。从我国"大社保"制度进行整合治理，以收入型—贫困转向支出型—贫困治理模式来防止代际贫困。社

会救助发挥反贫困兜底功能，衔接社会保险（养老保险、医疗保险、生育保险、工伤保险、失业保险）、社会福利（老年人福利、儿童福利、残疾人福利等），从低层次到高层次的梯级保障层级。理想状态下两者有效衔接社会救助托底线，精准扶贫更多从扶"智"上或产业扶贫、就业、项目等开放式扶贫方面做好衔接，形成统筹特困人员供养、医疗救助、教育救助、住房救助、就业救助、扶贫资源梯级反贫困安全网络，使它们在各自领域发挥其有效功能以此来促进社会救助与精准治贫公平与效益最大化。

三、我国社会保障制度民生导向的发展方向

展望未来，在宏观层面，把握我国社会保障建设的前进方向，分别在国际、国内两个层面做宏观思考的顶层设计建议。既然福利国家的发展模式不能够完全适应于中国的社会保障制度建设与发展，并且福利国家是受到制度主义路径依赖影响的，那么中国在现有制度基础上，应该如何发展和型塑我国的社会保障制度模式，是值得进一步思考的问题。孔子曰："天下大同"，可见增强人类福祉是人类命运共同体所共有的追求，在人类命运共同体面前，增强各国百姓的福祉是各国所共同追求的目标，在此基础上"求大同、存小异"，构建"一带一路"国家人类福祉命运的共同体，我们需要进一步加强国际合作，探索社会保障国际间交流、合作，对内，民生福祉的增加则是未来制度前进的重要发展方向。

1. 横向探索社会保障国际合作

由于福利国家制度主义存在路径依赖的特质，加之全球化国际合作不可扭转的趋势，在国家合作过程中，我国建设社会保障制度需要衔接国际化的发展格局。任何一个个体都具有其值得学习的优势，那么在保有各自福利体制模式特征的前提下，需要充分发挥求同存异的包容性发展理念，构建"一带一路"的国际合作战略路径。"一带一路"国家社会保障国际合作发展前景广阔，但是我国的社会保障国际合作却处于较为初始的状

态，仍有大量的工作需要梳理和厘清。社会保障国际合作需要引起足够的重视，特别是在全球化发展的当下，需要积极地去推动"一带一路"国家的社会保障国际合作，为双边贸易的发展奠定基础，扫除障碍，为构筑真正的人类命运共同体而作出贡献。

第一，借鉴欧美福利国家的合作经验。双边、多边合作的主要业务范围为社会保险的转移支付、社会保障合作框架协议等。由于我国社会保障养老保险目前正处于省级统筹向全国统筹的过渡阶段，所以尚未有相关的法律直接规定社会保险关系的国际间转移接续的办法。诚然，欧美福利国家特别是欧盟出台的社会保障一体化治理办法，对跨地区的社会保障国际合作提供了经验和办法，为劳动的有序流动提供了保障。社会保障国际合作中，双边针对劳动力的互免协议中，欧美国家的比例在 95% 左右，而在亚洲，特别是中国框架协议的签订数额为数较少。因而，在未来与"一带一路"国家合作中，除了贸易协定的合作，还需要进一步探索社会保障的框架协议，为双边、多边的社会保障国际发展创造有利条件，消除壁垒。

第二，加强与国际劳工组织的积极合作。"一带一路"国家的社会保障国家合作不仅仅要符合双方的国家利益，又要与国际接轨，所以需要制定符合国际惯例的合作倡导框架。特别是与像国际劳工组织这样的国际化组织进行积极合作，其颁布的有关社会保障跨国合作的协议、公约，我国要充分借鉴其在尊重劳动者、体面劳动、促进平等等国际合作方面的工作经验。探索如何在福利制度模式不同的国家进行合作，在合作方式、合作内容、合作对象上加以创新。同时，我国也应该在发展"一带一路"建设的过程中，创制出有针对性的、适切双方发展的合作模式。

第三，加快社会保障国家合作立法。我国与德国、韩国在多年前都有签署过养老保险临时性费用的互免协议，但是这仅仅是我国与其他国家签订的临时性协定，并非正式的。目前我国亟须在"一带一路"国家贸易合作的背景下，重新起草、签订与各国就社会保障方面有关的协议、法规，并进行相关的合作立法，以此来进一步促进劳动力的有序流动、保障我国和其他合作国劳动者的有效权益，实现体面劳动。加快社会保障国家合作立法，将会进一步推动"一带一路"国家的合作进程。

2. 纵向探索民生导向的建设方向

"欲速则不达"，这句话充满了古人的哲学智慧，同理在国家福利建设中，依然需要掌握好节奏、找准方向、精准发力。在发展中保障和改善民生是党的十九大对新时期我国社会主义发展的基本方略，当前我国社会主要矛盾彰显了时代特征，中国迈向民生导向的发展之路与新时代中国特色社会主义基本方略相契合。① 适度的社会保障制度建设原则在本质上反映了生产力与生产关系之间的包容性关联，无论是采取何种意识形态，客观规律要求我国的社会保障制度建设要从客观实际出发，其基本立足点为一国的国情、国力。基于再分配原则的社会保障制度如果不依据其基本的国民经济所能承受提供的物质资源数而超额供给，一方面，则会出现"福利赶超"和"福利陷阱"的承载力问题，过高的社会保障水平对整个制度的维系造成严重的不平衡，而福利往往是"刚性"的和难以下降的；另一方面，则会出现"福利滞后"，前置与滞后都属于模式选择不当，难以覆盖和满足公民的基本需求。因此，需要进一步坚持适度的社会保障制度建设原则，特别是当前。习近平总书记在党的十九大报告中强调，我国已经进入中国特色社会主义的新时代，我国社会主要矛盾是人民日益增长的美好生活需要和不平衡不充分的发展之间的矛盾。建立与我国社会主义制度当前主要矛盾相适应的社会保障制度，发展与其政治、经济、文化、社会等主要矛盾相匹配的保障模式，水平"低度"和"超度"都会阻碍社会主义建设的步伐。水平"低度"会加剧不公平性，阻碍生产力发展，无法更好

---

① 鄢一龙：《"民生国家"明显不同于"福利国家"》，《北京日报》2018年3月19日。

地发挥再分配的基础性作用，而且还会破坏社会保障制度"全覆盖、保基本、多层次、可持续"的基本原则；水平"超度"会让国家和社会肩负沉重的"压力"，影响社会、经济的可持续和稳定发展。

因此，我国可以从社会保险型社会保障模式的思路来建立和完善我国的社会保障制度。但无论如何，我国社会保障制度建设都要充分考虑国家、企业和个人的承受能力以及社会保障的"刚性"特点，目前在一个相对较低的水平上运行则更符合我国的具体国情。①

对于发达国家的福利制度，其发展模式和社会政策模式，我国应该辩证地去看待，应放置于不同的发展阶段作出正确的判断和模式选择。需要明确主要矛盾已经发生变化这一客观事实，这决定我国民生改革的路线要从自身实际情况出发，积极地学习发达国家社会保障制度的成功经验，避免其"福利超度"的教训。虽然高福利的制度模式可以促进缩小收入、贫富差距，并且在缓解阶级冲突、矛盾方面大有裨益，但这也同时为发达国家带来了严重的困扰，甚至是"福利陷阱"。基于上述论述，社会保障制度的模式选择中的适度原则是增进民生福祉的有益逻辑进路，无论是理论上还是实践上都符合我国现阶段社会主义新时代的背景。为更好地发展民生福利，我们在社会保障发展的历程中要坚持适度原则，为建设民生型国家奠定基础，让发展成果被全体人民所共享。②

按照历史制度主义的路径依赖原理，我国的社会保障制度建设，目前是普惠基础上再加上特惠的福利体制模式（选择性福利模式类型＋普遍性福利模式类型）。而我们的福利目标却一直都是在向全面普惠福利模式类型去发展，这也是中国特色社会主义制度的题中应有之义，且在整体结构上体现为民生导向的发展之路。在确定了社会保障制度建设的基本原则

① 周沛、易艳阳、周进萍：《社会保障概论》，武汉大学出版社 2010 年版，第 81 页。
② 王贤斌：《民生国家 VS 福利国家：中西方的比较与启示》，《中共宁波市委党校学报》2018 年第 4 期。

后，要进一步确定我国社会保障制度建设的前进方向。民生导向^①的聚焦点就是在按照党委领导、政府主导、法制保障、公众参与、社会协同的基础上，遵从公平与效率原则进一步推进国家治理体系和治理能力现代化。效率原则是生产力发展的前提条件，是尊重客观发展规律的体现，但是效率原则只能是作为推进人的全面发展的一种方式方法，而绝非是唯一的遵从准则；公平性原则是生产关系的一部分，是发展生产关系的人文延伸维度，属于人文场域的调节范围，彰显人的全面发展的状态表征。

我国社会保障民生导向的逻辑进路，其理论基础为马克思主义民生思想。马克思以人的需要为研究的逻辑起点，认为人的最高境界为全面而自由地发展，因此他用辩证唯物主义的方式方法来考察民生现实，投射到民生实践的人文视角，关注人的需要的民生历程，建构了一整套民生思想研究体系。马克思主义的民生思想从提出到发展经历了几次转变，扭转了从以贵族阶层利益为核心到以人民群众的需求利益为核心的转变，扭转了主张"以物为本"到"以人为本"的核心主张，扭转了以忽略个人发展的经济建设到社会发展与人的发展相适应的错误指向，扭转了不以生产力、生产关系适度发展的错误发展路径。马克思主义民政思想进一步明确提出民生导向的发展需要依托生产力、生产关系的协调发展，无产阶级政权的巩固是民主政治发展的强力保障，两者互为基础，相互促进、共同发展。推进社会建设，贯彻"以人为本"，构建和谐社会，全面建成小康社会，实现"中国梦"需要构建以民生为导向的社会保障制度建设，需要推进民生作为一脉相承的主要矛盾论的着力点。主要矛盾的变化，充分体现了我国将民生作为社会保障制度建设方向和着力点，丰富和完善了马克思主义民政政治思想的中国化实践。新时代社会保障建设民生的总目标就是使人民

---

① 高和荣：《民生的内涵及意蕴》，《厦门大学学报》2019 年第 4 期；高和荣：《民生国家的出场：中国保障和改善民生的实践与逻辑》，《江海学刊》2019 年第 5 期。

的获得感、幸福感、安全感更加充实、更有保障、更可持续。习近平总书记在一系列重要论述中，不仅鲜明地提出了民生"三感"这一目标，还清晰勾画了提升民生"三感"的路线图。比如，基本方略是坚持以人民为中心的发展思想，坚持在发展中保障和改善民生，牢固树立共享发展理念，把增进民生福祉作为发展的根本目的，让改革发展成果更多更公平惠及全体人民，基本导向是始终把人民利益摆在至高无上的地位，抓住人民最关心最直接最现实的利益问题，始终同人民想在一起、干在一起，基本要求是党和政府既要尽力而为又要量力而行，[1] 人民群众要坚持人人尽责、人人享有，一件事情接着一件事情办，一年接着一年干。[2] 这种马克思主义民生观则对民生导向的构建和发展大有裨益。

第一，民生导向需要把增进民生福祉作为发展的根本目的。增进民生福祉是我们党立党为公、执政为民的本质要求。可持续的发展要求我国民生导向建设以保障民生、增强福祉作为建设发展的根本目标和前进方向。因为失去了人民为中心的民生发展既是不可持续的，也是毫无意义的。通过对福利国家模式和类型学的研究发现，欧洲一些福利国家把民生作为政治的产物，当作检验福利态度的选票，甚至会认为发展福利和民生是增加、扩大社会支出并造成福利危机的原因之一。特别是一些经济学家完全从冷漠的投入产出系列经济模型出发，得出不宜将福利国家再进行下去的结论，置社会政策和经济政策的差异点于不顾，这是有违民生发展的根本目标的。民生导向的社会政策基本出发点就是要造福人民，这是我国与一些福利国家执政者理念上的较大差异。

第二，民生导向的发展方向牢牢抓紧社会政策的方方面面。把教育、医疗、就业、收入、救助等人民关心的社会保障问题放在最迫切需要解决

---

[1]　王惠：《打造共建共治共享的社会治理格局》，《新长征（党建版）》2019 年第 3 期。

[2]　王合清：《做好新时代民生工作的认识论和方法论》，《当代党员》2018 年第 17 期；王合清：《找准提升民生"三感"的结合点》，《光明日报》2018 年 7 月 18 日。

的中心位置。养老、医疗、就业、住房、收入、教育、救助等与人民密切相关的问题均无小事。民生导向将进一步推动充分就业、完善教育制度、促进收入分配的有序发展，并通过税收等手段合理调配收入差距过大等问题，同步提高、拓宽居民劳动收入和财产性收入渠道。加强社会保障体系建设，社会保障发挥着社会稳定器作用。民生导向的发展方向要求不断促进社会公平正义，逐步形成橄榄型分配格局，履行好政府再分配职能，完善公共服务体系，保障基本民生。

第三，民生导向的发展方向要求在改善民生方面既要尽力而为又要量力而行。在构建中国特色的社会保障制度过程中，需遵循其建设原则和发展方向。首先，保障和改善民生必须尽力而为，随着我国社会主要矛盾发生变化，人民对美好生活的需要变得日益广泛，其需求更多、层次更高，保障和改善民生没有终点，只有连续不断的新起点；其次，吸取其他地区福利赶超的经验教训，不宜跨步式发展，在改善和发展民生的同时，注重经济社会的客观发展规律，也关注我国的发展阶段与当前的主要矛盾，坚持适度的目标和适宜的发展规划。同时，要吸取一些国家过度福利化和过度承诺导致影响民生的教训，我国要坚持从实际出发，从国情出发，实事求是地发展和推进民生建设进度。

* * * *

本书以历史制度主义为研究视角，关注福利制度路径依赖的功能性，分析其系统演进的动力机制。在充分理解和掌握福利国家制度变迁的路径依赖特质后，通过借鉴其面对危机状况时的应对机制，从而完善具有中国特色的社会保障体系，以此来促进我国共同富裕战略目标的实现。

福利制度的演进规律为我国的福利制度建设提供了参考经验与警示教训。尤其是在我国全面建成小康社会后，开启全面建设社会主义现代化国家新征程的大背景下，如何推进实现以人民为中心的共同富裕战略目标是值得深思的前瞻议题。从根本上说，资本主义国家由于其发展的局限性和制度选择问题，决定了产生危机的必然性，由于"路径依赖"的原因，福利国家遭遇危机后的危机解除依然遵循历史路径发展规律。通过考察得知，福利制度的发展是路径依赖的，且"另辟蹊径"是不可取的。这启示我国真正实现共同富裕必须要考虑到福利国家发展的经验教训，实现均衡性福利增长，在增强民生福祉的道路方向选择上，需要以不断强化民生福利水平为大方向，并结合我国经济社会等国情实际，逐步提升全体人民的福利水平。

由于我国社会保障制度从目前来看是普惠基础上再加上特惠的福利体制模式，所以我国需坚持中国特色的"民生导向"发展路径，分阶段、分层次地逐步实现共同富裕发展目标。诚然，福利制度的真正问题实际上是社会的转型问题。在后工业社会中，包罗万象的福利制度不能够适切复杂社会背景下多元化的需求，亦不能够很好地应对经济社会发展的复杂性、多样性。这种复杂性与多样性的变化要求尊重发展规律，并循着规律探索破解其发展道路所遭遇的各种问题。

与福利制度路径依赖变迁带来的资本主义两极分化不同，我国的共同富裕发展是以全体人民为中心目标群体的，对美好生活的发展追求也随我国脱贫攻坚的伟大实践日益趋向并聚焦于共同富裕。[①] 共同富裕的发展不是一蹴而就的，也不是同时富裕，是需要在尊重制度发展规律的前提下分阶段地提升人民整体生活水平，从解决绝对贫困、脱贫小康在逐步过渡到全民富裕的发展阶段。这条"民生导向"的发展路径也最终将人民对美好生活的愿景蓝图引向共同富裕的发展目标。

社会保障作为一项民生工程，应当得到重视，要坚决按照十四五要求进一步"兜底线、织密网、建机制，朝着共同富裕的方向深化社会保障制

---

① 　张春满：《论共同富裕的政治基础——国内国际维度的考量》，《探索》2019 年第 3 期。

度改革，加快建设更加公平、更可持续的社会保障体系"。为此我们可以通过以下方法来促进共同富裕目标的实现。

其一，增强社会保障制度的反贫困功能。

贫困曾经是阻挠中国人民生存和发展的罪魁祸首，因此摆脱贫困是实现共同富裕的前提条件，其中社会保障作为我国反贫困的重要基础性制度安排发挥着重要作用。我国在摆脱绝对贫困的过程中所采用的"五个一批""六个精准"成为摆脱贫困的良方。虽然我国解决了绝对贫困问题，但还是存在着相对贫困问题，在相对贫困治理阶段，巩固脱贫攻坚成果的难度依然很大，我国反贫困事业依然任重道远。因此，需要重新定位社会保障制度的若干项目，优化其制度设计，以增强其反贫困的功能。

一是延伸社会保障的"保发展性"，调动社会保障的激活作用。

推动社会保障制度与扶志、扶智实现有机结合，将其结合可以有效调动群众生产的积极性，从源头上抑制贫困的发生，同时也需要加强社会保障尤其是社会救助的支持力度，从教育、就业、心理三方面入手，在教育方面注重学前教育阶段、义务教育阶段以及高等教育阶段的救助力度，保证家庭经济困难的学生能顺利入园、入学；在就业方面要针对贫困地区的产业和就业增强扶持力度，提供就业技能培训，鼓励勤劳创新致富。在心理救助方面，为避免救助对象产生"救助依赖"，因此还需要为其提供心理疏导、感情交流等服务，让其明白救助不是可耻的，富裕不是等来的，贫穷不是摆脱不了的，贫穷并不可怕，可怕的是"坐吃山空"的这一种心理状态，要提升受助群体脱贫的信心和决心。

二是增强社会保障的"保生存性"，完善社会保险等相关制度设计。

党的十九大报告中提到的"幼有所育、学有所教、劳有所得、病有所医、老有所养、住有所居、弱有所扶"不仅是党和国家对未来发展方向的规划，也是全体人民共同的心声。社会保障为公众提供最基本的生活保障是它职责所在。一个人是会生老病死的，就拿养老和医疗为例。2020年年末总人口数为 141212 万人，在 2020 年年末我国参加基本养老保险的人数为 99864.9 万人，较 2019 年年末的 96753.9 万人，增加了 3111 万人，2020 年年末参保人数占全国总人口数的 71%，2020 年年末参加基本医疗保险的人数为 136131.1 万人，参保人数占全国总人口数的 96%[①]。从上述数据可以看出，我国基本养老保险和基本医疗保险两者覆盖范围较广，并且取得的成效也十分显著，但是这两项保险在具体实施过程中仍然存在需要改进的地方。就养老保险而言，为了缩小城镇和乡村的养老保险差异，应建立统一的国家社会保险服务平台，提高基本养老保险的统筹层次，从省级统筹提升至全国统筹，与此同时，养老保险金的发放水平也应当与社会经济发展水平相适应。以医疗保险而言，应加强医疗资源的整合力度，缩小区域发展差距，同时注重医养结合的发展，建立重特大疾病专项补充保险基金，基本医疗保障制度也需要尽快实现基金责任封顶制向个人责任封顶制的转变，确保基本医疗保障制度能够有效发挥作用，减少因病致贫、因病返贫现象的发生。

其二，提升社会保障制度与经济发展的适应性。

一方面，发展与数字化时代相适应的社会保障体系，实现社会保险制度的精细化治理。数字化时代社会成员面临的基本风险只是表现形式发生了变化，社会成员依然需要各种社会保障来应对现实生活中所面临的风险。在我国，"平台"经济催生的就业使得是否需要企业为其购买社保存在较大争议，平台为降低自身风险必然选择成本最低方法，拒绝为在平台上提供服务的成员购买社保。其实在本质上"平台经济"依然是资本与劳动的结合，依然存在着传统的雇佣劳动关系。就拿外卖来说，虽然企业提供的只是一个联结买家、卖家和外卖员的一个平台，但是他们之间产生的

[①]　数据来源：国家统计局 2021 年统计年鉴，http://www.stats.gov.cn/tjsj/ndsj/2021/indexch.html。

依旧是雇佣劳动关系，买家在平台上下单，平台提供单号，卖家收到单号就会雇用外卖员为其配送物品，在此过程中以赚取服务中介费，平台除了会收取商家费用，同时还会运用一些技术手段对买家进行"大数据杀熟"，可能在一些时候还会产生垄断，规定商家只能选择一个平台，造成不公平竞争。平台为减少自身风险，采用的是业务外包方式，将自身风险转交给劳务派遣公司，当外卖员在给平台和卖家跑腿时，外卖员与平台和卖家的关系只是劳务关系，并不是所谓的劳动关系，所以也就不能依据劳动合同法来享受其该有的福利。因此，面对当今多样的就业新形态，传统的社会保障制度显得力不从心了，国家需要加快建立针对新兴行业的法律法规，完善劳动关系的判断标准，包含针对灵活型用工和非劳动关系用工的判断，同时也要加强企业主体责任落实，依据社会保障法和其他相关条例法规，根据平台就业人员的行业性质，优先确保其参与相应的社会保险险种。

另一方面，改革户籍制度，降低社会保障制度与户籍的关联程度。在当今人口流动普遍性使得城乡二元体制越来越不适应当今中国的发展趋势，因此为了适应经济社会的发展，需要剥离户籍背后的附属利益。在许多地方，户籍与劳动就业、子女入学、医疗卫生挂钩，使得户籍成为改革的最大障碍，户籍在一定程度上限制了乡村的发展，也进一步扩大了城市和乡村之间的发展差距，如果取消这些利益，也能够缓解户籍与社会保障之间的矛盾。剥离户籍的附属利益后，需要加大财政对农村社保投入，提高农村社会保障待遇水平。农村留守儿童和孤寡老人这样一些普遍问题，不仅是因为经济社会发展在城市和乡村之间存在发展不平衡，而且还因为我国城镇职工基本养老保险和城乡居民基本养老保险之间存在一定差距，在城镇居民养老保险和乡村居民养老保险尚未合并之前，针对农村的社会保障是十分有限的，社会保险的基金发放水平也是存在明显差距的。想要让乡村发展起来，必须借助乡村振兴这一国家发展策略，除了让农民基本生活得以保障之外，还需要发展适应乡村发展的产业，让农民收入得以增加，农民有所盼头后，才能解决当前农村的问题。最后，还需要逐步完善相关配套措施。我国的城市在"硬件"和"软件"上存在阶梯性发展，就目前来说城市的公共设施相对比较完善，但是"软件"方面如教育、卫生和就业等方面发展尚未完善，社会保障资源容量也是十分有限的。因此，户籍开放也应该是在相关配套设施逐步完善的基础上实现的有序开放。

最后，我国经济社会发生了深刻变化，法治环境也随之向好。党的十八大以来，我国社会保障法治不断加强，目前已初步建立了社会保障法治体系，《社会保险法》的出台有效填补了社会保障的法治空白。但总体上来说，我国社会保障法治发展仍然滞后，制度规则还不能很好适应共同富裕下经济发展的要求。因此要从以下几个方面增强适应性。首先，加快出台《社会救助法》。共同富裕背景下社会救助要发挥兜底保障和促进发展的双重功能，完善救助对象、方式、标准等规则。其次，完善社会保险制度。《社会保险法》设定了社会保险制度的基本框架，但很多内容已经滞后于实践，因此要加快修订，完善制度，使其适应实践与需求。最后，补齐社会福利制度的短板。目前我国社会保障群体差异较大，项目、地域差异也较大，不符合共同富裕的发展方向，因此推动社会福利制度建设，补齐法律短板，充分发挥社会保障的互济功能十分重要。

其三，缩小社会保障待遇的人群差距。

我国基尼系数 2019 年为 0.465，2022 年为 0.468。① 基尼系数作为较客观和全面地反映居民之间贫富差距的指标，能够预警居民之间出现的贫富两极分化。基尼系数处于 0.4—0.5 之间表明差距较大，我国的基尼系数从 0.465 上升为 0.468，这表明我国居民收入间存在较大差距。由于我国

---

① 数据来源：国家统计局 2021 年统计年鉴，http://www.stats.gov.cn/tjsj/ndsj/2021/indexch.html。

目前的社会保障制度实行的是省级统筹，使得各个地区社会保障的水平和标准不一，这在一定程度上也使得城乡、人群差距得以扩大，增加社会整体的不公平程度。为此需要在以下方面作出努力。

第一，统筹农民与城镇职工待遇水平，避免两者差距的进一步扩大。改革开放之初，邓小平同志提出让一部分人先富起来，让先富带动后富，从而实现共同富裕。国家在这一发展过程中将其他地方资源运用在城市和沿海地区的发展上，导致了现如今沿海和内陆、城市和乡村的发展差距。改革开放40多年，我国取得的改革开放成效显著，一部分人先富的目标也已达成。现如今就是要向农村地区进行政策倾斜，实现改革开放成果由全民共享，着力解决"三农"问题，提升农民地位。因此稳步提高农民的社会保障待遇水平，将其待遇保持在与经济社会发展相适应的水平上是十分重要的。在城镇职工实行后才有了针对城镇居民的社会保障，最后才有了针对农村居民的社会保障制度。在城镇居民和农村居民基本养老保险尚未合并之前，二者之间的社会保障待遇水平存在明显差距。为了缩短二者之间的差距，将两者合并为城乡居民养老保险，建立统一的城乡居民基本养老保险制度，使全体人民公平的享有基本养老保障，能够提升公众的获得感、安全感和幸福感。消除城乡二元体制造成的社会保障在城乡之间的差异将是一个艰巨且漫长的过程。转移支付在此时就体现出了其作用。因此优化社会保障基金城乡支出结构，加大财政对农村社会保障的支持力度，尤其是养老金、医疗保障、照护保障等方面，让广大农村居民也能切实共享改革发展成果。

第二，将部分社会保障项目重点倾向农村地区。在当今乡村振兴的背景下，应该在城乡之间实现社会保障资源的合理配置。农民看似拥有土地可以自行进行种植，但由于农产品作为生活必需品这就使得其价格的变化会影响绝大多数人的生活，所以农产品的价格一般都比较稳定，很难实现大幅度的上涨，一旦农产品上涨会使得大多数民众的生活成本增高，无法维持社会稳定发展。与此同时农产品种植周期长，受自然环境影响较大，并且农产品附加值也较低。这些都使得农民更愿意进城务工而不愿意在家种地，这使得很多人涌入城市，使得城市用工增多，但是农村就业就会面临着就业不充分的问题，许多优质土地被闲置，导致资源浪费。加之城镇化进程中大量农民的土地被占用，农民的失业风险也是客观存在的，由于农村从事的都是一些体力劳动，农民也会面临职业伤害风险，与此同时农民也是"靠天吃饭"的，也会面临一些自然灾害风险，却没有职业伤害保障和自然灾害保障，这就使得农民在面对这些风险时是毫无抵抗之力的。因此，根据农民的职业特征将失业保障、职业伤害保障和自然灾害保障等社会保障项目覆盖到农村十分重要，同时在当今全国生育率下降的情况下也应当为农民提供生育保障。

其四，均衡社会保障项目地区之间的运行成本。

一方面，进入新时代后我国的基本矛盾发生了改变，由人民日益增长的物质文化需要与落后的社会生产之间的矛盾转变为人民日益增长的美好生活需要与发展不平衡不充分的发展之间的矛盾。由于我国正处于转型关键期，区域之间和区域内部的社会保障发展水平不平衡是必经阶段，基于发展水平不平衡的客观事实，社会保障作为维护社会稳定、促进经济发展、保持社会公平、增进民生福祉的制度安排，需要完善相关制度和政策，全面均衡地提升区域间社会保障水平。稳定的财政收入为社会保障支出提供坚实的物质基础。有了稳定财政收入之后，还需要妥善处理好财政收支，确保财政发挥应有调节作用。首先，针对东部沿海地区和中西部地区社会保障项目存在的运行成本而言，要更加重视增强中西部地区自身经济发展的内生动力，可以抓住的一个机遇就是根据老年人的养老服务需求，积极探索养老服务等相关产业的发展模式，多渠道发展经济，增加地区财政收入以此来提高社会保障财政的供给能力。其次，改革社会保障财政转移支付模式。一方面是中央对地方的纵向转移支付，要增加对中西部地区的转移支付力度，中央统筹全国社会保障运行成本，将运行成本较小和运行成本较大的城市进行平衡互补；另一方面是地区间的横向转移支付，以上海对口帮扶遵义为例，这两个城市根据对口帮扶政策实现富裕地区向贫困地区提供经济援助，当然对口帮扶不仅仅体现在经济上，还有教育和医疗卫生等方面，上海和遵义合作共建了遵义·上海产业园，帮助遵义利用上海发展优势实现了自身发展，这有助于平衡区域经济发展，形成一种互帮互助的社会氛围，推动共同富裕的实现。社会保障水平提高也应当与各地区实际经济发展水平和实际供给能力相挂钩，在提高社会保障供给水平时要充分考虑到水平一旦上调是很容易的，但想要下调其阻力则是十分强大的。

均衡社会保障各地区之间的运作成本，实现"边统边降"。由于我国目前社会保障主要实行的是省级统筹，因此各个地区的社保缴费标准基数及比例是不同的，这就意味着每个地区需要单独对各省市内的社保进行基金管理、基金调剂和经办管理服务，因此实现各地基本社会保险实际缴费率的基本一致，由中央统一管理社保基金，可以有效减少社保基金的管理费用，将省下来的运行成本投入社保基金继续进行投资，确保社保基金的基数维持在相对稳定的水平，避免基金短缺、无法支付养老金等问题的产生。由于之前的社会统筹部分没有形成一个合理的层级分布，中央政府和地方政府的职权划分不清，使得社会保障的统筹一直停留在较低层次上，致使社会保障作用无法最大化发挥出来。提升社会保障的统筹层次，使得社保由中央统一管理，将这些专项基金交由专人进行管理，可以有效避免各地区由于管理存在差距而产生的基金供给水平不一现象发生，缩小地区差距，缓解各地区为管理基金而产生的资源浪费现象。与此同时实行基本养老保险金由专人负责，运用个人责任制和强化中央政府的主体责任使得基金无法被非法挪用，保护了广大人民群众的根本利益。近几年来，实行职工养老保险中央调剂制度，在一定程度上推动了职工基本养老保险全国统筹工作的进展。在接下来的社保改革工作中，也应当要严格落实党的十九大精神和"十四五"规划的目标要求，加快实现基本养老保险全国统筹，把统一全国缴费率与减少单位缴费负担相结合，实现基本养老保险全国范围内的统一。

我国进入新发展阶段，当中国社会主义发展到更高阶段的社会形态后，需要积极回应人民对美好生活的向往与追求并将其作为福利制度规划的发展目标，顺应时代发展变化走共同富裕的发展道路。共同富裕战略目标的有序推进也缓解了当前发展不平衡、不充分问题，符合不断追求美好生活，提升全体人民幸福感、获得感、安全感这一民生福祉。对于中国而言，这个演进和变迁的动力就是中国人民的根本利益——以人民为中心。共同富裕是社会主义的本质要求。① 在社会主义的发展轨迹路径中，产生了大量的协作效应、学习效应、规模效应以及预期适应性行动，为福利制度的发展变迁奠定了福祉强化的基础，这一基础将持续性改善我国贫困差距、城乡差距、区域差距和收入差距等问题，为福利绩效的改善提供源源不断的发展动力，最终促使社会主义和全体人民共同富裕战略目标得以实现。

---

① 刘尚希：《论促进共同富裕的社会体制基础》，《行政管理改革》2021 年第 12 期。

参 考 文 献

一、英文文献

［1］ Alt J, Iversen T, "Inequality, Labor Market Segmentation, and Preferences for Redistribution," *American Journal of Political Science*, 2017 （1）, p.61.

［2］ Anthony Giddens, "*The Consequences of Modernity*," Leland Stanford Junior University. 1990, p.112.

［3］ Arts, W. and Gelissen, J, "Three worlds of welfare capitalism or more? A state-of-the-art report," *Journal of European Social Policy*, 2002.pp.137–58.

［4］ B.Buy Peters, "Institutional Theory in Political Science: The New Institutionalism," *London and New York, Wellington House*, 1990, p.70.

［5］ Bambra C, Eikemo T A, "Welfare state regimes, unemployment and health: a comparative study of the relationship between unemployment and self-reported health in 23 European countries," *Journal of Epidemiology & Community Health*, 2008, 63 （2）, pp.92–98.

［6］ Bambra C, Pope D, Swami V, et al, "Gender, health inequalities and welfare state regimes: a cross-national study of 13 European countries," *Journal of Epidemiology & Community Health*, 2009, 63 （1）, pp.38–44.

［7］ Bambra C, "Health inequalities and welfare state regimes: theoretical insights on a public health 'puzzle'," *Journal of Epidemiol Community Health*, 2011, 65 （9）, pp.740–745.

［8］ Bambra C, "Going beyond The three worlds of welfare capitalism: regime theory and public health research.," *Journal of Epidemiology and Community Health*, 2007, 61(12), pp.1098–1102.

[9] Bennett, Powell, "The State as Trustee of Land," *South African Journal on Human Rights*, 2000, Volume 16.

[10] Campbell A L, "How policies make citizens: senior political activism and the American welfare state" *Princeton University Press*, 2011.

[11] Canova T A, "Black Swans and Black Elephants in Plain Sight: An Empirical Review of Central Bank Independence," *Social Science Electronic Publishing*, 2011, p.14.

[12] Castles F G. 4, "A European Welfare State Convergence?" *Future of the Welfare State*, 2004, pp.73–93.

[13] Mitchell, Deborah, and F. Castles. "Three worlds of welfare capitalism or four?" *LIS Working papers*, 1991.

[14] Cerny G, Philip, "Public policy and the structural logic of the state: France in comparative perspective," *West European Politics*, 2007, 10 (1), pp.128–136.

[15] Clayton R, Pontusson J, "Welfare-State Retrenchment Revisited: Entitlement Cuts, Public Sector Restructuring, and Inegalitarian Trends in Advanced Capitalist Societies," *World Politics*, 1998, 51 (01), pp.67–98.

[16] Cook S, "Social Policy and Change in East Asia, edited by James Lee, James Midgley, and Yapeng Zhu," *China Journal*, 2015 (Volume 73).

[17] Critzer John W, "*The Development of Welfare States in Europe and America*", American Political Science Review, 2014, 77 (2), pp.417–496.

[18] Democracies.in P. Pierson, ed., "The new Politics of the Welfare State," *Oxford: Oxford University Press*, 2001, p.419.

[19] Ebbinghaus B, Visser J, "When Institutions Matter: Union Growth and Decline in Western Europe, 1950–1995," *Mzes Working Papers*, 1999, 15 (2), pp.135–158.

[20] Eichhorst, W., Feil, M. and Marx, P, "Crisis what crisis?" Patterns of adaptation in European, 2010.

[21] Eikemo T A, Bambra C, Joyce K, et al, "Welfare state regimes and income-related health inequalities: a comparison of 23 European countries," *The European Journal of Public Health*, 2008, 18 (6), pp.593–599.

[22] Esping-Andersen G, "Interview on Postindustrialism and the future of the Welfare State," *Work Employment & Society*, 2000, 14 (4), pp.757–769.

[23] Esping-Andersen G, "Towards the Good Society, Once Again?" *Why We Need A New Welfare State*, 2002, pp.1–26.

[24] Esping-Andersen, G, "*The Three Worlds of Welfare Capitalism*," Cambridge: Polity Press and Princeton, NJ: Princeton University Press, 1999.

[25] European Commission, "Barcelona objectives:The development of childcare facilities for young children in Europe with a view to sustainable and inclusive growth," Brussels: European Commission, 2013.

[26] European Industrial Relations Observatory (EIRO), "New agreement after brief bargaining round in retail sector," 10 August 2009, EIRO.

[27] European Industrial Relations Observatory (EIRO), "Government launches crisis package to tackle economic recession," 14 January 2009, EIRO.

[28] European Industrial Relations Observatory (EIRO), "New Allowances for Short-Term Work in Bid to Offset Economic Crisis," 15 June 2009, EIRO.

[29] European Industrial Relations Observatory (EIRO), "New collective agreement in metalworking sector," 15 June 2009, EIRO.

[30] European Industrial Relations Observatory (EIRO), "Unemployment hits young and older workers the hardest," 05 January 2009, EIRO.

[31] European Industrial Relations Observatory (EIRO), "Working time accounts and short-time work used to maintain employment," 23 December 2009, EIRO.

[32] European Industrial Relations Observatory (EIRO), "Young workers to substitute for older employees," 16 September 2009, EIRO.

[33] Eurostat, "Statistics database," Retrieved July 18, 2014.

[34] Evers A, "Mixed Welfare regimes and Hybrid Organizations: Changes in the Governance and Provision of Social Services," *International Journal of Public Administration*, 2005, 28 (9–10), pp.737–748.

[35] Ferrera M, "The 'Southern Model' of Welfare in Social Europe," *Journal of European Social Policy*, 2016, 6 (1), pp.17–37.

[36] Finegold K. Edited by Sven Steinmo, Kathleen Thelen, and Frank Longstreth, "Structuring Politics: Historical Institutionalism in Comparative Analysis.," *Journal of Politics,* 1994, 56 (1).

[37] Gilbert N, "The Least Generous Welfare State? A Case of Blind Empiricism," *Journal of Comparative Policy Analysis Research & Practice*, 2009, 11 (3), pp.355–367.

[38] Greve B, "The times they are changing? crisis and the welfare state," *Wiley-Blackwell,* 2012.

[39] H Wilensky, C Lebeaux, "*Industrial society and social welfare*," New York: Free Press, 1965.

[40] Hall P, Tajvidi N, "Nonparametric Analysis of Temporal Trend When Fitting Parametric Models to ExtremeValue Data," *Statistical Science*, 2000, 15 (2), pp.153–167.

[41] Hall, P. A. and Soskice, D. (eds), "*Varieties of Capitalism: The Institutional Foundations of Comparative Advantage*," Oxford: Oxford University Press, 2001.

[42] Halpin D, "Utopianism and Education: The Legacy of Thomas More," *British Journal of Educational Studies*, 2001, 49 (3), pp.299–315.

[43] Harris, Sharon M, "Feminist Theories and Early American Studies," *Early American Literature*, 1999, 34 (1), pp.86–93.

[44] Heckman, J, "Policies to foster human capital," *Research in Economics*, 2002, pp.3–56.

[45] Heckman, J, "Schools, skills, and synapses," *Economic Inquiry*, 2008, 46 (3), pp.289–324.

[46] Heclo H. Richard M. Titmuss, edited by Brian Abel-Smith and Kay Titmuss, Allen and Unwin, London, 1974. 160, "Social Policy: An Introduction," *Journal of Social Policy*, 1975, 4 (4), pp.435–436.

[47] Helgøy I, Homme A, "Policy Tools and Institutional Change Comparing Education Policies in Norway, Sweden and England," *Journal of Public Policy*, 2006, 26 (2), pp.141–165.

[48] Hennock E P, "Welfare State," *International Encyclopedia of the Social & Behavioral Sciences*, 2001, pp.16439–16445.

[49] Henrekson M, "Entrepreneurship: A weak link in the welfare state," *Social Science Electronic Publishing*, 2002, 14 (3), pp.437–467.

[50] Hook J L, "Gender Inequality in the Welfare State: Sex Segregation in Housework, 1965–2003," *American Journal of Sociology*, 2010, 115 (5), pp. 1480–1523.

[51] Huber E, Ragin C, Stephens J D, "Social Democracy, Christian Democracy, Constitutional Structure, and the Welfare State," *American Journal of Sociology*, 1993, 99(3), pp.711–749.

[52] International Labour Organization (ILO), "Protecting People, Promoting Jobs," 2009.

[53] Iversen T, Cusack T R, "The Causes of Welfare State Expansion: Deindustrialization

or Globalization?" *World Politics*, 2000, 52（3）, pp.313–349.

[54] Iversen T, Estevezabe M, Soskice D, et al., " Social Protection and the Formation of Skills: A Reinterpretation of the Welfare State," *Varieties of Capitalism*, 2001, pp.145–184.

[55] James Stepfen. Gosta Esping-Andersen（ed.）, "Welfare States in Transition: National Adaptations in Global Economies," *Journal of Social Policy*, 2000, 26（2）, pp.267–299.

[56] Jensen, Carsten, "Policy Punctuations in Mature Welfare States," *Journal of Public Policy*, 2009, 29（3）, pp.287–303.

[57] Jensen, Holland, Tomasello, et al, "The process of selecting a man-machine interface software package for use in a process control system," *Isa Transactions*, 1992, 31（3）, pp.101–110.

[58] Kai M. de la Porte, Caroline, und Elke Heins（Hrsg.）, "The Sovereign Debt Crisis, the EU and Welfare State Reform. Work and Welfare in Europe Series," *Politische Vierteljahresschrift*, 2016, 59（3）, pp.643–646.

[59] Kang S G, Powell G B, "Representation and Policy Responsiveness: The Median Voter, Election Rules, and Redistributive Welfare Spending," *Journal of Politics*, 2010, 72（4）, pp.1014–1028.

[60] Kangas O, "One hundred years of money, welfare and death: mortality, economic growth and the development of the welfare state in 17 OECD countries 1900–2000," *International Journal of Social Welfare*, 2010.

[61] Korpi W, Palme J, "New Politics and Class Politics in the Context of Austerity and Globalization: Welfare State Regress in 18 Countries, 1975–95," *American Political Science Review*, 2003, 97（03）, pp.425–446.

[62] Korpi W, Palme J, "The Paradox of Redistribution and Strategies of Equality: Welfare State Institutions, Inequality, and Poverty in the Western Countries," *American Sociological Review*, 1998, 63（5）, p.661.

[63] Künemund H, Rein M, " There is more to receiving than needing:theoretical arguments and empirical, explorations of crowding in and crowdingout," *Ageing & Society*, 1999, 19（1）, pp.93–121.

[64] Lewis, Jane, "Gender and welfare state change," *European Societies*, 2002, 4（4）:331–357.

[65] Madzarevicsujster S. Croatia, "A Strategy for Smart, Sustainable and Inclusive

Growth," *World Bank Other Operational Studies*, 2013.

[66] Mares, "Firms and the Welfare State: When, Why, and How Does Social Policy Matter to Employers?" *New York and Oxford: Oxford University Press*, 2001, p. 211.

[67] Marshall T H, Bottomore T, "Citizenship and Social Class," *Pluto Press*, 1992.

[68] Meade J E. Efficiency, "Equality and the Ownership of Property (Routledge Revivals)," *Journal of Political Economy*, 2012, 32 (2), pp.81–83.

[69] Midgley J, "The Battle for Welfare Rights: Politics and Poverty in Modern America. Felicia Kornbluh. Reviewed by James Midgley," *Social Service Review*, 2008, 82 (2), pp.1324–1325.

[70] Mishra R., "*Society and social policy: theories and practice of welfare*," New York: Macmillan Press, 1977.

[71] Morel N, Palier B, Palme J, "*Towards a Social Investment Welfare State? Ideas, policies and challenges*," Policy Press, 2011.

[72] Motelklingebiel A, Teschroemer C, Kondratowitz H V, "Welfare states do not crowd out the family: evidence for mixed responsibility from comparative analyses," *Ageing & Society*, 2005, 25 (5), pp.863–882.

[73] Myles J, Quadagno J, "Political Theories of the Welfare State," *Social Service Review*, 2002, 76 (1), pp.34–57.

[74] Nazimudeen S, "Caroline de la Porte and Elke Heins (eds) The Sovereign Debt Crisis, the EU and Welfare State Reform, Basingstoke: Palgrave Macmillan," *Journal of Social Policy*, 2016.

[75] Paul Pierson, "The New Politics of the Welfare State," *World Politics*, 1996, 48(2), pp.143–179.

[76] Paul Spicker, "Social policy Theory and practice," *British Library Cataloguing in Publication, Third edition*, 2014, pp.203–221.

[77] Pereirinha J A, "Welfare States and Anti-Poverty Regimes: The Case of Portugal," *South European Society & Politics*, 1996, 1 (3), pp.198–218.

[78] Pierson (ed.), "*The New Politics of the Welfare State*," Oxford: Oxford University Press, 2001, pp. 238–264.

[79] Pierson P, "Fragmented Welfare States: Federal Institutions and the Development of Social Policy," *Governance*, 2005, 8 (4), pp.449–478.

[80] Pierson P, "Increasing Returns, Path Dependence, and the Study of Politics,"

American Political Science Review, 2000, 94（2）, pp.251–267.

[81] Polanyi, "The Great Transformation, Boston: Beacon Press," *Policy & Administration,* 1994, pp.104–120.

[82] Quadagno B J, "Public Attitudes toward Welfare State Policies: A Comparative Analysis of 24 Nations," *European Sociological Review*, 2003, 19（5）, pp.415–427.

[83] Rodger J, "Norman Ginsburg, Divisions of Welfare: A Critical Introduction to Comparative Social Policy," *Journal of Social Policy*, 1993, 22（3）, pp.315–319.

[84] Rudra N. G, "lobalization and the Decline of the Welfare State in Less-Developed Countries," *International Organization*, 2002, 56（2）, pp.411–445.

[85] Sarfati, H, "New risks, new welfare: the transformation of the European welfare state," *Transfer: European Review of Labour and Research*, 2005, 11（4）, pp.654–657.

[86] Sassower R, "Intellectual Welfare," *The Price of Public Intellectuals*, 2014.

[87] Scheve, Kenneth, "Religion and Preferences for Social Insurance," *Quarterly Journal of Political Science*, 2006, 1（3）, pp.255–286.

[88] Spicker P, "The Welfare State," *London: Sage*, 2000.

[89] Stephens J D, "Marxs Theory of the Transition from Capitalism to Socialism," *The Transition from Capitalism to Socialism*, 1979.

[90] Swank, D, "Globalization, the welfare state and right-wing populism in Western Europe," *Socio-Economic Review*, 2003, 1（2）, pp.215–245.

[91] Swank, D, "Funding the Welfare State: Globalization and the Taxation of Business in Advanced Market Economies," *Political Studies*, 2010, 46（4）, pp.671–692.

[92] Taylor-Gooby P, "The Double Crisis of the Welfare State," *Ssrn Electronic Journal*, 2013.

[93] Titmuss R M, "The social division of Welfare:Some Reflections on the Search for Equity," *Social Security Studies*, 2007.

二、翻译文献

[1] 奥尔森、陈郁、郭宇峰、李崇:《集体行动的逻辑》,格致出版社、上海三联书店、上海人民出版社 2014 年版。

[2] 詹姆斯·米奇利:《社会发展:社会福利视角下的发展观》,上海人民出版社 2009 年版。

[3] 盖伊·彼得斯、彼得斯:《政府未来的治理模式》,中国人民大学出版社 2001

年版。

[4] 格雷夫:《比较福利制度,变革时期的斯堪的纳维亚模式》,重庆出版社 2006
年版。

[5] 考夫曼:《社会福利国家面临的挑战》,商务印书馆 2004 年版。

[6] 米什拉、郑秉文:《社会政策与福利政策》,中国劳动社会保障出版社 2007
年版。

[7] 米什拉:《资本主义社会的福利国家》,法律出版社 2003 年版。

[8] 武川正吾:《福利国家的社会学》,商务印书馆 2011 年版。

[9] 彼得·豪尔、罗斯玛丽·泰勒:《政治科学与三个新制度主义》,《经济社会体
制比较》2003 年第 3 期。

[10] 彼得·亚伯拉罕、殷晓清:《斯堪的纳维亚模式终结了吗? ——论北欧国家
的福利改革》,《南京师大学报》(社会科学版) 2007 年第 5 期。

[11] 布里吉特·H. 舒尔茨、刘北成:《全球化、统一与德国福利国家》,《国际社
会科学杂志》2001 年第 1 期。

[12] 米什拉、郑秉文:《西方福利模式的改革趋势:日益背离普享原则》,《国外
社会科学》2008 年第 3 期。

[13] 莫瑞吉欧·费雷拉、张文成:《福利国家:黄金般的成就与白银般的前景》,
《经济社会体制比较》2008 年第 4 期。

[14] 约翰·赫里克、岳经纶:《美国进步时代:变革社会中的社会政策创新》,《公
共行政评论》2008 年第 4 期。

三、中文著作

[1] 丁建定、杨凤娟:《英国社会保障制度的发展》,中国劳动社会保障出版社
2004 年版。

[2] 丁建定:《社会福利思想(第二版)》,华中科技大学出版社 2009 年版。

[3] 高鹏怀:《历史比较中的社会福利国家模式》,中国社会出版社 2004 年版。

[4] 关信平:《社会政策概论》,高等教育出版社 2004 年版。

[5] 何俊志:《结构、历史与行为:历史制度主义对政治科学的重构》,复旦大学
出版社 2004 年版。

[6] 蒋满元:《基于区域扶贫开发视野的乡村旅游可持续发展问题研究》,中南大
学出版社 2016 年版。

[7] 李明政:《意识形态与社会政策》,台北:洪叶文化 1998 年版。

[8] 林少敏、李宗楼：《西方政治思想——文化、价值观与政治思维的历史》，延边人民出版社 2002 年版。

[9] 刘圣中：《历史制度主义》，上海人民出版社 2010 年版。

[10] 刘玉安：《北欧福利国家剖析》，山东大学出版社 1995 年版。

[11] 吕楠：《撒切尔政府劳资政策研究》，社会科学文献出版社 2009 年版。

[12] 彭华民等：《西方社会福利理论前沿：论国家、社会、体制与政策》，中国社会出版社 2009 年版。

[13] 阮宗泽：《第三条道路与新英国》，东方出版社 2001 年版。

[14] 童星：《发展社会学与中国现代化》，社会科学文献出版社 2005 年版。

[15] 向运华：《台港澳地区社会福利体系研究》，社会科学文献出版社 2010 年版。

[16] 谢冰：《社会保障概论》，武汉大学出版社 2011 年版。

[17] 谢峰：《英国工党第三条道路研究》，贵州人民出版社 2003 年版。

[18] 杨伟民：《社会政策导论 . 第 2 版》，中国人民大学出版社 2010 年版。

[19] 殷俊、赵伟：《社会保障基金管理新论》，武汉大学出版社 2007 年版。

[20] 郑功成：《社会保障概论》，复旦大学出版社 2005 年版。

[21] 周弘：《福利国家向何处去》，社会科学文献出版社 2006 年版。

[22] 周弘：《欧洲发展报告，2011～2012，欧债危机与欧洲经济治理》，社会科学文献出版社 2012 年版。

[23] 周沛、易艳阳、周进萍：《社会保障概论》，武汉大学出版社 2010 年版。

（四）中文论文

[1] 曾瑞明、张朝蓉：《公平与效率：福利国家社保机制的内在矛盾》，《当代世界》2007 年第 11 期。

[2] 陈炳辉：《奥菲对现代福利国家矛盾和危机的分析》，《马克思主义与现实》2006 年第 6 期。

[3] 陈季冰：《中国能成为"福利国家"吗》，《同舟共进》2013 年第 7 期。

[4] 陈静、周沛：《论我国老年社会福利供给中政府角色的嬗变》，《东南学术》2015 年第 3 期。

[5] 陈雷、王振：《贝弗里奇福利国家思想的诠释与启示——兼论中国养老保险制度的改革与发展战略》，《北华大学学报》（社会科学版）2011 年第 1 期。

[6] 陈振明：《评西方的"新公共管理"范式》，《中国社会科学》2000 年第 6 期。

[7] 程绍辉、林闽钢：《香港社会福利服务的政府资助方式研究》，《黑龙江社会科

学》2014 年第 1 期。

[8] 代恒猛、颜永琦：《社会变迁与福利国家的结构性危机》，《中共福建省委党校学报》2010 年第 12 期。

[9] 代恒猛：《从消极福利国家到积极"福利社会"——经济全球化视角下西欧福利国家问题研究》，中共中央党校博士学位论文，2004 年。

[10] 邓大松、薛惠元：《社会保障如何补短板、兜底线》，《中国社会保障》2013 年第 10 期。

[11] 邓大松、杨晶：《社会保障国际化：研究缘起、典型样态与路径选择》，《东岳论丛》2018 年第 5 期。

[12] 丁东红：《论福利国家理论的渊源与发展》，《中共中央党校学报》2011 年第 3 期。

[13] 李露雅：《从"福利国家"到"福利社会"：普惠型福利权的生成逻辑与理论建构》，《江海学刊》2024 年第 5 期。

[14] 丁学娜、林闽钢：《职业福利的定位及其发展趋势》，《社会保障研究》2013 年第 3 期。

[15] 丰华琴：《公共治理模式与福利国家发展：国际经验与启示》，《改革》2010 年第 6 期。

[16] 冯英华、戴启秀：《经济全球化对福利国家的挑战——以德国为例》，《国际观察》2005 年第 3 期。

[17] 傅媛媛：《福利国家的地方政府治理——以瑞典住宅政策为例》，《经营管理者》2015 年第 22 期。

[18] 高和荣：《底线公平：新时代中国社会保障的价值要求》，《厦门大学学报》（哲学社会科学版）2018 年第 3 期。

[19] 高和荣：《民生国家的出场：中国保障和改善民生的实践与逻辑》，《江海学刊》2019 年第 3 期。

[20] 龚晓洁：《对福利国家民营化的观察与思考》，《山东社会科学》2006 年第 6 期。

[21] 顾昕：《走向发展型福利国家》，《南风窗》2016 年第 26 期。

[22] 郭磊：《福利国家将何去何从？——兼论"福利国家的未来"一文》，《经济问题探索》2013 年第 10 期。

[23] 郭义贵：《从济贫法到福利国家——论英国社会立法的进程及其作用与影响》，《华中科技大学学报》（社会科学版）2002 年第 3 期。

[24] 郭忠华：《资本主义困境与福利国家矛盾的双重变奏》，《中山大学学报》（社

会科学版）2007 年第 5 期。

[25] 韩央迪:《家庭主义、去家庭化和再家庭化:福利国家家庭政策的发展脉络与政策意涵》,《南京师范大学学报》(社会科学版)2014 年第 6 期。

[26] 何玲:《瑞典儿童福利模式及发展趋势研议》,《中国青年研究》2009 年第 2 期。

[27] 胡威:《社会保障制度及其政治价值原则研究》,吉林大学博士学位论文,2005 年。

[28] 李磊:《基于社会权利视角的中国福利国家之辨析》,《安徽行政学院学报》2012 年第 4 期。

[29] 李全利:《福利国家社会治理模式的上层建筑研究——基于英国社会治理理念、机制与经验的分析》,《湖北社会科学》2017 年第 8 期。

[30] 李雪:《福利国家改革的理念、实践与评析》,《东方企业文化》2012 年第 2 期。

[31] 李艳霞:《福利国家的政治学分析——以公民资格为视角》,吉林大学博士学位论文,2004 年。

[32] 李迎生:《探索中国社会保障体系的城乡整合之路》,《浙江学刊》2001 年第 5 期。

[33] 李迎生:《中国社会保障制度的模式选择》,《科学社会主义》2004 年第 4 期。

[34] 梁誉:《现金还是服务:福利国家社会给付模式的革新与启示》,《学习与实践》2014 年第 7 期。

[35] 梁祖彬、李培林、张秀兰:《构建中国发展型的社会政策——"科学发展观与社会政策"笔谈》,《中国社会科学》2004 年第 6 期。

[36] 林卡、张佳华:《北欧国家社会政策的演变及其对中国社会建设的启示》,《经济社会体制比较》2011 年第 3 期。

[37] 林卡:《"福利社会":社会理念还是政策模式?》,《学术月刊》2010 年第 4 期。

[38] 林闽钢、李缘:《福利国家积极劳动力市场政策的类型化及其改革取向》,《劳动经济研究》2016 年第 4 期。

[39] 林闽钢、梁誉:《社会服务国家:何以可能与何以可为》,《公共行政评论》2016 年第 5 期。

[40] 林闽钢、吴小芳:《代际分化视角下的东亚福利体制》,《中国社会科学》2010 年第 5 期。

[41] 林义、陈加旭:《福利制度对欧盟国家债务危机的影响及启示》,《保险研究》2013 年第 2 期。

[42] 林义:《关于东亚社会保障模式的理论思考》,《中国人民大学学报》2012 年

第 2 期。

[43] 刘丹青：《语言类型学与汉语研究》，《世界汉语教学》2003 年第 4 期。

[44] 刘继同：《欧美社会福利立法典范的制度演变与历史规律》，《甘肃政法学院学报》2017 年第 5 期。

[45] 刘继同：《世界主要国家现代家庭福利政策的历史发展与经验规律》，《中共中央党校学报》2016 年第 4 期。

[46] 刘骥：《家庭养老与社会联盟——福利国家养老金政治的比较分析》，北京大学博士学位论文，2008 年。

[47] 柳清瑞、吴少凡：《论日本福利国家的理论渊源》，《日本研究》2015 年第 3 期。

[48] 吕普生：《中国行政审批制度的结构与历史变迁——基于历史制度主义的分析范式》，《公共管理学报》2007 年第 1 期。

[49] 马庆钰：《福利国家公共服务对我国的启示》，《天津行政学院学报》2004 年第 4 期。

[50] 蒙克：《技能专有性、福利国家和欧洲一体化——脱欧的政治经济学》，《世界经济与政治》2016 年第 9 期。

[51] 潘锦棠、张燕：《社会保障中的平等公平效率》，《国家行政学院学报》2015 年第 6 期。

[52] 潘屹：《普遍主义福利思想和福利模式的相互作用及演变——解析西方福利国家困境》，《社会科学》2011 年第 12 期。

[53] 彭华民、齐麟：《中国社会福利制度发展与转型：一个制度主义分析》，《福建论坛》（人文社会科学版）2011 年第 10 期。

[54] 彭华民：《中国社会救助政策创新的制度分析：范式嵌入、理念转型与福利提供》，《学术月刊》2015 年第 1 期。

[55] 祁亚辉：《划分福利国家制度模式的新方法》，《理论与改革》2005 年第 3 期。

[56] 冉昊：《福利国家的类型学分析：基于政府和市场》，《北大政治学评论》2018 年第 4 期。

[57] 冉昊：《福利国家分配系统的内部变迁——基于路径依赖方法》，《天津行政学院学报》2017 年第 3 期。

[58] 佘宇：《福利国家发展模式是否必然影响经济增长——围绕北欧福利国家发展模式的争议》，《发展研究》2013 年第 2 期。

[59] 舒建华：《现代资本主义福利国家的结构性矛盾——新马克思主义的福利国家批判理论》，《理论月刊》2015 年第 4 期。

[60] 斯坦因·库勒、罗志强：《福利社会与发展中的斯堪的纳维亚福利国家》，《南京师范大学学报》（社会科学版）2007 年第 5 期。

[61] 孙博：《2000 年以后福利国家养老金体系发展趋势考察——基于"去商品化"的分析框架》，《经济社会体制比较》2012 年第 1 期。

[62] 孙辉：《全球化与西欧福利国家制度的困境》，《教学与研究》2002 年第 7 期。

[63] 唐虹：《福利国家的困境与改革》，《求是》2008 年第 6 期。

[64] 汪大海、唐德龙：《新中国慈善事业的制度结构与路径依赖——基于历史制度主义的分析范式》，《中国行政管理》2010 年第 5 期。

[65] 王彩波、李艳霞：《论西欧福利国家及其发展趋势》，《中共福建省委党校学报》2003 年第 5 期。

[66] 王家峰、孔繁斌：《政府与社会的双重建构：公共治理的实践命题》，《南京社会科学》2010 年第 4 期。

[67] 王家峰：《福利国家改革：福利多元主义及其反思》，《经济社会体制比较》2009 年第 5 期。

[68] 王绍光：《中国仍然是低福利国家吗？——比较视角下的中国社会保护"新跃进"》，《人民论坛·学术前沿》2013 年第 22 期。

[69] 王思斌：《改革开放以来我国社会政策的发展及其社会建设意涵》，《社会》2018 年第 6 期。

[70] 王思斌：《新常态下积极托底社会政策的建构》，《探索与争鸣》2015 年第 4 期。

[71] 维克·乔治、保罗·威尔丁、张东奇：《当代西方绿色主义和绿色主义福利理论述评（上）》，《社会福利（理论版）》2015 年第 5 期。

[72] 武川正吾、龚剑：《日本的福利国家体制》，《社会保障研究（北京）》2005 年第 1 期。

[73] 肖巍、钱箭星：《"发展型福利"与社会保障体制的效率问题——从福利国家改革说起》，《复旦学报（社会科学版）》2011 年第 5 期。

[74] 熊跃根：《福利体制比较的类型学：源流与发展》，《江海学刊》2019 年第 3 期。

[75] 熊跃根：《女性主义论述与转变中的欧洲家庭政策——基于福利国家体制的比较分析》，《学海》2013 年第 2 期。

[76] 徐道稳：《以发展型社会政策构建发展型福利社会》，《深圳大学学报：人文社会科学版》2008 年第 1 期。

[77] 徐延辉：《福利国家的风险及其产生的根源》，《政治学研究》2004 年第 1 期。

[78] 杨解朴：《德国福利国家的自我校正》，《欧洲研究》2008 年第 4 期。

[79] 杨立雄:《"不情愿的福利国家"与金融危机——美国福利模式解析》,《当代世界与社会主义》2012 年第 5 期。

[80] 杨山鸽:《福利国家的变迁——政治学视角下的解析》,《首都师范大学学报》(社会科学版) 2009 年第 2 期。

[81] 杨伟民:《论个人福利与国家和社会的责任》,《社会学研究》2008 年第 1 期。

[82] 姚建平:《福利国家的国家福利责任简析》,《理论与现代化》2007 年第 5 期。

[83] 岳经纶:《个人社会服务与福利国家:对我国社会保障制度的启示》,《学海》2010 年第 4 期。

[84] 岳经纶:《建构"社会中国":中国社会政策的发展与挑战》,《探索与争鸣》2010 年第 10 期。

[85] 詹伟哉、郭亚雄:《福利国家社会保障财务模式对我国改革的启迪》,《江西财经大学学报》2000 年第 4 期。

[86] 张金峰、李金海:《试论新挑战下的福利国家社会保障适应性变革》,《中共天津市委党校学报》2015 年第 3 期。

[87] 张立龙:《福利国家长期照护制度及对中国的启示》,《社会保障研究》2015 年第 6 期。

[88] 赵浩华:《福利国家制度变迁研究》,黑龙江大学博士学位论文,2018 年。

[89] 赵晖、祝灵君:《从新制度主义看历史制度主义及其基本特点》,《社会科学研究》2003 年第 4 期。

[90] 郑秉文:《经济理论中的福利国家》,《中国社会科学》2003 年第 1 期。

[91] 郑秉文:《欧债危机下的养老金制度改革—从福利国家到高债国家的教训》,《中国人口·科学》2011 年第 5 期。

[92] 郑春荣:《淮南为橘　淮北为枳:高福利模式在南北欧国家的实施效果差异及对中国的启示》,《南方经济》2014 年第 1 期。

[93] 郑功成:《习近平关于民生系列重要论述的思想内涵与外延》,《国家行政学院学报》2018 年第 5 期。

[94] 郑杭生、李迎生:《全面建设小康社会与弱势群体的社会救助》,《中国人民大学学报》2003 年第 1 期。

[95] 周弘、张浚:《福利伦理的演变:"责任"概念的共性与特性》,《社会保障研究(北京)》2014 年第 1 期。

[96] 周弘:《西方福利国家的"政策产生政治"现象》,《中国社会保障》2015 年第 10 期。

[97] 周沛:《福利国家和国家福利——兼论社会福利体系中的政府责任主体》,《社会科学战线》2008 年第 2 期。

[98] 周沛:《社会福利理论:福利制度、福利体制及福利体系辨析》,《国家行政学院学报》2014 年第 4 期。

[99] 朱玲:《溯本求源论福利》,《中国社会科学》1997 年第 2 期。

[100] 庄德水:《论历史制度主义对政策研究的三重意义》,《理论探讨》2008 年第 5 期。

[101] 左停、徐小言:《农村"贫困—疾病"恶性循环与精准扶贫中链式健康保障体系建设》,《西南民族大学学报(人文社会科学版)》2017 年第 1 期。

[102] 吴旻:《共同富裕视角下的社会保障制度思考》,《浙江经济》2022 年第 4 期。

[103] 孙胜梅、傅国祥:《共同富裕与社会保障改革——基于浙江省域的探索与实践》,《统计科学与实践》2022 年第 1 期。

[104] 蔡文秀:《形势·机理·路径:中国社会保障助推共同富裕的理论分析》,《鲁东大学学报》(哲学社会科学版)2022 年第 39(01)期。

[105] 郑功成:《共同富裕与社会保障的逻辑关系及福利中国建设实践》,《社会保障评论》2022 年第 6(01)期。

[106] 何文炯:《建设适应共同富裕的社会保障制度》,《社会保障评论》2022 年第 6(01)期。

[107] 吴德帅:《共同富裕视域下的社会福利权:演进动力与发展进程》,《济南大学学报》(社会科学版)2024 年第 6 期。

责任编辑：夏　青

图书在版编目（CIP）数据

福利制度变迁的路径依赖研究 ：以福利国家为例 ／匡亚林著．－－ 北京 ：人民出版社，2024．11．－－ ISBN 978－7－01－026911－5

Ⅰ．D632.1

中国国家版本馆 CIP 数据核字第 2024VJ3810 号

福利制度变迁的路径依赖研究
FULI ZHIDU BIANQIAN DE LUJING YILAI YANJIU
——以福利国家为例

匡亚林　著

人 民 出 版 社 出版发行
（100706　北京市东城区隆福寺街 99 号）

北京建宏印刷有限公司印刷　新华书店经销

2024 年 11 月第 1 版　2024 年 11 月北京第 1 次印刷
开本：710 毫米 ×1000 毫米 1/16　印张：15.5
字数：255 千字

ISBN 978－7－01－026911－5　定价：68.00 元

邮购地址 100706　北京市东城区隆福寺街 99 号
人民东方图书销售中心　电话（010）65250042　65289539